基于 MCCPI 的综合评价理论及其经济管理应用实例

武建章　周一萍　镇　鹏　董俊婕　著

中国财经出版传媒集团

经济科学出版社
Economic Science Press

图书在版编目（CIP）数据

基于 MCCPI 的综合评价理论及其经济管理应用实例/
武建章等著 . —北京：经济科学出版社，2018.6
ISBN 978 - 7 - 5141 - 9221 - 6

Ⅰ. ①基… Ⅱ. ①武… Ⅲ. ①企业管理 – 经营决策 –
研究 Ⅳ. ①F272.3

中国版本图书馆 CIP 数据核字（2018）第 076754 号

责任编辑：周国强
责任校对：杨　海
责任印制：邱　天

基于 MCCPI 的综合评价理论及其经济管理应用实例

武建章　周一萍　镇　鹏　董俊婕　著
经济科学出版社出版、发行　新华书店经销
社址：北京市海淀区阜成路甲 28 号　邮编：100142
总编部电话：010 - 88191217　发行部电话：010 - 88191522
网址：www. esp. com. cn
电子邮件：esp@ esp. com. cn
天猫网店：经济科学出版社旗舰店
网址：http://jjkxcbs. tmall. com
固安华明印业有限公司印装
710 × 1000　16 开　15.75 印张　280000 字
2018 年 6 月第 1 版　2018 年 6 月第 1 次印刷
ISBN 978 - 7 - 5141 - 9221 - 6　定价：78.00 元

前　言

随着社会经济环境的日益复杂，人们在决策或综合评价时经常要涉及多个相互关联的决策或评价准则，需要综合考虑各个方案在关联准则上的评价信息。如何合理描述普遍存在于准则间的相互关联关系，并有效集成这些准则上的关联评价信息就成了多准则决策与综合评价方法的主要任务。

基于非可加测度和非线性积分的信息集成与分析模式是实现上述关联多准则决策与评价的有效途径之一。非可加测度拓展自经典可加测度（即准则权重向量），可以柔性描述决策准则间任意（互补、冗余、独立）关联关系。而拓展自经典勒贝格积分（即加权算术平均）的非线性积分，包括肖凯积分（Choquet integral）、菅野积分（Sugeno integral）、泛积分等诸多形式，可以灵活有效地集成关联决策与评价信息。在诸多非线性积分中，因肖凯积分具有很好的公理化特性和集成函数性质，被广泛采纳并应用于多准则决策与综合评价。

非可加测度确定方法是这一决策与评价模式理论研究与实践应用的核心问题之一。非可加测度确定方法基于评价者对评价准则的相对重要性及交互作用程度的主观判断信息来确定出最合适的非可加测度。评价者的主观判断信息可以分成隐性偏好信息和显性偏好信息两类，隐性偏好信息通过一些典型决策实例的综合评价值来间接反映评价者对准则间重要性和关联程度的判断和偏好，而显性偏好信息则是对准则间重要性和关联程度的直观表述。多准则关联偏好信息（multiple criteria correlative preference information，MCCPI）就是一类特殊的显性关联偏好信息。

本书旨在系统总结基于评价者显性偏好信息的非可加测度确定方法及其多准则关联决策与综合评价理论与方法，并选取经济管理领域中的典型案例来实例分析基于 MCCPI 这一特殊显性偏好信息的综合评价理论与方法，以期丰富多准则决策与综合评价的理论方法体系和实践应用范围。

本书内容包括以下三个部分。

第一篇是基础理论。首先，介绍非可加测度的定义及其等价表示形式、非线性积分的各种类型。介绍特殊类型非可加测度的定义，并分析其数学性质及其适用的决策情境，说明沙普利（Shapley）重要性及交互作用指标的多准则决策与评价分析的适用性。其次，综述基于隐性和显性偏好信息的非可加测度确定方法。基于隐性偏好信息的确定方法包括最小二乘法、最大分割法、TOMASO 法、最大熵方法等方法。基于显性偏好信息的确定方法包括基于菱形成对比较法的一系列非可加测度确定方法。

第二篇是基于 MCCPI 的决策与评价方法。阐述 MCCPI 及其关联多准则综合评价理论与方法。介绍 MCCPI 这一特殊关联偏好信息的定义和数学性质，MCCPI 的获取途径与方法，基于 MCCPI 的多种非可加测度确定方法，以及基于 MCCPI 的关联多准则决策与综合评价方法的计算步骤和实施过程。

第三篇是经济管理应用实例。详述基于 MCCPI 的综合评价方法的各应用实例。选取了区域可持续发展、智慧城市、电子商务、上市公司绩效、自然资源离任审计、农村金融效率等经济管理领域中典型实例，来详细介绍基于 MCCPI 的综合评价方法的实施步骤、评价结果分析和对策建议。

本书受到国家自然科学基金项目（71671096、71201110）、浙江省自然科学基金（LY16G010001）、浙江省哲学社会科学规划重点课题（16NDJC017Z）、宁波大学与中国社科院合作共建中心预研究项目（ZX2015000099）、宁波大学商学院精品学术著作项目、2017 年度宁波大学大学生科技创新（SRIP）项目的支持与帮助。

在本书相关实例文献调查、数据整理和结果分析等方面，董俊婕、陆玉文、蔡慧琴、闫雨濛、傅伟伟、刘叶、周一萍、镇鹏等研究生做了大量的工作和努力。

在此，还向本书撰写和出版过程中给予帮助和支持的同仁、朋友和家人表示感谢。

限于作者的学识与水平，书中难免存在错误和纰漏，恳切希望批评指正。

目 录
CONTENTS

第三篇　经济管理应用实例

| 第 1 章 |
绪　　论

随着社会经济环境的日益复杂，人们在决策或综合评价时经常要涉及多个相互关联的决策或评价准则，需要综合考虑各个方案在关联准则上的评价信息。如何合理描述普遍存在于准则间的相互关联关系，并有效集成这些准则上的关联评价信息就成了多准则决策与综合评价方法的主要任务。

基于非可加测度和非线性积分的决策与评价模式是实现上述任务的有效途径之一。非可加测度，拓展自经典可加测度（即决策准则的权重向量），可以柔性描述决策准则间任意（互补、冗余、独立）关联关系。而拓展自经典勒贝格积分（即基于决策准则权重向量的加权算术平均算子）的非线性积分，包括肖凯积分、菅野积分、泛积分等诸多形式，可以灵活有效地集成关联决策与评价信息。在诸多非线性积分中，因肖凯积分具有很好的公理化特性和集成函数性质，被广泛采纳并应用于多准则决策与综合评价理论与实践中。但是，在实际应用中，这一模式需要对每个决策准则子集的测度进行赋值，面临着指数级复杂性，极大地限制了其实际应用能力。

为克服这一指数级复杂性，学者们进行了两个方面的工作。

一方面，提出了多种特殊类型的非可加测度，来减少所涉及参数的数量。例如，λ–测度只需要 n 个参数，但表述能力存在极大缺陷。其后提出的可分解测度，可能性测度，及其对偶测度——必要性测度，也面临着类似情况。现在常用的 k 序可加测度、p 对称非可加测度、k 宽容与 k 不宽容非可加测度等则在减少参数的同时保留了较好的表述能力。

另一方面，大量的文献对非可加测度确定方法进行了研究。综合来看，非可加测度的确定方法可以分成基于隐性和显性偏好信息两类。

基于隐性偏好信息的确定方法以历史决策数据构成的训练集为基础，利用遗传算法、最小二乘法、梯度下降法、最大分割法等优化算法生成非可加测度。训练集由典型决策方案以及决策者对这些方案的期望评价值或偏好序来构成，这些关于决策方案的偏好信息也可以看作是决策者对决策准则重要性和交互作用偏好信息的一种间接反映。从算法角度来看，这类方法是"有导师学习方法"，需要一定数量的历史决策案例才能模拟出决策者对关联决策准则的偏好信息。

基于显性偏好信息的确定方法则直接基于决策者对各决策准则相对重要性以及准则间关联关系的主观判断，不再需要决策方案训练集，只要求所求得的非可加测度能有效拟合决策者显性偏好信息。近年来国内外学者对这一类型的非可加测度确定方法有所侧重，出现了不少优秀的研究成果。

本书所研究的多准则关联偏好信息（multiple criteria correlative preference information，MCCPI）就是一类特殊的显性关联偏好信息。MCCPI 可以通过细化菱形成对比较法和二维刻度表来获取，进而通过构建合适的变换公式、原则和模型将这些信息转换成最优非可加测度。本书重点介绍基于 MCCPI 的多种非可加测度确定方法及其关联多准则决策与综合评价理论与方法，并选择经济管理领域的一些典型综合评价问题来阐述该方法的应用步骤和结果分析。

1.1　国内外研究现状分析

1.1.1　非可加测度定义及其特殊类型

非可加测度（nonadditive measure），或称模糊测度（fuzzy measure），或称肖凯容度（Choquet capacity），以关于集合包含关系的单调性取代了经典测度可加性，单调性意味着子集的权重不能因为新准则的加入而减少。

对决策准则集的每一子集赋予测度值，虽能柔性的描述决策子集之间的各种交互作用，但也面临着指数级的复杂性。

为解决这一指数级复杂性，减少确定的参数数量，众多学者提出各种特殊类型的非可加测度。菅野（Sugeno，1974）提出了满足 λ – 可加性的 λ – 测度。确定 λ – 测度只需 n 个参数。但 λ – 测度在表示能力方面存在着一个重要缺陷（王熙照，2008；武建章和张强，2014）：只能表示各准则间的一类交互作用，即要么全部准则间存在正的交互作用、要么全部为负的交互作用、要么全部彼此完全独立。扎德（Zadeh，1978）提出了满足模糊可加性的可能性测度，及其对偶测度，必要性测度。确定这组对偶测度也只需 n 个参数。韦伯（Weber，1984）拓展了以上两种特殊的非可加测度，提出基于 t – 余模算子的可分解测度，λ – 测度与可能性测度分别是满足 λ – 和、逻辑和的可分解测度。确定可分解测度也只需 n 个参数，但存在着与 λ – 测度类似的缺陷，极大地限制了非可加测度的表述能力。

为了减少所需参数的同时，能有效描述准则间的交互作用，格拉比施（Grabisch，1997）从集函数的默比乌斯表示形式出发，提出了 k 序可加测度的定义。1 序可加测度就是经典的可加测度，随着 k 的增加，k 序可加测度的参数增多，其表现能力会逐渐增加，n 序可加测度就是一般的非可加测度。2 序可加测度在解决了算法复杂性的同时，很好地保证了测度的表述能力，因此在实际中有广泛的应用。米兰达等（Miranda，Grabisch & Gil，2002）基于无差异子集的概念拓展了经典的对称测度，提出了 p 对称非可加测度，用于描述匿名决策等特殊的多准则决策类型。马里沙尔（Marichal，2007）提出的 k 宽容与 k 不宽容非可加测度则分别描述只需要满足 k 个决策准则即可，不满足 k 个决策准则时即否决的决策环境。k 宽容与 k 不宽容非可加测度是一组对偶测度。确定 k 序可加测度、p 对称非可加测度、k 宽容与 k 不宽容非可加测度这三类特殊测度时所需的参数数量与 k 或 p 的值有直接的关系（武建章和张强，2014）。

1.1.2　非线性积分的类型及其理论拓展

非可加测度柔性描述了关联决策准则的重要性及准则间的交互作用，而基于非可加测度的非线性积分则可以作为集成函数来得到各方案的综合评价值。

非线性积分是基于非可加测度的各种积分形式的统称。主要包括：肖凯积分（Choquet，1953）、菅野积分（Sugeno，1974）、泛积分（Wang，Leung & Wong et al，2000）、对称菅野积分（Grabisch，2003b）、（N）模糊积分（赵汝怀，1981）、类肖凯积分（Mesiar，1995）、上积分（Wang et al，2000）、下积分（Wang，Li & Lee et al，2008）、可能性积分（王熙照，2008）、基于集合划分的非线性积分（王熙照，2008）、广义勒贝格积分（Zhang，Mesiar & Li et al，2011）、通用积分（Klement，Mesiar & Pap，2010）等。

从结构形式上来看，各种离散型非线性积分的主要区别体现在其涉及的数学运算上。例如，菅野积分涉及"取大"与"取小"两种运算，肖凯积分涉及"加"和"乘"运算，泛积分涉及"泛加"与"泛乘"运算，广义勒贝格积分则涉及"伪加"与"伪乘"运算。在诸多非线性积分形式中，菅野积分和肖凯积分具有良好的集成性质（Grabisch & Raufaste，2008；Marichal，2000a，2000b；Marichal，2001）。

在诸多非线性积分形式中，肖凯积分和菅野积分在多准则决策分析中有较为广泛的应用（Grabisch，1995a，1996；Grabisch，Sugeno & Murofushi，2000b）。肖凯积分是于 1953 年由学者肖凯提出（Choquet，1953）。施迈德勒（Schmeidler，1986，1989）于 1986 年对肖凯积分进行研究并应用于不确定性决策，并于 1989 年对其特征进行公理化描述，为后续研究提供了较好的理论基础。室伏与菅野（Murofushi & Sugeno，1989）对肖凯积分可以作为一种基于非可加测度的非线性积分形式进行了解释。菅野积分于 1974 年由日本学者菅野提出。自 1985 年以来，该积分被推广应用于木材质量评估（Ishii & Sugeno，1985）、工业产品设计评价（Knoue，Anzai & Tsuchiya，1992）、核能源应用的公众态度评估（Onisawa，Sugeno & Nishiwaki et al，1986）、彩色图像的主观评估（Tanaka，Kazuhiko & Michio，1991）等多准则决策分析领域。格拉比施（Grabisch，1995a，1996）对这两种积分与传统的集成函数之间的关系进行分析，并对它们在多准则决策中应用进行回顾与总结。自此以后，这两种积分在多准则分析领域，尤其是多准则决策中的应用更加广泛（Grabisch & Labreuche，2008；Grabisch et al，2000b）。马里沙尔（Marichal，2000a，2000b，2001）对肖凯积分和菅野积分作为多准则决策分析中集成函数的集成性质进行了公理化描述。

对菅野积分的理论拓展主要有两类方式：一是对"取大"和"取小"两种算子进行拓展，如替换为 t – 余模或 t – 模，得到泛积分（pan-integrals）（Wang & Klir，1992；Wang，Wang & Klir，1996）；二是对非可加测度和被积分函数的值域进行各类模糊集合的拓展（Zhanga & Guob，1995；Zhang & Wang，1993；Zhanga & Guo，1995；Cho，Lee & Lee et al，2001；Zhanga & Guob，1995；Guo & Zhang，1998；Ban & Fechete，2007）。

肖凯积分的拓展情况类似于菅野积分的拓展，也可以归结为两类：一是将传统的加、减运算进行拓展，如替换为 t – 余模或 t – 模，得到类肖凯（Choquet-like）积分；二是将其值域进行拓展，进而得到集值肖凯积分（Jang，Kil & Kim et al，1997）、区间值肖凯积分（Zhang，Guo & Liu，2004）、模糊值肖凯积分（Wang，Yang & Heng et al，2006）。

对肖凯积分的拓展还有一特殊的方向，即基于非单调非可加测度肖凯积分的拓展。非单调非可加测度（Rong，Wangb & Henga et al，2005）是指非空有限集上空集函数值为零的集函数，不再强调其必须满足规范性和单调性。基于非单调非可加测度的肖凯积分不再满足递增性，被称为非单调肖凯积分（Waegenaere & Wakker，2001）。这类积分已拓展至区间值和模糊集合领域（Meyer & Roubens，2006；Yang，Wang & Heng et al，2007）。

1.1.3 决策准则间的概率型交互作用指标

在现有的非可加测度理论框架下，准则间关联关系的类型和程度通常利用概率型交互作用指标（Grabisch & Roubens，1999b）来显性刻画。

概率型交互作用指标主要是在合作博弈理论（cooperative game theory）环境下提出的，包括沙普利交互作用指标（Grabisch，1995a）、班茨哈夫（Banzhaf）交互作用指标（Grabisch & Roubens，1999b）、链（chaining）交互作用指标（Marichal & Roubens，1999）、默比乌斯表示（Möbius representation）（Grabisch，Marichal & Roubens，2000a）、交互作用量指标等主要类型。

在交互作用公理化特性研究方面，格拉比施与劳宾斯（Grabisch & Roubens，1999a）则对沙普利交互作用指标和班茨哈夫交互作用指标进行了公理化描述，指出二者均满足线性公理、单调性公理、有效性公理、对称性公理、递归性公理、哑元公理等。藤本等（Fujimoto，Kojadinovic & Marichal，2006）对各种概率型交互作用指标、基于势的概率型交互作用指标的公理化特性体系进行了研究，分析了各公理化特性与概率型交互作用指标数学结构之间的对应关系。科亚迪诺维奇（Kojadinovic，2005）对交互作用量指标的公理化特性体系进行了研究分析。

线性公理是指交互作用指标对非可加测度的线性变换是稳定的。单调性公理意味着各元素的边际贡献度期望值（重要性）是非负的。有效性公理指各元素对应的值之和等于全集的测度值。对称性公理说明交互作用指标值不依赖于准则的名称或序号。递归公理意味着各种概率型交互作用指标拥有各自的拓展递归公式。哑元公理则意味着哑元的重要性就等于其测度值，且哑元准则与其他任意多个元素间无共性的交互作用。

格拉比施与劳宾斯对沙普利交互作用指标以及班茨哈夫交互作用指标进行了公理化描述，指出二者均满足线性、哑元性、对称性、递归性等公理。藤本等对概率型交互作用指标与基于势的概率型交互作用指标进行了公理化刻画，指出沙普利交互作用指标、班茨哈夫交互作用指标、链交互作用系数只是概率型及基于势的概率型交互作用指标的特例。科亚迪诺维奇则指出交互作用量指标满足单元素集合无交互作用值、对称性、正值性、边际独立性、单调性等性质。

在多准则决策分析领域，被普遍接受且广泛应用的是沙普利值及沙普利交互作用指标。每一决策准则的沙普利值的数学表示为该准则对其不属于的所有准则子集的边际贡献量的算术平均值。在实际应用中该值通常作为相应准则的全局重要性的度量。各准则的沙普利值构成了决策准则集上的一概率分布，即经典的可加概率测度。两个准则的沙普利交互作用指标值则是两准则在不包含它们的子集上体现的边际交互作用量的算术平均值，其值域为 $[-1，1]$。一般来讲，负的交互作用指标值则表示两准则是相互冗余的；正的交互作用指标值则表示两准则是协同互补的；交互作用指标值为零则可理解为两个准则是彼此独立的。

但传统的概率型交互作用指标在一些情况不能准确反映非可加测度的非可加性。例如，严格超可加测度的交互作用指标值有可能为负值，这一结果与人们的直观判断明显相悖，现有学者正在对这交互作用指标进行系统改进。

1.1.4　非可加测度确定方法

为了克服确定非可加测度时所面临的指数级复杂性，许多学者提出了多种基于决策方案训练集确定非可加测度的方法，并开发出相应的实用性软件。训练集是由一些典型的历史候选方案（或构造一些特殊候选方案），以及这些方案的预期评价值或偏好关系构成的。这类方法优化模型的约束条件通常包括边际条件、单调性、交互作用指标偏好等约束。按优化模型目标函数的不同，可将基于训练集的非可加测度确定方法大致划分成以下几类：

（1）最小二乘法。目标函数为使得训练集中各候选方案的非线性积分评价值（通常是肖凯积分值）与决策者给出的预期评价值之间误差的平方和最小。基于遗传算法，学者们给出了广义非可加测度、λ – 测度、k 序可加测度、任意凸类型的非可加测度的确定方法（Wang, Leung & Wang, 1999；Chen & Wang, 2001；Grabisch, 2003a；Combarro & Miranda, 2006）。最小二乘法的目标函数是二次的，其最优解可能不唯一（Grabisch, Nguyen & Walker, 1995；Miranda & Grabisch, 1999）。学者们还提出了启发式 HLMS（heuristic least mean squares）求解方法（Ishii & Sugeno, 1985；Grabisch, 1995b）。

（2）最大分割法。由马里沙尔和劳宾斯（Marichal & Roubens, 2000）提出，其目标函数为使得训练集中各候选方案相应的非线性积分值之间的差别最大化。该方法只需提供训练集中所有方案一个不完全弱序关系，计算量较少，但所求结果也存在不唯一的现象，且易得极端值。

（3）最大熵方法。马里沙尔（Marichal, 2002；Kojadinovic, Marichal & Roubens, 2005）拓展了经典测度的申农熵（Shannon, 1948）的概念，提出了非可加测度熵的概念，并用它来度量非可加测度所包含的不确定性或信息量的大小。最大熵方法的目标函数即最大化所求非可加测度的熵值。科亚迪诺维奇（Kojadinovic et al, 2005）提出的最小变差方法实质上是最大化二阶 Havrda – Charvat 熵。通常，最大熵方法的目标函数为一严格凹函数，其最优解是唯一的。

（4）TOMASO 方法。劳宾斯（Roubens, 2002）提出的 TOMASO 方法的基本原理是利用"静值"的概念描述各决策方案在各决策准则上的优劣，进而利用肖凯积分来集成相应静值，构建优化模型求得最优非可加测度。劳宾斯还提出了类似于最大分割法的线性目标函数，但易导致所求最优解为极端值或无解的情形。迈耶尔与劳宾斯（Meyer & Roubens，2005）进而提出改进的二次规划模型。马里沙尔等（Marichal，Meyer & Roubens，2005）则开发出了实现以上两种算法的同名软件 TOMASO。

在应用软件方面，格拉比施、科亚迪诺维奇和迈耶尔共同开发了 Kappalab 软件包。Kappalab 是"laboratory for capacities"的缩写，称为非可加测度实验室。Kappalab 软件包是在 GNU R 统计软件下开发的，主要处理非空有限集上的非可加测度和非线性积分的有关运算，例如，非可加测度、默比乌斯表示，沙普利重要性和交互作用系数三者之间的转换；计算肖凯与菅野积分值；构建和表述决策方案训练集，调用和执行非可加测度确定方法。Kappalab 提供了一个类似于 Matlab 的操作环境，功能强大，能实现上面所述的基于训练集的非可加测度确定方法，并能对所得结果进行较为细致的分析。布利雅科（Bliakov）则基于 C ＋＋语言开发出了 FMtools 软件包，可应用于 Matlab 和 R 软件环境下。[①]

以上诸方法可以归于基于隐性偏好信息的非可加测度确定方法，而基于显性偏好信息的确定方法起步相对较晚。高萩（Takahagi，2008）于 2008 年提出了基于菱形成对比较方法（diamond pairwise comparisons，DPC）与 phi（s）转换的非可加测度确定方法。该方法借助一个菱形来直观表示两两决策准则的相对重要性及其间的交互作用程度，然后利用层次分析法的最大特征向量法求出各准则的全局重要性，最后通过 phi（s）转换与基于交互作用程度的聚类分析方法求得非可加测度。武建章等于 2010 年提出了基于 DPC 的 2 序可加测度确定方法（武建章和张强，2010a）、基于 DPC 与最大熵原则的非可加测度确定方法（Wu & Zhang，2010），以及基于 AHP 与最大熵原则的 2 序可加测度确定方法（武建章和张强，2010b）。近年来，武建章等相继提出了基于最小离差原则的非可加测度确定方法（Wu，Yang & Zhang et al，2015）、面向空集交互作用指标的非可加测度确定方法、基于任意集合交互作用指标的非可加测度确定方法。

_____

① 其下载网址为：http：//www. deakin. edu. au/~gleb/fmtools. html。

1.2 本书的主要内容与体系

本书在总结基于非可加测度的多准则决策理论相关研究成果的基础上，系统分析决策者的偏好信息的表述工具和方法，并对基于隐性关联偏好信息和显性关联偏好信息的两类非可加测度确定方法进行梳理和综述，重点介绍MCCPI 显性偏好信息的获取工具和方法、基于 MCCPI 的非可加测度确定方法。在此基础上，结合经济管理中的典型案例详细介绍基于 MCCPI 的关联多准则决策与综合方法的应用实例。

本书内容体系如图 1.1 所示。

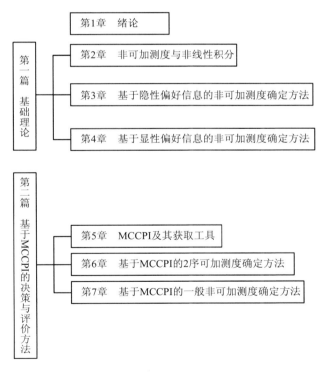

（转下页）

（接上页）

图 1.1　本书内容体系

第一篇

基 础 理 论

|第 2 章|
非可加测度与非线性积分

设 $X = \{x_1, \cdots, x_n\}$ 为包含 n 个元素的非空有限集合，其幂集记为 $\mathcal{P}(X)$，X 的任意子集 $S \subset X$（包括空集 $\varnothing$ 和全集 X）的势记为 $|S|$，R 表示实数集。

2.1 非可加测度的定义及其表示形式

定义 2.1 （Choquet，1953；武建章和张强，2014）称非空有限集 X 上的集函数 $\mu: \mathcal{P}(X) \to [0, 1]$ 为非可加测度（或模糊测度、肖凯容度），若满足下列条件：

（1） $\mu(\varnothing) = 0$，$\mu(X) = 1$，（边界条件）；

（2） S，$T \subset X$ 则 $S \subset T \Rightarrow \mu(S) \leqslant \mu(T)$，（单调性约束）。

称非空有限集 X 上的非可加测度为：

①可加的，如果对任意两不交子集 S，$T \subset X$，有 $\mu(S \cup T) = \mu(S) + \mu(T)$；

②次可加的，如果对任意两不交子集 S，$T \subset X$，有 $\mu(S \cup T) \leqslant \mu(S) + \mu(T)$；

③超可加的，如果对任意两不交子集 S，$T \subset X$，有 $\mu(S \cup T) \geqslant \mu(S) + \mu(T)$；

④模糊可加的，如果对任意两子集 S，$T \subset X$，有 $\mu(S \cup T) = \mu(S) \vee \mu(T)$；

⑤基于势的（对称的），如果对任意 $S \subset X$，$\mu(S)$ 的测度值只与 $|S|$ 有关。

从决策分析的角度来看，非可加测度值 $\mu(S)$ 可以解释为集合 S 的权重或重要性，单调性则意味着子集的权重不能因为新准则的加入而减少。满足可加性的非可加测度即为经典概率测度，即退化为权重向量。次可加关系意味着决策准则间存在冗余关系，超可加意味着决策准则间存在互补关系。模糊可加是一种特殊的次可加关系。基于势的非可加测度则意味每个决策准则的重要性程度都一样，每个准则与其他准则的交互作用也都是一样的，可应用于匿名决策或准则无差异的情形。

定义 2.2　（Grabisch，1997；武建章和张强，2014）非空有限集 X 上的任意集函数 $v: \mathcal{P}(X) \rightarrow R$ 的默比乌斯表示，记为 m，定义为

$$m(S) = \sum_{T \subset S} (-1)^{|S| - |T|} v(T), \forall S \subset X$$

相应地，

$$v(S) = \sum_{T \subset S} m(T), \forall S \subset X$$

定义 2.3　（Grabisch，1997；武建章和张强，2014）非空有限集 X 上的任意集函数 $v: \mathcal{P}(X) \rightarrow R$ 的沙普利交互作用指标，记为 I_{Sh}，定义为

$$I_{\text{Sh}}(S) = \sum_{T \subset X \setminus S} \frac{(|X| - |T| - |S|)! |T|!}{(|X| - |S| + 1)!} \sum_{L \subset S} (-1)^{|S| - |L|} v(L \cup T), \forall S \subset X$$

相应地，

$$v(S) = \sum_{T \subset X} \beta^{|T|}_{|S \cap T|} I_{\text{Sh}}(T), \forall S \subset X$$

其中，　$\beta^l_k = \sum_{j=0}^{k} \binom{k}{l} B_{l-j}, B_k = -\sum_{l=0}^{k-1} \frac{B_l}{k - l + 1} \binom{k}{l}, k > 0, B_0 = 1$

上述定义中，B_k，$k = 0, 1, 2, \cdots$，被称为伯努利数（Bernoulli numbers）。由此定义可见，沙普利交互作用指标表示的逆变换较为复杂，所以，在实际应用中常常以默比乌斯表示为桥梁，实现其与非可加测度值之间的转换。

集函数的默比乌斯表示与沙普利交互作用指标表示有如下关系（Grabisch，1997）：

$$I_{\text{Sh}}(S) = \sum_{T \supset S} \frac{1}{|T| - |S| + 1} m(T)$$

$$m(S) = \sum_{T \supset S} B_{|T| - |S|} I_{\text{Sh}}(T)$$

根据默比乌斯表示、沙普利交互作用指标与非可加测度的相应变换及其逆变换形式，以及非可加测度的边界条件与单调性约束条件，可以分别得到

集函数的默比乌斯表示、沙普利交互作用指标对应于一个非可加测度的充要条件。

定理 2.1 （Grabisch，1997；武建章和张强，2014）集函数 $m: \mathcal{P}(X) \to R$ 是集合 X 上某一非可加测度的默比乌斯表示当且仅当

（1） $m(\varnothing) = 0$，$\sum\limits_{S \subset X} m(S) = 1$，（边界条件）；

（2） $\sum\limits_{x_i \in T \subset S} m(T) \geqslant 0$，$\forall S \subset X$，$\forall x_i \in S$，（单调性约束）。

定理 2.2 （Grabisch，1997；武建章和张强，2014）集函数 $I_{\mathrm{Sh}}: \mathcal{P}(X) \to R$ 是集合 X 上某一非可加测度的沙普利交互作用指标表示当且仅当

（1） $\sum\limits_{S \subset X} B_{|S|} I_{\mathrm{Sh}}(S) = 0$，$\sum\limits_{x_i \in X} I_{\mathrm{Sh}}(\{x_i\}) = 1$，（边界条件）；

（2） $\sum\limits_{S \subset X \setminus \{x_i\}} \beta_{|S \cap T|}^{|S|} I_{\mathrm{Sh}}(S \cup \{x_i\}) \geqslant 0$，$\forall x_i \in X$，$\forall T \subset X \setminus \{x_i\}$，（单调性约束）。

其中， $\beta_k^l = \sum\limits_{j=0}^{k} \binom{k}{l} B_{l-j}$，$B_k = -\sum\limits_{l=0}^{k-1} \frac{B_l}{k-l+1} \binom{k}{l}$，$k > 0$，$B_0 = 1$。

默比乌斯表示在定义 k 序可加测度、肖凯积分性质研究与计算、非可加测度确定方法的建模等方面发挥着重要的作用。沙普利交互作用指标则用于描述决策准则间的交互作用，在实际决策分析中被普遍接受和广泛应用。

2.2 非线性积分的类型

非线性积分，或称模糊积分，是基于非可加测度的各种积分的统称（武建章和张强，2014）。具体形式主要包括：肖凯积分（Choquet，1953）、菅野积分（Sugeno，1974）、泛积分（Wang et al，2000）、对称菅野积分（Grabisch，2003b）、（N）模糊积分（赵汝怀，1981）、类肖凯积分（Mesiar，1995）、上积分（Wang et al，2000）、下积分（Wang et al，2008）、可能性积分（王熙照，2008）、基于集合划分的非线性积分（王熙照，2008）、广义勒贝格积分（Zhang et al，2011）、通用积分（Klement et al，2010）等。

定义 2.4 （Sugeno，1974；武建章和张强，2014）设 $\mu: \mathcal{P}(X) \to [0, 1]$

为非空有限集 X 上的非可加测度，函数 $f: X \rightarrow [0, 1]$ 关于 μ 的（离散）菅野积分定义为

$$(S) \int f \mathrm{d}\mu = \bigvee_{i=1}^{n} [f(x_{(i)}) \wedge \mu(X_{(i)})]$$

其中，$\vee$、$\wedge$ 分别是取大、取小算子，$(\cdot)$ 为集合 X 上一个置换，使得 $f(x_{(1)}) \leqslant \cdots \leqslant f(x_{(n)})$，$X_{(i)} = \{x_{(i)}, \cdots, x_{(n)}\}$。

离散形式的菅野积分还具有如下等价形式：

$$(S) \int f \mathrm{d}\mu = \bigvee_{i=1}^{n} [f(x_{(i)}) \wedge \mu(X_{(i)})]$$

$$= \bigwedge_{i=1}^{n} [f(x_{(i)}) \vee \mu(X_{(i+1)})]$$

$$= \bigvee_{T \subset X} [(\bigwedge_{x_i \in T} f(x_i)) \wedge \mu(T)]$$

$$= \bigwedge_{T \subset X} [(\bigvee_{x_i \in T} f(x_i)) \vee \mu(X \backslash T)]$$

$$= \mathrm{median}[f(x_1), \cdots, f(x_n), \mu(X_{(2)}), \mu(X_{(3)}), \cdots, \mu(X_{(n)})]$$

其中，$X_{(i+1)} = \varnothing$，$\mathrm{median}[\cdot]$ 表示中位值函数。

定义 2.5（武建章和张强，2014；Choquet，1953）设 $\mu: \mathcal{P}(X) \rightarrow [0, 1]$ 为非空有限集 X 上的非可加测度，函数 $f: X \rightarrow R$ 关于 μ 的（离散）肖凯积分定义为

$$(C) \int f \mathrm{d}\mu = \sum_{i=1}^{n} [f(x_{(i)}) - f(x_{(i-1)})] \mu(X_{(i)})$$

或等价表示为：

$$(C) \int f \mathrm{d}\mu = \sum_{i=1}^{n} [\mu(X_{(i)}) - \mu(X_{(i+1)})] f(x_{(i)})$$

其中，$(\cdot)$ 为集合 X 上一个置换，使得 $f(x_{(1)}) \leqslant \cdots \leqslant f(x_{(n)})$，$f(x_{(0)}) = 0$，$X_{(i)} = \{x_{(i)}, \cdots, x_{(n)}\}$，$X_{(n+1)} = \varnothing$。

肖凯积分是对经典的勒贝格积分（Lebesgue integral）的拓展。当 μ 为可加的，肖凯积分退化为勒贝格积分。

离散形式的肖凯积分还可以表述为默比乌斯表示形式（Meyer & Roubens，2006）：

$$(C) \int f \mathrm{d}\mu = \sum_{S \subset X} m(S) \bigwedge_{x_i \in S} f(x_i)$$

其中，m 是非可加测度 μ 的默比乌斯表示形式。

定义 2.6 （Wang et al, 1996）设集函数 $\mu: \mathcal{P}(X) \to [0, 1]$ 为非空有限集 X 上的非可加测度，函数 $f: X \to R$ 关于 μ 的（离散）（N）模糊积分定义为

$$(N) \int f \mathrm{d}\mu = \bigvee_{i=1}^{n} [f(x_{(i)}) \mu(X_{(i)})]$$

其中，（·）为集合 X 上一个置换，使得 $f(x_{(1)}) \leqslant \cdots \leqslant f(x_{(n)})$，$X_{(i)} = \{x_{(i)}, \cdots, x_{(n)}\}$。

在诸多非线性积分形式中，菅野积分和肖凯积分具有良好的集成性质（Grabisch & Raufaste，2008；Marichal，2000a，2000b，Marichal，2001）。肖凯积分是传统的加权算术平均算子、有序加权平均算子的合理拓展，应用最为广泛（武建章和张强，2014；Grabisch & Labreuche，2008）。

2.3 概率型交互作用指标及其公理化特征

非可加测度的各概率型交互作用指标，包括前面提到的沙普利交互作用指标，对决策准则间的交互作用给出了数值上度量。

设决策准则集为 $X = \{x_1, \cdots, x_n\}$，$\mu: \mathcal{P}(X) \to [0, 1]$ 为 X 上的非可加测度。表达式 $\mu(T \cup \{x_i\}) - \mu(T)$ 可以理解为 x_i 的加入带给子集 T 权重或重要性的增加量，称为 x_i 对子集 T 的边际贡献量。$X \backslash \{x_i\}$ 按照势的大小可以分成：势为 0，势为 1，势为 2，$\cdots$，势为 $n-1$ 这 n 类子集。假定这 n 类集合的作用相同，即每一类的权重系数为 $\dfrac{1}{n}$。此外，势为 $k \in \{0, 1, \cdots, n-1\}$ 的子集共有 $\dbinom{n-1}{k} = \dfrac{(n-1)!}{((n-1-k)! \, k!)}$ 个，假定这些子集作压是相同的，故每个势为 k 的集合的权重系数可以设为 $\dbinom{n-1}{k}^{-1} = \dfrac{((n-1-k)! \, k!)}{(n-1)!}$。按照以上思路进行整合，即得每个准则的沙普利重要性指标。在此基础上，可推广得到沙普利交互作用指标，见定义 2.3。

另一个常用的交互作用指标是班茨哈夫交互作用指标：

$$I_B(S) = \frac{1}{2^{(|X|-|S|)}} \sum_{T \subset X \setminus S} \sum_{L \subset S} (-1)^{|S|-|L|} \upsilon(L \cup T), \forall S \subset X$$

班茨哈夫交互作用指标实质上是对班茨哈夫值的拓展。在上式中，当子集 $S = \{x_i\}$，可得准则 $x_i (i = 1, \cdots, n)$ 的班茨哈夫值：

$$I_B(\{x_i\}) = \sum_{T \subset X \setminus \{x_i\}} \frac{1}{2^{|X|-1}} [\mu(T \cup \{x_i\}) - \mu(T)]$$

当 $S = \{x_i, x_j\}$，可得准则 $x_i, x_j (i, j = 1, \cdots, n$ 且 $i \neq j)$ 间的班茨哈夫交互作用指标值：

$$I_B(\{x_i, x_j\}) = \sum_{S \subset X \setminus \{x_i, x_j\}} \frac{1}{2^{|X|-2}} [\mu(T \cup \{x_i, x_j\}) - \mu(T \cup \{x_i\}) \\ - \mu(T \cup \{x_j\}) + \mu(T)]$$

通过与沙普利值及交互作用公式进行对比，不难发现，以上两种类型的值及交互作用指标在结构上存在着很多相同的地方，只是每个子项所乘系数不同。班茨哈夫值的系数可做如下解释：去掉 x_i 的其他准则构成的集合 $X \setminus \{x_i\}$ 包含了 2^{n-1} 个子集，假定每个子集对准则 x_i 的总边际贡献量的权重是相同的，则表达式 $[\mu(T \cup \{x_i\}) - \mu(T)]$ 的权重系数可以设为 $\frac{1}{2^{n-1}}$。同样地，集合 $X \setminus \{x_i, x_j\}$ 包含了 2^{n-2} 个子集，故 x_i, x_j 的班茨哈夫交互作用指标公式中的表达式 $[\mu(T \cup \{x_i, x_j\}) - \mu(T \cup \{x_i\}) - \mu(T \cup \{x_j\}) + \mu(T)]$ 的系数为 $\frac{1}{2^{n-2}}$。

其实，这两种交互作用指标都属于概率型交互作用指标，或更确切地说，属于基于势的概率型交互作用指标。

定义 2.7 （Grabisch & Roubens，1999a，1999b）非空有限集 X 上非可加测度 $\mu: \mathcal{P}(X) \to R$ 的概率型交互作用指标，记为 I_P，定义为

$$I_P(S) = \sum_{T \subset X \setminus S} p_T^S(X) \sum_{L \subset S} (-1)^{|S|-|L|} \upsilon(L \cup T), \forall S \subset X$$

其中，对于 $\forall S \subset X$，系数 $\{p_T^S(X)\}_{T \subset X \setminus S}$ 构成了幂集 $\mathcal{P}(X \setminus S)$ 上的一个概率分布。当系数 $p_T^S(X)$，$T \subset X \setminus S$ 的值仅依赖于集合 S，T，X 的势，即对 $\forall s \in \{0, \cdots, n\}$，存在非负数列 $\{p_t^s(n)\}_{t=0, \cdots, n-s}$ 满足 $\sum_{t=0}^{n-s} \binom{n-s}{t} p_t^s(n) = 1$ 且对于 $\forall S \subset X$，$T \subset X \setminus S$ 有 $p_T^S(X) = p_t^s(n)$，则称 $I_P(S)$ 为基于势的概率型交互作

用指标。

当 $S = \{x_i\}$ 时，$I_{\mathrm{P}}(S)$ 即为概率型值或基于势的概率型值（又称为半值）（Weber，1988）。概率型交互作用指标及基于势的概率型交互作用指标是对概率型值及基于势的概率型值的拓展。可以证明，沙普利交互作用指标与班茨哈夫交互作用指标都是基于势的概率型交互作用指标。此外，默比乌斯表示其实也是基于势的概率型交互作用指标（当 $|T| = 0$，$F_t^s(n) = 1$；否则，$p_t^s(n) = 0$），当然也是概率型交互作用指标（Grabisch & Roubens，1999a）。

沙普利交互作用指标函数是拓展沙普利值，且满足线性公理、哑元公理、对称性公理及递归公理的唯一交互作用指标函数（Grabisch & Roubens，1999a）。因此，沙普利交互作用指标函数比较适宜用来描述决策准则的总体重要性及其间的交互作用。需要指出的是，决策子集 $S \subset X$ 的沙普利交互作用指标值为零，只是表示子集 S 中的各准则交互作用的期望值为零，即有可能对应于一些准则子集 $T \subset X \backslash S$ 上的边际交互作用为正，而在其他准则子集 $T' \subset X \backslash S$ 上的边际交互作用为负，进而使得平均意义上的交互作用为零，并不是子集 S 中的各准则间完全不存在任何交互作用，严格意义上来讲，不能说这些准则是完全相互独立的。从这个角度出发，科亚迪诺维奇（Kojadinovic，2005）提出交互作用量指标来刻画各决策准则间是否存在交互作用。当交互作用量为零时，各准则完全相互独立。但交互作用量计算量较大且只是对交互作用量的描述，不能对交互作用的正负进行描述，在实际决策应用中很少使用。

总之，从目前的理论发展来看，在诸多概率型交互作用指标中，沙普利值及交互作用指标最适宜用来描述决策准则的重要性及准则间的交互作用。因此，在本书中，如无特殊说明，准则间的重要性及交互作用值都指其沙普利值及交互作用指标值。

方便起见，对于决策准则集 $X = \{x_1, \cdots, x_n\}$ 及其上的非可加测度 μ，记决策准则 $x_i(i = 1, \cdots, n)$ 的重要性为 I_i，其值为该准则的沙普利值，即 $I_i = I_{\mathrm{Sh}}(\{x_i\})$。两个决策准则 $x_i, x_j \in X(i, j = 1, \cdots, n$，且 $i \neq j)$ 间的交互作用记为 I_{ij}，其值为集合 $\{x_i, x_j\}$ 的沙普利交互作用指标值，即 $I_{ij} = I_{\mathrm{Sh}}(\{x_i, x_j\})$。记子集 $S \subset X$ 中所有准则的交互作用为 I_S 且令 $I_s = I_{Sh}(S)$。显

然，$I_i \geqslant 0$ 且 $\sum\limits_{i=1}^{n} I_i = 1$，$I_{ij} \in [-1, 1]$。

2.4　非线性积分的集成特性

设候选方案集为 A，决策准则集为 $X = \{x_1, \cdots, x_n\}$，任意候选方案 $a \in A$ 可以用一个 n 维向量 $a = (a_1, \cdots, a_n) \in [0, 1]^n$ 来表示，其中 $a_i(i = 1, \cdots, n)$ 表示该候选方案关于准则 i 的评价值。多准则决策或综合评价就是利用某一全局效用函数，或称为集成函数，$f: A \rightarrow R$，来构造决策者的偏好，即定义候选方案集 A 上的二元关系 $\geqslant$，使得（武建章和张强，2014）：

$$a \geqslant b \Leftrightarrow f(a) \geqslant f(b)，\quad \forall a, b \in A$$

最简单的集成函数为加权算术平均算子（Yager，2009）：

$$\mathrm{WAM}_{\omega}(a) = \sum_{i=1}^{n} \omega_i a_i$$

其中，ω_i 表示准则 x_i 的重要性或权重，$\sum\limits_{i=1}^{n} \omega_i = 1$。另一重要的集成函数为有序加权平均算子（Yager，2009）：

$$\mathrm{OWA}_{\omega}(a) = \sum_{i=1}^{n} \omega_i a_{(i)}$$

其中，$((1), (2), \cdots, (n))$ 为 $(1, 2, \cdots, n)$ 的一个置换，使得对任意 i，有 $a_{(i-1)} \geqslant a_{(i)}$，$\omega_i$ 表示第 i 个最大量 $a_{(i)}$ 重要性或权重，$\sum\limits_{i=1}^{n} \omega_i = 1$。此外，还有加权取小算子与加权取大算子。对于任意给定的权重 ω_1，ω_2，$\cdots$，ω_n 且 $\bigvee\limits_{i=1}^{n} \omega_i = 1$，则加权取大算子为

$$\mathrm{wmax}(a) = \bigvee_{i=1}^{n} (\omega_i \wedge a_i)$$

加权取小算子为

$$\mathrm{wmin}(a) = \bigwedge_{i=1}^{n} (\omega_i \vee a_i)$$

菅野积分与肖凯积分作为集成函数应用于多准则决策分析，且具有良好的集成特征。方便起见，决策方案 $a \in A$ 关于非可加测度 μ 的菅野积分值与肖

凯积分值分别记为 $S_\mu(a)$ 与 $C_\mu(a)$。下面给出肖凯与菅野积分与传统集成算子间的关系。

定理 2.3 离散形式的肖凯积分是可加的（即对任意 a，$a' \in A$，有 $C_\mu(a_1 + a_1', \cdots, a_n + a_n') = C_\mu(a) + C_\mu(a')$）当且仅当存在一个向量 $\omega \in [0, 1]^n$ 使得 $C_\mu(a) = WAM_\omega(a)$，$\forall a \in A$。此时，肖凯积分所对应的非可加测度 μ 退化为经典的可加测度，且有

$$\mu(T) = \sum_{i \in T} \omega_i, \ T \subset N$$

定理 2.4 离散形式的肖凯积分是对称的（即对任意一个 X 上的置换 π，总有 $C_\mu(a_1, \cdots, a_n) = C_\mu(a_{\pi(1)}, \cdots, a_{\pi(n)})$）当且仅当存在一个向量 $\omega \in [0, 1]^n$ 使得 $C_\mu(a) = OWA_\omega(a)$，$\forall a \in A$。此时肖凯积分所对应的非可加测度 μ 是基于势的（对称的），且有

$$\mu(T) = \sum_{i = n - \lceil T \rceil + 1}^{n} \omega_i, \ T \subset N \text{ 且 } T \neq \varnothing$$

定理 2.5 如果非空有限集 X 上的非可加测度 μ 是可能性测度（即 μ 是模糊可加的），则关于 μ 的菅野积分是可取大的（即对任意 a，$a' \in A$，有 $S_\mu(a_1 \vee a_1', \cdots, a_n \vee a_n') = S_\mu(a) \vee S_\mu(a')$），且存在一个向量 $\omega \in [0, 1]^n$ 使得

$$S_\mu(a) = \bigvee_{i=1}^{n} (\omega_i \wedge a_i)$$

定理 2.6 如果非空有限集 N 上的非可加测度 μ 是必要性测度（即可能性测度的对偶测度），则 S_μ 是可取小的（即对任意 a，$a' \in A$，有 $S_\mu(a_1 \wedge a_1', \cdots, a_n \wedge a_n') = S_\mu(a) \wedge S_\mu(a')$），且存在一个向量 $\omega \in [0, 1]^n$ 使得

$$S_\mu(a) = \bigwedge_{i=1}^{n} (\omega_i \vee a_i)$$

离散形式的菅野积分和肖凯积分还有如下关系。

定理 2.7 如果非空有限集 X 上的非可加测度 μ 是 $0 \sim 1$ 的，则 $a \in [0, 1]^n$ 关于 μ 的菅野积分值与肖凯积分值相等，即 $S_\mu(a) = C_\mu(a)$。

定理 2.8 设 μ 为非空有限集 X 上的非可加测度，则 $a \in [0, 1]^n$ 关于 μ 的菅野积分值与肖凯积分值有 $|S_\mu(a) - C_\mu(a)| \leq \dfrac{1}{4}$。

图 2.1 直观显示了本节所提到集成函数间的关系。

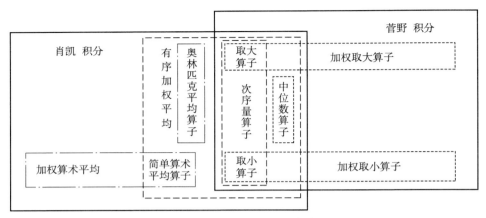

图 2.1 各集成函数之间的关系

2.5 特殊类型的非可加测度

利用非可加测度描述决策准则的重要性以及准则间的交互作用，需要对每个决策准则子集进行赋值。为了合理有效地减少所需确定参数的数量，学者们提出了可分解测度、k 序可加测度、p 对称测度、k 宽容与 k 不宽容测度等特殊类型的非可加测度。

2.5.1 可分解测度

韦伯基于 t – 余模的概念提出了一类特殊类型的非可加测度，称为可分解测度。

定义 2.8 称单位区间 $[0，1]$ 上的二元运算 "$\perp$" 为 t – 余模，如果对 $x，y，z \in [0，1]$，满足以下条件：

（1）$x \perp 0 = 0 \perp x = x$，（边界条件）；

（2）$x \perp y = y \perp x$，（交换律）；

（3）$(x \perp y) \perp z = x \perp (y \perp z)$，（结合律）；

（4）$y \leq z \Rightarrow x \perp y \leq x \perp z$，（单调性）。

下面是几种常见的 t – 余模的类型：

逻辑和（logic sum）：$x \bigvee y = \max(x, y)$；

有界和（bounded sum）：$x \oplus y = \min(x + y, 1)$；

代数和（algebraic sum）：$x \dotplus y = x + y - xy$；

激烈和（drastic sum）：$x \overset{\cdot}{\bigvee} y = \begin{cases} 1, & x > 0, \ y > 0 \\ r, & s = 0 \\ s, & r = 0 \end{cases}$

λ - 和（λ - sum）：$x \oplus_\lambda y = \min(x + y + \lambda xy, 1)$，$\lambda \in (-1, \infty)$。

对于任意 t - 余模 "$\perp$" 有下式成立：

$$x \bigvee y \leqslant x \perp y \leqslant x \overset{\cdot}{\bigvee} y, \quad \forall x, y \in [0, 1]$$

定义 2.9 设 "$\perp$" 为 t - 余模，称非空有限集 X 上的集函数 $\mu: \mathcal{P}(X) \to [0, 1]$ 为 "$\perp$ -" 可分解的，或简称为可分解测度，如果满足 $\mu(\varnothing) = 0$，$\mu(X) = 1$，且对于任意两个不交子集 S，T 有 $\mu(S \cup T) = \mu(S) \perp \mu(T)$。

显然，经典的概率测度是有界和 "$\oplus$ -" 可分解测度（Weber，1984）。

下面再介绍两类著名的可分解测度。

定义 2.10（Zadeh，1978）如果函数 $\pi: X \to [0, 1]$ 满足 $\max\{\pi(x) | x \in X\} = 1$，则称为集合 X 上的可能性分布（possibility distribution）。称集函数 $\mathrm{Pos}: \mathcal{P}(X) \to [0, 1]$ 为集合 X 上的可能性测度（possibility measure），如果存在集合 X 上的一个可能性分布 π，使得对任意 $S \subset X$ 有

$$\mathrm{Pos}(S) = \max\{\pi(x) | x \in S\}$$

特别地，称 X 上的集函数 $\mathrm{Pos}_T: \mathcal{P}(X) \to \{0, 1\}$ 为基于集合 T 的 $0 \sim 1$ 可能性测度，如果

$$\mathrm{Pos}_T(S) = \begin{cases} 1 & S \cap T \neq \varnothing \\ 0 & S \cap T = \varnothing \end{cases}$$

定理 2.9（Zadeh，1978）集函数 $\mathrm{Pos}: \mathcal{P}(X) \to [0, 1]$ 是集合 X 上的可能性测度当且仅当对任意两个子集 S，$T \subset X$，有

$$\mathrm{Pos}(S \cup T) = \mathrm{Pos}(S) \bigvee \mathrm{Pos}(T)$$

由上述定理可以得出，可能性测度是关于逻辑和 "$\bigvee$" 的可分解测度，即 "$\bigvee$ -" 可分解测度。而 $0 \sim 1$ 可能性测度是关于任意 t - 余模 "$\perp$" 的可分解测度。

可能性测度的对偶测度称为必要性测度（necessity measure）。

定义 2.11 （Zadeh，1978） 称集函数 $\mathrm{Nec}: \mathcal{P}(X) \to [0, 1]$ 为集合 X 上的必要性测度（necessity measure），如果存在集合 X 上的一个可能性测度使得对任意 $S \subset X$ 有：

$$\mathrm{Nec}(S) = 1 - \mathrm{Pos}(X \backslash S)$$

特别地，称基于集合 T 的 0～1 可能性测度的对偶测度为基于集合 T 的 0～1 必要性测度，记为 $\mathrm{Nec}_T: P(X) \to \{0, 1\}$。显然，有

$$\mathrm{Nec}_T(S) = \begin{cases} 1 & T \subset S \\ 0 & T \not\subset S \end{cases}$$

集合 X 上的必要性测度 Nec 也可以用 X 上的可能性分布 π 来表示

$$\mathrm{Nec}(S) = 1 - \max\{\pi(x) \mid x \notin S\}$$

对于任意 $S \subset X$，有 $\mathrm{Pos}(S) = 1$ 或 $\mathrm{Pos}(X \backslash S) = 1$，且有 $\mathrm{Nec}(S) = 0$ 或 $\mathrm{Nec}(X \backslash S) = 0$。而且，对于任意 $S \subset X$ 有 $\mathrm{Nec}(S) \leqslant \mathrm{Pos}(S)$。

定理 2.10 （Zadeh，1978） 集函数 $\mathrm{Nec}: \mathcal{P}(X) \to [0, 1]$ 是集合 X 上的必要性测度当且仅当对任意两个子集 S，$T \subset X$，有 $\mathrm{Nec}(S \cap T) = \mathrm{Nec}(S) \wedge \mathrm{Nec}(T)$。

2.5.2 λ – 测度

定义 2.12 （Sugeno，1974） 设 $\lambda \in (-1, \infty)$，称非空有限集 X 上的集函数 $g_\lambda: \mathcal{P}(X) \to [0, 1]$ 为 λ – 测度，如果 $g_\lambda(X) = 1$，且对于任意两个不交子集 S，T，有

$$g_\lambda(S \cup T) = g_\lambda(S) + g_\lambda(T) + \lambda g_\lambda(S) g_\lambda(T)$$

如果 $\lambda = 0$，λ – 测度是正规的可加测度，即经典概率测度。对 $\forall S \subset X$，有 $g_\lambda(S) \in [0, 1]$，又 $\lambda \in (-1, \infty)$，故 $1 + \lambda g_\lambda(S) > 0$。因为

$$g_\lambda(\varnothing) = g_\lambda(\varnothing) + g_\lambda(\varnothing) + \lambda g_\lambda(\varnothing) g_\lambda(\varnothing)$$

进而，$g_\lambda(\varnothing)[1 + \lambda g_\lambda(\varnothing)] = 0$。所以，$g_\lambda(\varnothing) = 0$。另外，如果 $S \subset T \subset X$，则有

$$\begin{aligned} g_\lambda(T) &= g_\lambda(S) + g_\lambda(T \backslash S) + \lambda g_\lambda(S) g_\lambda(T \backslash S) \\ &= g_\lambda(S) + g_\lambda(T \backslash S)[1 + \lambda g_\lambda(S)] \\ &\geqslant g_\lambda(S) \end{aligned}$$

故 g_λ 也满足单调性。因此，λ – 测度 g_λ 是集合 X 上非可加测度。

可以看出，λ – 测度是基于 λ – 和的可分解测度。单点集 $\{x_i\}$ 的 g_λ 测

度值 $g_\lambda\{x_i\}$ 称为 λ – 测度 g_λ 的测度密度。λ – 测度 g_λ 的测度值完全由其测度密度确定。

定理 2.11 当 $\lambda \neq 0$ 时，λ – 测度 g_λ 的参数 λ 值（$\lambda \neq 0$ 时）可由下面的方程来确定：

$$\frac{1}{\lambda}\left(\left(\prod_{i=1}^{n}(1 + \lambda g_\lambda(\{x_i\}))\right) - 1\right) = 1$$

当 $\sum_{i=1}^{n} g_\lambda(\{x_i\}) < 1$ 时，有 $\lambda > 0$，λ – 测度是超可加的；当 $\sum_{i=1}^{n} g_\lambda(\{x_i\}) > 1$

时，有 $\lambda < 0$，λ – 测度是次可加的。当 $\sum_{i=1}^{n} g_\lambda(\{x_i\}) = 1$ 时，设定 $\lambda = 0$，λ – 测度是可加的，即经典可加测度。

定理 2.12 对于非空有限集 X 上的 λ – 测度 g_λ，若 $\lambda \neq 0$，则对于任意 $S \subset X$，其测度值为

$$g_\lambda(S) = \frac{1}{\lambda}\Big[\prod_{x_i \in S}(1 + \lambda g_\lambda(\{x_i\})) - 1\Big]$$

例 2.1 设 $X = \{x_1, x_2, x_3\}$，X 上的 λ – 测度 g_λ 的测度密度为

$$g_\lambda(\{x_1\}) = g_\lambda(\{x_2\}) = 0.2, \quad g_\lambda(\{x_3\}) = 0.1$$

则

$$\frac{(1 + \lambda g_\lambda(\{x_1\}))(1 + \lambda g_\lambda(\{x_2\}))(1 + \lambda g_\lambda(\{x_3\})) - 1}{\lambda} = 1$$

即

$$\frac{(1 + 0.2\lambda)(1 + 0.2\lambda)(1 + 0.1\lambda) - 1}{\lambda} = 1$$

进而，有

$$0.004\lambda^2 + 0.08\lambda - 0.5 = 0$$

解之，可得 $\lambda = 5$ 或 -25。因 $-25 < -1$，舍去，所以取 $\lambda = 5$。

进而，可得

$$g_\lambda(\{x_1, x_2\}) = \frac{[(1 + \lambda g_\lambda(\{x_1\}))(1 + \lambda g_\lambda(\{x_2\})) - 1]}{\lambda}$$

$$= \frac{[(1 + 0.2 \times 5)(1 + 0.2 \times 5) - 1]}{5}$$

$$= 0.6$$

类似地，有 $g_\lambda(\{x_1, x_3\}) = g_\lambda(\{x_2, x_3\}) = 0.4$。

然而，λ - 测度存在着一个重要缺陷（王熙照，2008；武建章和张强，2014）。它只能表示各准则间的一类交互作用，即要么全部准则间存在正的交互作用，要么全部为负的交互作用，要么全部彼此完全独立。λ - 测度不能充分体现存在于决策准则间的多种交互作用，减弱了非可加测度的表示能力。可分解测度也存在着类似与 λ - 测度的缺陷，即其值往往完全由测度密度来确定，在降低所需确定参数数量的同时，极大地限制或削弱了非可加测度的描述能力。

基于此，学者们提出了其他特殊类型的非可加测度。主要包括（武建章和张强，2014）：k 序可加测度，p 对称非可加测度，k 宽容与 k 不宽容非可加测度等。

2.5.3　k 序可加测度

定义 2.13　（Grabisch，1997）设 $k \in \{1, \cdots, n\}$。非空有限集 X 上的非可加测度 μ 称为 k 序可加的，如果它的默比乌斯表示形式对 $\forall S \subset X$ 且 $|S| > k$ 有 $m(S) = 0$，并且至少存在一个子集 T，$|T| = k$，使得 $m(T) \neq 0$。

对于 k 序可加测度，只需要确定势小于等于 k 的集合的默比乌斯表示的值，再通过默比乌斯表示与非可加测度的转换关系，即可确定所有子集的测度值。因此，确定包含 n 个准则的决策准则集上的一个 k 序可加测度，最多需要 $\sum_{i=1}^{k} \binom{n}{i} \leqslant 2^n$ 个参数。例如，当 $k = 1$ 时，只需要确定 n 个参数；当 $k = 2$ 时，2 序可加测度需要确定 $\dfrac{[n(n+1)]}{2}$ 个参数。随着 k 的增加，非可加测度的参数也越多，其表现能力就越强。随着 k 值从 $1 \sim n$ 的变化，k 序可加测度可以覆盖非空有限集 X 上任意复杂度的非可加测度。

由默比乌斯表示与非可加测度的转换关系，不难验证，1 序可加测度就是经典的可加测度。而对于 2 序可加测度有以下式子成立（Grabisch，1997；武建章和张强，2014）：

$$\mu(\{x_i\}) = m(\{x_i\}), \ i = 1, \cdots, n$$

$$\mu(\{x_i,\ x_j\}) = m(\{x_i\}) + m(\{x_j\}) + m(\{x_i,\ x_j\}),\ i,\ j = 1,\ \cdots,\ n\ \text{且}\ i \neq j$$

$$\mu(S) = \sum_{x_i \in S} m(\{x_i\}) + \sum_{\{x_i, x_j\} \subset S} m(\{x_i,\ x_j\})$$

$$= \sum_{\{x_i, x_j\} \subset S} \mu(\{x_i,\ x_j\}) - (|S| - 2) \sum_{x_i \in S} \mu(\{x_i\}),\ S \subset X\ \text{且}\ |S| > 2$$

因此，2 序可加测度也可以完全由其单个准则的测度值 $\mu(\{x_i\})$ 以及所有准则对的测度值 $\mu(\{x_i,\ x_j\})$ 来确定。k 序可加测度最多只考虑 k 个决策准则间的整体交互作用，而假定大于 k 个决策准则间的整体交互作用为零。需要指出的是，2 序可加测度只涉及准则的重要性和两个准则间交互性，而忽略 3 个及以上的准则间的交互作用，很好地解决了复杂性和表现能力之间的矛盾，结构简单，表述灵活，在实际多准则决策分析中被广泛接受和普遍应用（武建章和张强，2014；Grabisch et al.，2000b）。

2 序可加测度的交互作用值与其默比乌斯表示之间有如下关系：

$$\begin{cases} I_i = m(\{x_i\}) + \dfrac{1}{2} \sum_{\{x_i, x_j\} \subset X} m(\{x_i,\ x_j\}) \\ I_{ij} = m(\{x_i,\ x_j\}) \end{cases}$$

以及

$$\begin{cases} m(\{x_i\}) = I_i - \dfrac{1}{2} \sum_{\{x_i, x_j\} \subset X} I_{ij} \\ m(\{x_i,\ x_j\}) = I_{ij} \end{cases}$$

例 2.2 （Angilella，Greco & Lamantia et al，2004）假定某决策者要对表 2.1 中所列汽车进行综合评价并排序。表 2.1 中第 1 列为汽车名称及型号，第 2 ~ 5 列为各车型在价格（准则 1）、0 ~ 100 公里/小时加速时间（准则 2）、最大时速（准则 3）、百公里油耗（准则 4）这 4 个方面（准则）的评价值。方便起见，简记准则集为 $X = \{1,\ 2,\ 3,\ 4\}$。

表 2.1 各车型在相应准则上的评价值

车型	价格	0 ~ 100 公里/小时加速时间	最大时速	百公里油耗
Audi A3 1.6 Attraction	0.151	0.960	0.962	0.341
BMW 316i	0.036	0.610	0.974	0.060

续表

车型	价格	0～100 公里/小时加速时间	最大时速	百公里油耗
Daewoo Nexia 1.5i GL 5p	0.750	0.797	0.680	0.499
Ford Escort Cabrio 1.6 16V Luxury	0.197	0.601	0.834	0.069
Rover 111 Kensington SE 3p	0.808	0.582	0.153	0.900
Seat Ibiza 1.4 5p Slalom	0.703	0.486	0.171	0.532
VolksWagen Polo 1.6 3p Sportline	0.237	0.943	0.738	0.486

决策者认为各准则的重要性依次为：

价格（准则1）、0～100 公里/小时加速时间（准则2）、百公里油耗（准则4）、最大时速（准则3），即

准则1＞准则2＞准则4＞准则3

进而，决策者对各准则间的交互作用给出如下规定：

（1）准则1与准则2（价格与 0～100 公里/小时加速时间）、准则1与准则3（价格与最大时速）、准则2与准则4（0～100 公里/小时加速时间与百公里油耗）、准则3与准则4（最大时速与百公里油耗）是互补的，即存在正的交互作用；

（2）准则1与准则4（价格与百公里油耗）、准则2与准则3（0～100 公里/小时加速时间与最大时速）间是冗余的，即存在负的交互作用；

（3）忽略3个及更多准则间的交互作用。

因此，可以用一个2序可加测度来描述决策准则的重要性与其间的交互作用。通过某种辅助算法（Angilella et al, 2004），可确定各准则的重要性（沙普利值）以及准则间的交互作用值（沙普利交互作用指标值），如表2.2所示。

表2.2　　　　　　　　　各准则重要性及交互作用

评价项	价格	0～100 公里/小时加速时间	最大时速	百公里油耗	重要性
价格	—	0.258	0.020	-0.157	0.438
0～100 公里/小时加速时间	0.258	—	-0.142	0.101	0.256

续表

评价项	价格	0~100 公里/小时加速时间	最大时速	百公里油耗	重要性
最大时速	0.020	−0.142	—	0.017	0.128
百公里油耗	−0.157	0.101	0.017	—	0.179

由表 2.2 可得，各准则的重要性与交互作用为：

$I_1 = 0.438$，$I_2 = 0.256$，$I_3 = 0.128$，$I_4 = 0.179$，$I_{12} = 0.258$，$I_{13} = 0.020$，$I_{14} = -0.157$，$I_{23} = -0.142$，$I_{24} = 0.101$，$I_{34} = 0.017$。对于 $S \subset X$ 且 $|S| \geqslant 3$ 时，有 $I(S) = 0$。

根据式（2.2）可得，各准则子集的默比乌斯表示值为：

$m(\{1\}) = 0.377$，$m(\{2\}) = 0.221$，$m(\{3\}) = 0.147$，$m(\{4\}) = 0.156$，

$m(\{1, 2\}) = 0.258$，$m(\{1, 3\}) = 0.020$，$m(\{1, 4\}) = -0.157$，

$m(\{2, 3\}) = -0.142$，$m(\{2, 4\}) = 0.101$，

$m(\{3, 4\}) = 0.017$，对于 $S \subset X$ 且 $|S| \geqslant 3$ 时，有 $m(S) = 0$。

根据默比乌斯表示与非可加测度的转换关系，可得各准则子集的非可加测度值，如表 2.3 所示。进而可以用肖凯积分来集成各车型在各准则上的评价值，得到综合评价值，见表 2.4。故，决策者认为车型 Daewoo Nexia 为最佳选择。

表 2.3　　　　　　　　各准则子集的非可加测度

子集	测度值	子集	测度值	子集	测度值	子集	测度值
∅	0.000	{4}	0.156	{2, 3}	0.226	{1, 2, 4}	0.947
{1}	0.377	{1, 2}	0.856	{2, 4}	0.478	{1, 3, 4}	0.708
{2}	0.221	{1, 3}	0.544	{3, 4}	0.360	{2, 3, 4}	0.510
{3}	0.147	{1, 4}	0.383	{1, 2, 3}	0.861	{1, 2, 3, 4}	1.000

表 2.4　　　　　　　　各车型的综合评价值及相应排名

项目	Audi A3	BMW 316i	Daewoo Nexia	Ford Escort	Rover 111	Seat Ibiza	VolksWagen Polo
肖凯积分值	0.387	0.226	0.729	0.307	0.663	0.555	0.465
排名	5	7	1	6	2	3	4

2.5.4 p 对称非可加测度

k 序可加测度拓展了可加性的定义，而米兰达等（Miranda & Grabisch，1999）则从无差异子集的角度拓展了对称测度的概念，提出了 p 对称非可加测度。

为说明无差异子集的概念，首先回顾一下有序加权平均算子。该集成函数只关注候选方案在各准则上评价值的大小次序，而不计较这些评价值究竟是在哪个准则上取得的。有序加权平均算子对应的非可加测度是基于势的，也称为是对称的，即其测度值只依赖于子集的势，而不关注该子集的构成元素。这就意味着所有的准则具有相同的重要性，准则之间没有任何差异。换句话说，准则集 X 本身就是一个无差异子集。当然，准则集有可能包含 2 个或 3 个无差异子集，其对应的非可加测度就可以称为 2 对称的或 3 对称的。

定义 2.14（Miranda & Grabisch，1999）称非空有限集 X 中两个元素 x_i，x_j 关于 X 上的非可加测度 μ 是无差异的当且仅当对于任意 $A \subset X \backslash \{x_i, x_j\}$，有

$$\mu(A \cup \{x_i\}) = \mu(A \cup \{x_j\})$$

元素 x_i，x_j 是无差异的，则子集 $\{x_i, x_j\}$ 称为一个无差异子集。

可以拓展这一概念至更一般形式的情形。

定义 2.15（Miranda & Grabisch，1999）设 μ 为非空有限集 X 上的非可加测度，称子集 $S \subset X$ 为关于 μ 的无差异子集当且仅当对所有 T_1，$T_2 \subset S$ 且 $|T_1| = |T_2|$，则对任意子集 $P \subset X \backslash S$ 有

$$\mu(P \cup T_1) = \mu(P \cup T_2)$$

显然，任意无差异子集的子集仍是无差异子集，只包含一个准则的准则集合都是无差异子集。

例 2.3（Miranda & Grabisch，1999）设子集 $S \subset X$ 为关于 X 上的非可加测度 μ 的无差异子集，在上述定义中，令 $P = \varnothing$，则有

$$\mu(\{x_i\}) = \mu(\{x_j\}), \quad \forall x_i, x_j \in S$$
$$\mu(\{x_i, x_j\}) = \mu(\{x_k, x_l\}), \quad \forall x_i, x_j, x_k, x_l \in S$$

定义 2.16（Miranda & Grabisch，1999）称非空有限集 X 上的非可加测度 μ 为 2 对称的当且仅当存在集合 X 的一个分割 $\{S, X \backslash S\}$ 且 S，$X \backslash S \neq \varnothing$，

使得 S 与 $X \setminus S$ 是关于 μ 的无差异子集，但 X 不是无差异子集。

定义 2.17 （Miranda & Grabisch，1999）设非空有限集 X 的两个分割为 $\{S_1, \cdots, S_p\}$，$\{T_1, \cdots, T_r\}$，称分割 $\{S_1, \cdots, S_p\}$ 比分割 $\{T_1, \cdots, T_r\}$ 粗糙，如果 $\forall S_i \in \{S_1, \cdots, S_p\}$，$\exists T_j \in \{T_1, \cdots, T_r\}$，使得 $T_j \subset S_i$。

定义 2.18 （Miranda & Grabisch，1999）称非空有限集 X 上的非可加测度 μ 为 p 对称的当且仅当存在由集合 X 中无差异子集构成的最粗糙分割 $\{S_1, \cdots, S_p\}$ 且 $\forall S_i \neq \varnothing$，$i \in \{1, \cdots, p\}$。分割 $\{S_1, \cdots, S_p\}$ 称为 p 对称非可加测度 μ 的基础。

显然，1 对称非可加测度就是对称的（基于势的）非可加测度。n 对称非可加测度就是一般的非可加测度。

对于 p 对称非可加测度 μ 的基础 $\{S_1, \cdots, S_p\}$，集合 X 的任意子集 $S \subset X$ 都可以用一个 p 维向量 $(s_1, \cdots, s_p)$ 来表示，其中 $s_i = |S \cap S_i|$。而 s_i 的取值可以为 $\{0, 1, \cdots, |S_i|\}$，即共有 $|S_i| + 1$ 个可能取值。又

$$\mu(\varnothing) = \mu(\underbrace{0, \cdots, 0}_{p\uparrow}) = 0, \quad \mu(X) = \mu(|S_1|, \cdots, |S_p|) = 1$$

因此，定义一个 p 对称非可加测度只需要确定 $(|S_1| + 1) \times \cdots \times (|S_p| + 1) - 2$ 个参数（Miranda & Grabisch，1999）。可以看出，确定 p 对称非可加测度的参数数量不仅与最粗糙分割的子集数量有关，还与各个子集的势的大小有关。

例 2.4 直观解释了 p 对称非可加测度的实际决策意义以及系数确定过程。

例 2.4 （Miranda & Grabisch，1999）现由四位老师（包括两位数学老师 M_1，M_2 和两位物理老师 P_1，P_2）来对一些学生进行综合评价，四位老师可以看作这一决策问题的决策准则。假定现在没有任何信息来帮助区分两位数学老师 M_1，M_2 孰优孰劣，同样也不能对两位物理老师 P_1，P_2 在评价过程的重要性进行区分。只是了解到，此次评价过程更注重考查学生的数学水平。

因此，可以得出如下决策信息：

（1）在此次评价过程中，决策准则集为 $X = \{M_1, M_2, P_1, P_2\}$；

（2）两位数学老师 M_1，M_2 在整个评价过程的作用是完全相同的，两位物理老师在整个评价过程中的作用也是完全相同的；

（3）任一数学老师 M_i，$i = 1$，2，的评价都重要于任一物理老师 P_j，$j = 1$，2，的评价。

所以，$\{M_1, M_2\}$，$\{P_1, P_2\}$ 就成为此次决策过程中的无差异子集，而 $\{\{M_1, M_2\}, \{P_1, P_2\}\}$ 恰恰是由无差异子集构成的集合 X 的最粗糙分割。故，可以用一个 2 对称非可加测度来描述决策准则的重要性。

下面来看如何确定准则集为 $X = \{M_1, M_2, P_1, P_2\}$ 上的 2 对称非可加测度。任何子集 $S \subset X$ 都可以用一个 2 维向量来表示，例如，子集 $\{M_1\}$ 可以表示为 $(1, 0)$，而 $\{M_1, P_1, P_2\}$ 可表示为 $(1, 2)$。又据非可加测度的边界条件，空集和全集的测度值分别为 0 和 1。故确定此 2 对称非可加测度 μ 只需确定 $3 \times 3 - 2 = 7$ 个参数。例如，该 2 对称非可加测度 μ 可以确定为：$\mu(M_i) = 0.3$，$i = 1, 2$；$\mu(P_j) = 0.2$，$j = 1, 2$；$\mu(M_1, M_2) = 0.5$；$\mu(P_1, P_2) = 0.3$；$\mu(M_i, P_j) = 0.8$；$\mu(M_1, M_2, P_j) = 0.9$；$\mu(P_1, P_2, M_i) = 0.85$。

可见，p 对称非可加测度基于无差异子集的概念拓展了对称测度，并适合于描述匿名决策等特殊的多准则决策类型，而马里沙尔提出的 k 宽容与 k 不宽容非可加测度则适用于满足 k 个决策准则即可与不满足 k 个决策准则即否决的决策类型（Marichal，2004，2007）。

2.5.5　k 宽容与 k 不宽容非可加测度

k 宽容与 k 不宽容非可加测度与肖凯积分作为集成函数时的宽容与不宽容特性密切相关的。

首先来分析集成函数的宽容与不宽容特性。设 $f: [0, 1]^n \rightarrow [0, 1]$ 为集成函数，$[0, 1]^n$ 为一均匀分布的概率空间，则集成函数 f 的数学期望可表示为（Marichal，2007）

$$E(f) = \int_{[0,1]^n} f(x) \, dx$$

对于内部的（或补偿的）的集成函数（$\min \leqslant f \leqslant \max$）可以在区间值 $[E(\min), E(\max)]$ 内来刻画该集成函数的宽容与不宽容特性，即定义如下 "与度"（andness）和 "或度"（orness）的概念（Marichal，2004）：

$$andness(f) = \frac{E(\max) - E(f)}{E(\max) - E(\min)}$$

$$orness(f) = \frac{E(f) - E(\min)}{E(\max) - E(\min)}$$

集成函数的"与度"（andness）和"或度"（orness）分别描述了它的平均值接近取小函数与取大函数平均值的程度，可以作为其宽容与不宽容的一个整体度量值。当然还可以进一步细致刻画集成函数的宽容与不宽容程度。

称函数 OS_k: $[0, 1]^n \to [0, 1]$ 为第 k 个次序量函数，即

$$OS_k(a) = a_{(k)}$$

其中，$a \in [0, 1]^n$，$a_{(k)}$ 为 a_1，$\cdots$，a_n 中第 k 个最小值。则有，期望

$$E(OS_k) = \frac{k}{(n+1)}, \quad k \in \{1, \cdots, n\}$$

进而，集合 $\{E(OS_k) | k = 1, \cdots, n\}$ 成为区间 $[0, 1]$ 的一个分割，将区间 $[0, 1]$ 分成了 $n+1$ 等份。现在可以引入集成函数 k 不宽容的概念。

定义 2.19 （Marichal，2004，2007）设 $k \in \{1, \cdots, n\}$，称集成函数 f: $[0, 1]^n \to [0, 1]$ 为 k 不宽容的，如果有

$$f \leqslant OS_k \text{ 且 } f > OS_{k-1}$$

其中，$OS_0 = 0$。

显然，对于任意 k 不宽容集成函数 f，有

$$E(f) \leqslant E(OS_k)$$
$$andness(f) \geqslant andness(OS_k)$$
$$orness(f) \leqslant orness(OS_k)$$

定义 2.20 （Marichal，2004，2007）设 $k \in \{1, \cdots, n\}$，称集成函数 f: $[0, 1]^n \to [0, 1]$ 为 k 宽容的，如果有

$$f \geqslant OS_{n-k+1} \text{ 且 } f < OS_{n-k+2}$$

其中，$OS_{n+1} = 1$。

显然，对于任意 k 不宽容集成函数 f，其对偶函数 f^*: $[0, 1]^n \to [0, 1]$，$f^*(a_1, \cdots, a_n) = 1 - f(1 - a_1, \cdots, 1 - a_n)$，$a \in [0, 1]^n$，一定是 k 宽容的。

如前所述，肖凯积分拓展了加权算术平均、有序加权平均等集成函数，具有良好的集成特性。下面的二个定理分别刻画了肖凯积分的宽容与不宽容特性，也可以看做是对肖凯积分集成性质的补充。

定理 2.13 （Marichal，2004，2007）设 $k \in \{1, \cdots, n\}$，μ 为非空有限集 X 上的非可加测度，对任意 $a \in [0, 1]^n$，其关于 μ 的肖凯积分值记为

$C_\mu(a)$，$(a_{(1)}, \cdots, a_{(n)})$ 表示 $(a_1, \cdots, a_n)$ 上一个置换，使得 $a_{(1)} \leqslant \cdots \leqslant a_{(n)}$，则下述命题等价：

(1) $C_\mu(a) \geqslant a_{(n-k+1)}$；

(2) $\forall S \subset X$ 且 $|S| \geqslant k$，有 $\mu(S) = 1$；

(3) $\forall a \in [0, 1]^n$ 且 $a_{(n-k+1)} = 1$，则 $C_\mu(a) = 1$；

(4) $C_\mu(a)$ 的值与 $a_{(1)}, \cdots, a_{(n-k+1)}$ 无关。

定理 2. 14 （Marichal，2004，2007）设 $k \in \{1, \cdots, n\}$，μ 为非空有限集 X 上的非可加测度，对任意 $a \in [0, 1]^n$，其关于 μ 的肖凯积分值记为 $C_\mu(a)$，$(a_{(1)}, \cdots, a_{(n)})$ 表示 $(a_1, \cdots, a_n)$ 上一个置换，使得 $a_{(1)} \leqslant \cdots \leqslant a_{(n)}$，则下述命题等价：

(1) $C_\mu(a) \leqslant a_{(k)}$；

(2) $\forall S \subset X$ 且 $|S| \leqslant n - k$，有 $\mu(S) = 0$；

(3) $\forall a \in [0, 1]^n$ 且 $a_{(k)} = 0$，则 $C_\mu(a) = 0$；

(4) $C_\mu(a)$ 的值与 $a_{(k+1)}, \cdots, a_{(n)}$ 无关。

定义 2. 21 （Marichal，2004，2007）设 $k \in \{1, \cdots, n\}$，称非空有限集 X 上的非可加测度 μ 为 k 宽容的，如果对于所有的势大于等于 k 的子集 $S \subset X$，即 $|S| \geqslant k$，则有 $\mu(S) = 1$，并且至少存在一个子集 $T \subset X$，$|T| = k-1$，使得 $\mu(T) \neq 1$。

定义 2. 22 （Marichal，2004，2007）设 $k \in \{1, \cdots, n\}$，称非空有限集 X 上的非可加测度 μ 为 k 不宽容的，如果对于所有的势小于等于 $n-k$ 的子集 $S \subset X$，即 $|S| \leqslant n-k$，则有 $\mu(S) = 0$，并且至少存在一个子集 $T \subset X$，$|T| = n-k+1$，使得 $\mu(T) \neq 0$。

显然，k 不宽容测度的对偶测度即是 k 宽容测度。定义非空集合 $X = \{x_1, \cdots, x_n\}$ 上一个 k 宽容或 k 不宽容非可加测度，只需要确定参数个数为

$$\sum_{i=1}^{k-1} \binom{n}{i} \leqslant 2^n$$

其复杂级为 $O(n^{k-1})$，而确定普通非可加测度的复杂度为 $O(2^n)$。随着 k 值从 1 到 n 的变化，k 宽容或 k 不宽容非可加测度可以覆盖所有定义在非空集合 X 的非可加测度。

定义 2.23 （Marichal，2004，2007）设 f：$[0，1]^n \to [0，1]$ 为集成函数，准则 $x_j \in X$ 被称为集成函数 f 的否决准则，如果 $f(a) \leqslant a_j$，$a \in [0，1]^n$。

否决准则的定义与 k 宽容相类似，只是涉及了某一个准则而已。显然，候选方案在否决准则上表现不佳，就不可能得到好的综合评价值。

定义 2.24 （Marichal，2004，2007）设 f：$[0，1]^n \to [0，1]$ 为集成函数，准则 $x_j \in X$ 被称为集成函数 f 的支撑准则，如果 $f(a) \geqslant a_j$，$a \in [0，1]^n$。

当肖凯积分作为集成函数时，可以得到如下定理：

定理 2.15 （Marichal，2004，2007）设 μ 为非空有限集 X 上的非可加测度，准则 $x_j \in X$，则下述命题等价：

（1）$C_\mu(a) \leqslant a_j$，$\forall a \in [0，1]^n$；

（2）$\forall S \subset X$ 且 $x_j \notin S$，有 $\mu(S) = 0$；

（3）$\forall a \in [0，1]^n$ 且 $a_j = 0$，则 $C_\mu(a) = 0$；

（4）若 $a_i \geqslant a_j$，则 $C_\mu(a)$ 的值与 a_i 无关。

定理 2.16 （Marichal，2004，2007）设 μ 为非空有限集 X 上的非可加测度，准则 $x_j \in X$，则下述命题等价：

（1）$C_\mu(a) \geqslant a_j$，$\forall a \in [0，1]^n$；

（2）$\forall S \subset X$ 且 $x_j \in S$，有 $\mu(S) = 1$；

（3）$\forall a \in [0，1]^n$ 且 $a_j = 1$，则 $C_\mu(a) = 1$；

（4）若 $a_i \leqslant a_j$，则 $C_\mu(a)$ 的值与 a_i 无关。

下面给出 k 宽容与 k 不宽容非可加测度的应用实例。

例 2.5 （Marichal，2004，2007）在现实社会中，会面临着许多决策问题需要持以宽容的态度，尤其是在多个准则无法同时满足或潜在的候选方案并不是很多的情况下。考虑某家庭购房问题，拟从以下准则来最终决策购买何处房产：①毗邻某学校；②住房周围有公园，可供孩子玩耍；③小区的人文环境要好；④交通便利；⑤周围有大型超市，购物便利；⑥周围没有大型的车站或机场，较为安静。

可想而知，很难找到同时满足如上所述 6 个条件的房产，于是决定只要能够满足其中的 5 个准则即可。因此，在这一现实决策问题中，可以用一个 5 宽容非可加测度来描述决策准则的重要性及其间的交互作用。

例 2.6 （Marichal，2004；Marichal，2007）在现实生活中的某些情况

下，决策者也会面临着对候选方案不宽容的，宁缺毋滥的决策情形。例如，某大学要考虑引进一位高层次人才，拟通过如下标准对各候选人的学术水平进行评价：①学术经历；②教学能力；③团队领导及协作能力；④英语交流水平；⑤所在专业的工作经历；⑥专家或机构的推荐意见。

现规定：如果候选人在 6 个准则上所得评价值中，如有 2 项完全落后于其他候选人，则肯定不予录用。

在这个高层次人才选择的现实问题中，决策者可以用一个 2 不宽容非可加测度来描述决策准则的重要性及其间的交互作用。

例如，令决策准则集为 $X = \{1, 2, 3, 4, 5, 6\}$，可设 $\mu(\{1, 3, 4, 5, 6\}) = 0.3$，$\mu(\{1, 2, 3, 4, 6\}) = 0.5$，$\mu(\{1, 2, 4, 5, 6\}) = 0.7$，$\mu(X) = 1$，对于其他任意子集 $S \subset X$，有 $\mu(S) = 0$。

现有 6 位候选人在各准则上的评价值及综合评价值如表 2.5 所示。

表 2.5　　　　　　　　各候选人在相应准则上的评价值及综合评价值

候选人	准则 1	准则 2	准则 3	准则 4	准则 5	准则 6	肖凯积分值
1	0.0	1.0	1.0	1.0	1.0	1.0	0.0
2	1.0	1.0	1.0	0.0	1.0	1.0	0.0
3	1.0	0.0	1.0	1.0	1.0	1.0	0.3
4	1.0	1.0	0.0	1.0	1.0	0.5	0.35
5	1.0	1.0	0.0	1.0	1.0	1.0	0.7
6	1.0	1.0	0.5	1.0	1.0	1.0	0.85

通过非可加测度值及各候选人的最终评价结果可以看出，评价过程对准则 1 以及准则 4、准则 5 较为重视，例如，候选人 1 与候选人 2 的综合评价值为 0.0。同时，也进一步验证了基于 2 不宽容非可加测度的肖凯积分值不会大于各准则评价值中的次小值，例如，对于候选人 4，有最终评价值 0.35 小于次小值 0.5。

这几类特殊的非可加测度具有特殊的决策意义。可分解测度所需确定参数较少，但只能描述决策准则间整体互补或整体冗余的交互现象。k 序可加测度是对非可加测度的 k 阶近似，忽略了更高阶的交互作用，且可以灵活描述准则间的任意交互作用。p 对称非可加测度适用于描述匿名决策等包含无差异子集的决策类型。k 宽容与 k 不宽容非可加测度则反映了肖凯积分在集成方面的宽容与不宽容特性，适用于满足 k 个决策准则即可与不满足 k 个决策准则即否决的决策类型。k 序可加测度、p 对称非可加测度、k 宽容与 k 不宽容非可加测度，随着参数 k（或 p）值从 1 到 n 的变化，可以覆盖定义在非空集合 X 上的所有非可加测度。在多准则决策分析中，k 序可加测度，尤其是 2 序可加测度，应用极为广泛。

| 第 3 章 |
基于隐性偏好信息的非可加测度确定方法

为解决确定非可加测度时所面临的指数级复杂性，学者们提出了各种有效的确定非可加测度的方法。这些方法可以分成两类（武建章和张强，2014）：一类是基于隐性偏好信息或称为基于训练集的确定方法；另一类是基于显性准则偏好信息的确定方法。

基于训练集确定非可加测度方法的基本思路是以非可加测度为变量构建优化模型，使基于最优非可加测度的肖凯积分能很好地贴近或刻画出决策者关于训练集中各候选方案的偏好信息（Grabisch，Kojadinovic & Meyer，2008；Grabisch & Labreuche，2008）。设训练集（learning set）为 L，决策者需提供基于训练集 L 上的不完全序关系，记为 $\geq$，可以用候选方案的肖凯积分值来表述如下：

$$a > a' \Leftrightarrow C_\mu(a) - C_\mu(a') > \delta_C$$
$$a \sim a' \Leftrightarrow -\delta_C \leq C_\mu(a) - C_\mu(a') \leq \delta_C, \quad \forall a, \ a' \in L$$

其中，δ_C 为给定的非负阈值。

决策者通常还会提供决策准则间的偏好关系以及所有准则对的交互作用之间的某些关系或特殊限定。借助于沙普利重要性及交互作用指标，可给出如下表述：设准则集为 $X = \{x_1, \cdots, x_n\}$，对于准则 x_i，$x_j \in X$，准则对 $\{x_i, x_j\}$，$\{x_k, x_l\} \subset X$，有

$$x_i > x_j \Leftrightarrow I_i - I_j > \delta_{Sh}$$
$$x_i \sim x_j \Leftrightarrow -\delta_{Sh} \leq I_i - I_j \leq \delta_{Sh}$$
$$I_{ij} > I_{kl} \Leftrightarrow I_{ij} - I_{kl} > \delta_I$$

$$I_{ij} \sim I_{kl} \Leftrightarrow -\delta_I \leqslant I_{ij} - I_{kl} \leqslant \delta_I$$

$$x_i, \ x_j \ \text{间存在正的交互作用} \Leftrightarrow I_{ij} > 0$$

$$x_i, \ x_j \ \text{间存在负的交互作用} \Leftrightarrow I_{ij} < 0$$

$$x_i, \ x_j \ \text{间不存在交互作用} \Leftrightarrow I_{ij} = 0$$

其中，δ_{Sh}，$\delta_I > 0$ 是由决策者提供的各相应量之间差的阈值。

基于训练集的非可加测度确定方法通常可以表述为如下形式的优化问题（Grabisch et al，2008），（Grabisch & Labreuche，2008），记为模型（M-1）：

$$\min \quad \text{or} \quad \max \quad z(\cdots)$$

$$\text{s. t.} \begin{cases} \mu(S \cup \{x_i\}) - \mu(S) \geqslant 0, \ \forall x_i \in X, \ \forall S \subset X \setminus \{x_i\} \\ \mu(\varnothing) = 0, \ \mu(X) = 1 \\ C_\mu(a) - C_\mu(a') > \delta_C \\ \cdots \\ I_i - I_j > \delta_{Sh} \\ \cdots \\ I_{ij} - I_{kl} > \delta_I \\ \cdots \end{cases}$$

其中，$z(\cdots)$ 是目标函数，不同的方法采用不同的表达式。

当然，模型（M-1）也可用默比乌斯表示的形式来表述，记为模型（M-2）：

$$\min \quad \text{or} \quad \max \quad z_m(\cdots)$$

$$\text{s. t.} \begin{cases} \sum_{T \subset S} m(T \cup \{x_i\}) \geqslant 0, \forall i \in N, \forall S \subset X \setminus \{x_i\} \\ m(\varnothing) = 0, \sum_{S \subset X} m(S) = 1 \\ C_m(a) - C_m(a') > \delta_C \\ \cdots \\ I_m(\{x_i\}) - I_m(\{x_j\}) > \delta_{Sh} \\ \cdots \\ I_m(\{x_i, x_j\}) - I_m(\{x_k, x_l\}) > \delta_I \\ \cdots \end{cases}$$

其中，z_m、C_m、I_m 分别表示目标函数、肖凯积分值、交互作用系数的默比乌斯表示形式。

上述两个模型所求得的结果都为普通非可加测度或其默比乌斯表示，即只满足边界条件和单调性约束的集函数。因此，模型要涉及 $2^n - 2$ 个变量，变量的数量和模型求解时间会随着准则的数量呈指数级增长。鉴于此，在实际求解问题时，可以采用特殊类型的非可加测度来降低变量的数量，进而减少计算量和计算时间。

基于训练集的非可加测度确定方法主要包括：最小一阶偏差法、最小二乘法、最大分割法、TOMASO 方法、最大熵方法等。各类方法的主要差异是各优化模型采用不同的目标函数。例如，最小一阶偏差法（Beliakov，2009）就是建立如下线性目标规划模型来进行求解，以模型（M－2）为例：

$$\min z_{LP} = \sum_{a \in L} r_a^+ + r_a^-$$

$$\text{s. t.} \begin{cases} \cdots \\ r_a^+ + r_a^- - C_m(a) = -y(a), \forall a \in L \\ \cdots \\ \cdots, r_a^+, r_a^- \geqslant 0 \end{cases}$$

其中，$y(a)$ 为训练集 L 中候选方案 $a \in L$ 的预期评价值。

下面顺序介绍最小二乘法、最大分割法、TOMASO 方法、最大熵方法以及这些方法的实现软件 Kappalab 软件。

3.1 最小二乘法

最小二乘法的目标函数为训练集中各候选方案的肖凯积分值与预期评价值之间偏差的平方和最小。记候选方案 $a \in L$ 的预期评价值为 $y(a)$，最小二乘法的目标函数，以模型（M－2）为例，可表述为

$$\min z_{LS}(m) = \sum_{a \in L} [C_m(a) - y(a)]^2$$

3.1.1 基于遗传算法的求解方法

大量文献基于遗传算法对上述问题进行求解（Wang et al，1999；Chen & Wang，2001；Combarro & Miranda，2006）。

遗传算法（genetic algorithm，GA）是基于自然进化论的全局优化算法。其基础概念是个体与种群，即算法某一代的可行解以及由可行解构成的集合。以初始种群开始，在算法的每一次迭代过程（生成新种群），以适应度（通常取所优化的函数值）为概率依据，选择某些个体进行交叉操作，进行一定程度的变异过程，生成新的个体和下一代种群。种群持续迭代进化，直至最优个体产生或到达最大迭代次数，算法终止。通常，最后一代种群中的最好个体被选定为所求问题的最优解或满意解。

下面简要说明遗传算法的具体步骤。

基本遗传算法：产生初始种群重复评价种群中每个个体的适应度选择个体用于复制选择成对个体进行交叉操作选择个体进行变异操作直到终止条件满足。

在遗传算法中，针对不同的问题，其个体编码表示形式，适应度的计算，交叉操作，变异操作会有所不同。但选择个体用于交叉操作的方式或原则通常都有以下几种：

（1）轮盘赌选择或有放回随机抽样，即每个个体以某一概率 p 被选中，其中，$p = \dfrac{\text{个体的适应度（fitness）}}{\text{当前种群中所有个体的适应度之和}}$。

（2）无放回的随机抽样，类似于轮盘赌的方式，只是当某个体被选中后将不再放回到当前种群，并重新计算剩余种群中各个体被选中的概率。

（3）锦标赛选择，依据轮盘赌选择法中的概率 p 选中两个个体，进而选择适应度更高的个体。

（4）确定选择，即每个个体被选择用于交叉操作的次数是确定的，该次数是种群大小（种群包含个体的数量）乘以轮盘赌选择法中的概率 p 所得量的整数部分。

（5）均匀选择，即每个个体被选中的概率完全相等。

下面以康巴伦和米兰达（Combarro & Miranda，2006）提出的算法为例说明用遗传算法确定非可加测度时的个体编码方式、交叉与变异操作的执行方法。现在，遗传算法的目标是寻找非空有限集 X 上的某个非可加测度 μ 使得目标函数表达式达到最小值。

从交叉操作入手进行分析。交叉操作是基于遗传算法的关键环节之一。某些方法中交叉操作不能保证生成的新个体（即新生成的集函数）满足单调性的约束。因此，需要进一步验证单调性，如不满足，还需要进行一定的调整，使得算法的效率降低。康巴伦和米兰达（Combarro & Miranda，2006）提出了凸组合的方法，即对于有限集 X 上的非可加测度 μ，v，其交叉操作定义为 $\lambda\mu + (1-\lambda)v$，$\lambda \in [0, 1]$ 且其值在进行交叉操作时随机生成。容易验证，两个非可加测度的凸组合仍是非可加测度，故可省去单调性验证与调整的过程。

另外，凸组合交叉操作可以保证任意两个凸类型的非可加测度（如 k 序可加测度，p 对称非可加测度等）生成的下一代新个体仍是该类型的非可加测度。这就使得算法可以用于求解某些特殊类型的非可加测度。

但是，凸组合交叉操作的突出问题是每一次迭代都会缩小算法搜寻的空间，即凸组合生成的新种群总是其父代的子集，见图 3.1。因此，初始种群选择需要十分谨慎，应尽量将所有可行的非可加测度包含在由初始种群围成的凸区域内。通常需要选择一些极端非可加测度，例如，可选择 0~1 非可加测度，作为初始种群。初始种群中的个体大部分是非可加测度可行域的顶点，有极少部分是各顶点的凸组合。

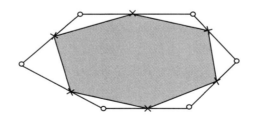

图 3.1　交叉操作导致可行解的范围逐渐缩小

一旦可行域的顶点确定下来，就可以用关于这些顶点的凸组合的系数来表示某个个体。个体 μ' 就可以表示为 $(\lambda_1, \cdots, \lambda_k, z_1, \cdots, z_l)$，其中，$\lambda_1, \cdots, \lambda_k$ 为该个体 μ' 关于初始种群包含的 k 个顶点（个体）的系数，

z_1，…，z_l 为训练集 L 中 l 个候选方案关于该个体非可加测度 μ' 的肖凯积分值，其实也是初始个体对应肖凯积分值的凸组合。

基于个体表示方式，可以设计遗传算法的适应度函数为 $\sum_{i=1}^{l}(z_i - y_i)^2$，其中，$y_i$ 为训练集 L 中第 i 个候选方案的预期评价值。最后给出遗传算法的变异操作，即随机选择某些个体，让它们与初始可行域的某个顶点（初始种群中的某个个体）进行合并，以促进算法的局部寻优能力。

康巴伦和米兰达（Combarro & Miranda，2006）开发出了实现上述算法的程序包，并对算法的运行效果进行了分析。

3.1.2 HLMS 求解方法

基于遗传算法的求解方法有如下不足之处：一方面，目标函数并不一定是严格凸的，最优解可能不是唯一的；另一方面，其运算过程涉及参数数量较多，运算量较大，某些情况下会得到难以理解的结果。因此，石井与菅野（Ishii & Sugeno，1985）、格拉比施（Grabisch，1995b）等学者提出了以启发式的算法来寻找一个次优解，进而达到减少运算量的目的。

下面介绍格拉比施（Grabisch，1995b）基于非可加测度的格表示结构提出的 HLMS 方法。

确定非空有限集合 X 上非可加测度 μ 所需的 2^n 个参数可以依据集合包含关系进行排列，并以一种格的形式进行表示。图 3.2 所示为 $X = \{x_1, x_2, x_3, x_4\}$ 上非可加测度 μ 的格表示，简单起见，对所有参数采用类似于 $\mu_1 = \mu(\{x_1\})$，$\mu_{23} = \mu(\{x_2, x_3\})$ 的表示。

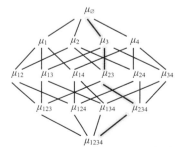

图 3.2 非可加测度的格表示（$|X| = 4$）

当 $|X| = n$ 时，X 上非可加测度的格表示包含 $n+1$ 层，即第 0 层（只包含一个参数 $\mu_\varnothing$）至第 n 层（只包含一个参数 μ_X）。格表示的路径是指从始点 $\mu_\varnothing$ 经过各层的连线及节点至最终点 μ_X 的路（点线均不重复），例如，图 3.2 灰色粗线所示四条线段即为一条路径：

$$\mu_\varnothing \rightarrow \mu_3 \rightarrow \mu_{23} \rightarrow \mu_{234} \rightarrow \mu_{1234}$$

对于第 l 层给定的节点，其上层邻接点是指在第 $l-1$ 层中与其相连的节点，其下层邻接点是指在第 $l+1$ 层中与其相连的节点。一般地，对于第 l 层给定的节点有 l 个上层邻接点和 $n-l$ 个下层邻接点。

HLMS 方法的步骤如下（Grabisch，1995b）：

步骤 0 初始化非可加测度。通常选择一均衡的经典可加测度，当肖凯积分为集成函数时，可选择 $\mu(\{x_i\}) = \dfrac{1}{n}$，这时非可加测度格表示的同一层节点值都是一样的，且下层与其相邻上层节点的值相差都为 $\dfrac{1}{n}$，即为等距的，故可称该非可加测度为一种均衡状态。此时，肖凯积分退化为算术平均算子。

步骤 1.1 对于给定的某一训练方案数据 $(a, y(a)) \in L$，计算此时模型得到的误差值

$$e = C_\mu(a) - y(a)$$

设训练方案 a 涉及非可加测度 μ 的格表示的路径上节点，即计算肖凯积分值 $C_\mu(a)$ 所用的 $n+1$ 非可加测度值，为 $\mu(0)$，$\mu(1)$，$\cdots$，$\mu(n)$。例如，在图 3-2 中灰色粗线所示的路径，可以表示为

$$\mu(0) = \mu(\varnothing) = 0, \ \mu(1) = \mu_3, \ \mu(2) = \mu_{23}, \ \mu(3) = \mu_{234}, \ \mu(n) = \mu_{1234} = 1$$

显然，总有 $\mu(0) = \mu(\varnothing) = 0$，$\mu(n) = \mu(X) = 1$。

步骤 1.2 计算训练方案 a 涉及的节点的新值 $\mu^{new}(i)$。其计算公式为

$$\mu^{new}(i) = \mu^{old}(i) - \alpha e(a_{(n-i)} - a_{(n-i-1)})$$

其中，$\alpha \in [0, 1]$ 为一常数，$a_{(i)}$ 为 a_1，$\cdots$，a_n 中第 i 个最小量。

步骤 1.3 修正各节点单调性关系，即使得每层中节点的值大于等于上层邻接点的值，小于等于下层邻接点的值。如果 $e > 0$，修正顺序为 $\mu(1)$，$\cdots$，$\mu(n-1)$，如果 $e < 0$，修正顺序为 $\mu(n-1)$，$\cdots$，$\mu(1)$。如果遇到不满足单调性的情况，修正规则为，将不满足单调性的节点赋予其前刚修正的节点的值，即使两个节点的值相等。

进而，对所有训练方案数据 $(a, y(a)) \in L$ 实施步骤步骤 1.1 至步骤 1.3，称为一次迭代。当然，也可以进行多次迭代。

步骤2.1 经过步骤 1.1 至步骤 1.3 一次或多次迭代后，仍然有一些节点是自初始化后没有任何更改的。对这些没有任何更改的节点，验证其上层邻接点与下层邻接点的单调性关系，如不满足，则对其下层节点赋予其上层节点的值。依据格表示，自上而下的对没有更改的点的上层邻接点与下层邻接点进行检查和修正。

步骤2.2 自上而下对自初始化后没有任何更改的节点进行赋值。记现需要赋值的节点为 μ_*，计算 μ_* 的下层邻接点的测度值的平均值 $\underline{m}$，上层邻接点的测度值的平均值为 $\overline{m}$，记 μ_* 与下层各邻接点的测度值之间距离（即两者差的绝对值）的最小值为 $\underline{d}_{\min}$，记 μ_* 与上层各邻接点的测度值之间距离的最小值为 $\overline{d}_{\min}$。其赋值过程为：

如果 $2\mu_* < \underline{m} + \overline{m}$，则使

$$\mu_*^{new} = \mu_*^{old} + \beta \frac{(\underline{m} + \overline{m} - 2\mu_*^{old})\underline{d}_{\min}}{2(\underline{m} + \overline{m})}$$

如果 $2\mu_* \geq \underline{m} + \overline{m}$，则使

$$\mu_*^{new} = \mu_*^{old} + \beta \frac{(\underline{m} + \overline{m} - 2\mu_*^{old})\overline{d}_{\min}}{2(\underline{m} + \overline{m})}$$

其中，β 为区间 $[0, 1]$ 内的一个常数。

HLMS 方法与其他方法相比计算量较小，所得的最终值与均衡状态较接近，不会是过分极端的测度值。但该方法得到的解往往是一个次优解。

最小二乘法的目标函数，以及线性目标规划法的目标函数，涉及训练集中所有候选方案的预期全局评价值。在实际应用中，尤其是训练集包含的训练方案比较多的时候，决策者提供准确合理的全局评价值是一项十分庞杂的工作。

3.2 最大分割法

最大分割法（Marichal & Roubens，2000）的目标函数为使得训练集中各

候选方案的肖凯积分值之间的差别最大化，本质上是一种线性规划模型。

最大分割法仍然是基于训练集的非可加测度确定方法，因此，首先要确定训练集中的各候选方案，以及评价这些方案所需的准则。接下来需要获取如下信息：

（1）准则的重要性，这些信息可以通过准则集上一个偏序来体现。

（2）准则间的交互作用，这些信息可以用准则对构成的集合上的一个偏序来体现。还需要进一步明确交互作用的正负。

（3）明确相互对称的准则，如果两个准则对称，则可以构成无差异子集，进而减少非可加测度所需参数。

（4）分析准则的否决与支撑效应，即当以肖凯积分为集成函数时，则需要令包含否决准则的子集的测度值为 0，而包含支撑准则的子集的测度值为 1。这样也可以减少确定非可加测度所需的参数数量。

（5）训练集中各候选方案在各准则上的评价值，这些评价值应取自相同的区间，通常为 $[0, 1]$。

（6）训练集 L 上的一个不完全弱序，来表示决策者对训练集中所有候选方案的偏好关系。

所有这些关系都可以用线性的不等式，包括严格的与非严格的不等式（如模型（M-1）或（M-2）），来表示。要构造线性规划模型，就需要把严格的不等式加入松弛变量变成非严格的不等式。

定理 3.1 （Marichal & Roubens，2000）$x \in R^n$ 是如下线性约束的一个可行解：

$$\begin{cases} \sum_{j=1}^{n} a_{ij}x_j \leqslant b_i, & i = 1, \cdots, p \\ \sum_{j=1}^{n} C_{ij}x_j < d_i, & i = 1, \cdots, q \end{cases}$$

当且仅当存在一个 $\varepsilon > 0$ 使得

$$\begin{cases} \sum_{j=1}^{n} a_{ij}x_j \leqslant b_i, & i = 1, \cdots, p \\ \sum_{j=1}^{n} C_{ij}x_j \leqslant d_i - \varepsilon, & i = 1, \cdots, q \end{cases}$$

特别地，其解的存在当且仅当如下线性规划：

$$\max z = \varepsilon$$

$$\text{s. t.} \begin{cases} \sum_{j=1}^{n} a_{ij} x_j \leqslant b_i, \ i = 1, \cdots, p \\ \sum_{j=1}^{n} C_{ij} x_j \leqslant d_i - \varepsilon, \ i = 1, \cdots, q \end{cases}$$

有一个最优解 $x^* \in R^n$。此时，最优值 x^*，ε^* 也分别是最初线性约束的一个可行解。

基于上述定理，可以将诸多的严格或非严格不等式约束转化成一线性规划模型。而求解线性规划的理论已相对成熟，且计算量较小。

最大分割法的模型如下（以模型（M-2）为例）：

$$\max z = \varepsilon$$

$$\text{s. t.} \begin{cases} \sum_{T \subset S} m(T \cup \{x_i\}) \geqslant 0, \forall x_i \in X, \forall S \subset X \setminus \{x_i\} & \left.\begin{array}{l} \end{array}\right\} \text{非可加测度的单调性} \\ \phantom{\sum_{T \subset S}} & \qquad \text{约束与边界条件} \\ m(\varnothing) = 0, \sum_{S \subset X} m(S) = 1 \\ C_m(a) - C_m(a') \geqslant \delta + \varepsilon, \text{ if } a > a' & \left.\begin{array}{l} \end{array}\right\} \text{训练集中各候选方案的偏好序} \\ -\delta \leqslant C_m(a) - C_m(a') \leqslant \delta, \text{ if } a \sim a' \\ I_m(\{x_i\}) - I_m(\{x_j\}) \geqslant \varepsilon, \text{ if } x_i > x_j & \left.\begin{array}{l} \end{array}\right\} \text{准则集上的偏序，重要性排序} \\ I_m(\{x_i\}) = I_m(\{x_j\}), \text{ if } x_i \sim x_j \\ I_m(\{x_i, x_j\}) - I_m(\{x_k, x_l\}) \geqslant \varepsilon, \text{ if } I_{ij} > I_{kl} & \left.\begin{array}{l} \end{array}\right\} \text{交互作用的偏好关系} \\ I_m(\{x_i, x_j\}) = I_m(\{x_k, x_l\}), \text{ if } I_{ij} \sim I_{kl} \\ I_m(\{x_i, x_j\}) \geqslant \varepsilon, \text{ if } I_{ij} > 0 & \left.\begin{array}{l} \end{array}\right\} \text{交互作用的正负方向约束} \\ I_m(\{x_i, x_j\}) \leqslant -\varepsilon, \text{ if } I_{ij} < 0 \end{cases}$$

通过上述模型可以看出，最大分割法的主要目的是使得训练集中各候选方案的肖凯积分值之间的差别最大化。

3.3 TOMASO 方法

TOMASO（tool for ordinal multi-attribute sorting and ordering）方法（Roubens，2002；Meyer & Roubens，2005；Marichal et al，2005），称为序数多属性分类与排

序方法，是一种将序数评价信息转化成基数评价信息的方法。该方法主要思路为：首先，计算训练集 L 中各候选方案在各准则上的静值（例如，候选方案优于其他候选方案的次数减去其劣于其他候选方案的次数）。其次，利用各候选方案的静值关于非可加测度的积分值来对训练集候选方案进行分类或排序。

设 A 为所有候选方案构成的集合，L 为包含 l 个候选方案训练集，$X = \{x_1, \cdots, x_n\}$ 为决策准则集，各候选方案在准则 x_i 上评价值取自一个包含 s_i 个元素的序数级别集，即一个完全有序集

$$X_i = \{o_1^i, \cdots, o_{s_i}^i\}$$

其中，$o_1^i <_i \cdots <_i o_{s_i}^i$。则任意候选方案 $a \in A$ 可以用一个向量来描述，即

$$(a_1, \cdots, a_n) \in X_1 \times \cdots \times X_n$$

其中，a_i 表示该候选方案 a 在准则 x_i 上评价值（所属于的序数级别）。

现考虑 $X_1 \times \cdots \times X_n$ 上的一个分割，将 $X_1 \times \cdots \times X_n$ 分成 m 个有序的类 $\{Cl_t\}_{t=1}^m$，各类以升序进行排列，即对于任意 $r, s \in \{1, \cdots, m\}$，如果 $r > s$，则 Cl_r 中包含的元素的评价值高于 Cl_s 中包含的元素的评价值。记

$$Cl_r^{\geqslant} = \bigcup_{t \geqslant r} Cl_t (r = 1, \cdots, m)$$

TOMASO 方法需要将训练集 L 中各候选方案序数性质的评价值以及序数性质的分类值转化成基数性质的信息。

下面定理指出可以将序数评价值及序数分类值转化成基数信息。

定理 3.2 （Roubens，2002；Meyer & Roubens，2005；Marichal et al，2005） 如下两个命题是等价的：

（1）对于任意 $x_i \in X$，$r \in \{1, \cdots, m\}$，a_i，$a_i' \in X_i$，若 $a_i \leqslant_i a_i'$，且 $(a_1, \cdots, a_{i-1}, a_i, \cdots, a_n) \in Cl_r$，则 $(a_1, \cdots, a_{i-1}, a_i', \cdots, a_n) \in Cl_r^{\geqslant}$。

（2）存在严格递增函数 $g_i: X_i \to R$，$i = 1, \cdots, n$，以及关于每个自变量递增的函数 $f: R^n \to R$，$m-1$ 个有序的阈值 $\{q_r\}_{r=2}^m$，$q_2 \leqslant \cdots \leqslant q_m$，使得对 $\forall a \in X_1 \times \cdots \times X_n$，$r \in \{2, \cdots, m\}$，有 $f[g_1(a_1), \cdots, g_n(a_n)] \geqslant q_r \Leftrightarrow a \in Cl_r^{\geqslant}$。

在上述定理的命题（2）中，如果函数 f 可以取为肖凯积分，且函数 g_i 可以取为任何递增的规范化评价值的函数。

下面介绍两种将序数评价值规范化为基数评价值的方法。

第一种方法是基于各训练方案间的两两比较。对 $\forall a \in L$，称方案 a 关于

准则 x_i 优于其他方案的次数减去它劣于其他方案的次数为方案 a 在准则 x_i 上的静值，记为 $S_i(a)$。并将这些静值进行如下规范化：

$$S_i^N(a) = \frac{S_i(a) + |L| - 1}{2(|L| - 1)}, \quad i = 1, \cdots, n$$

显然，$S_i^N(a) \in [0, 1]$。这一规范化过程对训练方案集 L 依赖程度很强，故对训练方案的选择有较高的要求。

第二种方法是直接将序数级评价值进行转化，而不再依赖于其他训练方案的评价值。规范化过程定义如下：

$$S_i^N(a) = \frac{ord_i(a) - 1}{s_i - 1}, \quad i = 1, \cdots, n$$

其中，函数 $ord_i: L \rightarrow \{1, \cdots, s_i\}$ 定义为 $ord_i(a) = r \Leftrightarrow a_i = o_r^i$。显然，$S_i^N(a) \in [0, 1]$。

在实际应用，通常采用第一种规范化方法。

各训练方案的规范化静值可以通过肖凯积分进行集成，即有

$$C_\mu(S^N(a)) = \sum_{i=1}^{n} S_{(i)}^N(a) [\mu(X_{(i)}) - \mu(X_{(i+1)})]$$

其中，向量 $S^N(a)$ 为 $(S_1^N(a), \cdots, S_n^N(a))$，$\mu$ 为相应的非可加测度，$(\cdot)$ 为集合 X 上一个置换，使得 $S_{(1)}^N(a) \leqslant \cdots \leqslant S_{(n)}^N(a)$，$X_{(i)} = \{x_{(i)}, \cdots, x_{(n)}\}$，$X_{(n+1)} = \varnothing$。

设有训练集 L 的分割 $\{P_t\}_{t=1}^{m}$，其中 $P_t = L \cap Cl_t$，对训练集进行了分类。当然允许某些子类为空集。由定理 3.2 可得，对于任意有序对 $(a, a') \in P_t \times P_{t-1}$，$t = 2, \cdots, m$，有

$$C_\mu(S^N(a)) - C_\mu(S^N(a')) \geqslant \varepsilon$$

其中，$\varepsilon > 0$。可以预见，这种约束数量庞大。下面对这些约束进行削减。

基于肖凯积分的单调性，可以得到，若有 $a'' \in P_{t-1}$，且有

$$C_\mu(S^N(a')) \geqslant C_\mu(S^N(a''))$$

则一定有

$$C_\mu(S^N(a)) \geqslant C_\mu(S^N(a''))$$

显然，上式类型约束是多余的。

为此，引入 $X_1 \times \cdots \times X_n$ 上一个占优关系 D：对任意 $a, b \in X_1 \times \cdots \times X_n$，有

$$aDb \Leftrightarrow S_i^N(a) \geqslant S_i^N(b), \ \forall i \in \{1, \cdots, n\}$$

则对任意 $\forall t \in \{1, \cdots, m\}$，$P_t$ 的被占优集 Nd_t 可表示为

$$Nd_t = \{a \in P_t \mid \nexists a' \in P_t \setminus \{a\} : aDa'\}$$

P_t 的未被占优集 Nd_t 可表示为

$$ND_t = \{a \in P_t \mid \nexists \alpha' \in P_t \setminus \{a\} : \alpha'D\alpha\}$$

此时，约束条件可削减为只对于任意有序对 $(a, a') \in Nd_t \times ND_{t-1}$，约束数量为

$$\sum_{t=2}^{m} |Nd_t| |ND_{t-1}|$$

最后，最大分割法构建模型可描述如下：

$$\max z_{TOMASO}(m) = \varepsilon$$

$$\text{s.t.} \begin{cases} \sum_{T \subset S} m(T \cup x_i) \geqslant 0, \forall x_i \in X, \forall S \subset X \setminus x_i \\ m(\varnothing) = 0, \sum_{S \subset X} m(S) = 1 \\ C_\mu(S^N(a)) - C_\mu(S^N(a')) \geqslant \varepsilon, \forall (a, a') \in Nd_t \times ND_{t-1}, t = 2, \cdots, m \\ \cdots \end{cases}$$

记求得的最优非可加测度 μ^*，对于任意 $a \in A$，如果有

$$\min_{b \in Nd_t} C_{\mu^*}(S^N(b)) \leqslant C_{\mu^*}(S^N(a)) \leqslant \min_{b \in ND_t} C_{\mu^*}(S^N(b))$$

则将 a 归入类 Cl_t；如果有

$$\min_{b \in ND_{t-1}} C_{\mu^*}(S^N(b)) < C_{\mu^*}(S^N(a)) < \min_{b \in Nd_t} C_{\mu^*}(S^N(b))$$

则将 a 归入类 Cl_t 或 Cl_{t-1} 均可。

马里沙尔等利用 VB 语言基于上述算法步骤开发了同名软件 TOMASO。

由于上述算法最终是采用最大分割法模型的目标函数来求解，因此，易导致极端解和无可行解的现象。迈耶尔与劳宾斯（Roubens，2002）（Meyer & Roubens，2005）（Marichal et al，2005）对这一目标函数进行了更改，采用类似于最小二乘法的目标函数，提出了如下的二次规划模型：

$$\min z_{TOMASO}(m, y) = \sum_{a \in \cup_{t=1}^{m} |Nd_t \cup ND_t|} [C_m(S^N(a)) - y(a)]^2$$

$$\text{s. t.} \begin{cases} m_\mu(\varnothing) = 0, \sum_{T \subseteq N} m_\mu(T) = 1 \\ \sum_{T \subseteq S \mid i \in T} m_\mu(T) \geqslant 0, \forall S \subseteq N, \forall i \in S \\ y(x) - y(x') \geqslant \varepsilon, \forall (x, x') \in Nd_t \times ND_{t-1}, t \in \{2, \cdots, l\} \\ \cdots \end{cases}$$

其中，ε 是预先设定的用来分割训练集中的候选方案类的阈值，为一正的常值，$y(a)$ 是训练集 a 的综合评价值，是运算过程涉及的变量。

3.4　最大熵方法

非可加测度熵（Marichal，2002；Kojadinovic et al，2005；Wu & Zhang，2010）是对经典概率测度的申农熵的拓展。

对于非空有限集 $X = \{x_1, \cdots, x_n\}$ 上概率分布 $p = (p(x_1), \cdots, p(x_n))$，$\sum_{i=1}^{n} p(x_n) = 1$，其申农熵定义为

$$H_S(p) = \sum_{i=1}^{n} h(p(x_i))$$

其中，$h(x) = -x\ln x$，若 $x > 0$；$h(x) = 0$，若 $x = 0$。

申农熵是概率分布（正规可加测度）所蕴含不确定性的一种度量。均匀概率分布 $p(x_i) = \dfrac{1}{n}$，$\forall x_i \in X$，的申农熵值最大。

3.4.1　非可加测度熵的类型及其性质分析

非可加测度熵主要有两种形式（Marichal，2002）：一种是由马里沙尔基于多准则决策分析中集成函数框架提出的非可加测度熵，记为 H_M；另一种是由耶格尔（Yager）基于不确定变量框架提出的非可加测度熵，记为 H_Y。

在多准则决策分析中，决策准则集 $X = \{x_1, \cdots, x_n\}$ 上的非可加测度值表示准则的重要性，单调性意味着由新准则的加入而形成的新联盟的重要性不会减少。H_M 则表示以肖凯积分作为集成函数时，X 上非可加测度 μ 所包含

的不确定性，定义为

$$H_M(\mu) = \sum_{i=1}^{n} \sum_{S \subset X \setminus \{x_i\}} \frac{(n-|S|-1)!\,|S|!}{n!} h[\mu(S \cup \{x_i\}) - \mu(S)]$$

在不确定变量框架中，假定变量 V 的可能取值为集合 $X = \{x_1, \cdots, x_n\}$ 中一元素，但并不能确定为何值。此时，非可加测度值则表示取值属于该集合的可能性，单调性则意味着新元素的加入，取值属于新联盟的可能性不会减少。各元素的沙普利值 I_i，可以看作取值为该元素的整体可能性。记 $I = (I_1, \cdots, I_n)$，则 μ 的熵 H_Y 可定义为

$$H_Y(\mu) = H_S(I) = \sum_{i=1}^{n} h\Big[\sum_{S \subset X \setminus \{x_i\}} \frac{(n-|S|-1)!\,|S|!}{n!} [\mu(S \cup \{x_i\}) - \mu(S)]\Big]$$

下面分析两种非可加测度熵的性质。

定理 3.3 （Marichal，2002；Kojadinovic et al，2005；Wu & Zhang，2010）对于非空有限集 X 上的任意可加的非可加测度 μ，有

$$H_M(\mu) = H_Y(\mu) = H_S(\omega)$$

其中，$\omega = (\omega_1, \cdots, \omega_n)$ 是 X 上的概率分布，且 $\omega_i = \mu(x_i)$，$i = 1, \cdots, n$。

上述定理反映了两种非可加测度熵与申农熵之间的联系，即当测度为可加的，两种熵都退化为申农熵。当 μ 为可加的，其退化为经典的概率测度，关于 μ 的肖凯积分退化为以 $\omega = (\omega_1, \cdots, \omega_n)$ 权重向量的加权算术平均算子。因此，可以用申农熵来描述其所蕴含的不确定性。

下面分析两种熵的对称性。从申农熵的定义可以看出，对于集合 X 上的任一置换，其相应的申农熵值不发生改变，称为对称性。两种非可加测度熵也具有这一性质。

定理 3.4 （Marichal，2002；Kojadinovic et al，2005；Wu & Zhang，2010）对于非空有限集 X 上的任意非可加测度 μ 以及 X 上一个置换 π，有

$$H_M(\mu) = H_M(\pi\mu)，\ H_Y(\mu) = H_Y(\pi\mu)$$

肖凯积分值关于 X 上任意置换具有积分值不变的特点，即也具有对称性。不确定变量取值的不确定性显然也与置换无关。

申农熵的可扩展性是指加入一个零概率事件不会改变该测度中所蕴含的不确定性，即申农熵值不变：

$$H_S(p_1, \cdots, p_{n-1}, 0) = H_S(p_1, \cdots, p_{n-1})$$

定理 3.5 （Marichal，2002；Kojadinovic et al，2005；Wu & Zhang，2010）设 μ 为非空有限集 X 上的非可加测度，元素 $x_k \in X$ 为关于 μ 的零元（即对于任意 $S \subset X \setminus \{x_k\}$，有 $\mu(\{x_k\} \cup S) = \mu(S)$），则

$$H_M(\mu) = H_M(\mu^{X \setminus \{x_i\}})，H_Y(\mu) = H_Y(\mu^{X \setminus \{x_i\}})$$

其中，$\mu^{X \setminus \{x_i\}}$ 是定义于集合 $\mathcal{P}(X \setminus \{x_i\})$ 上的函数：对 $\forall S \subset X \setminus \{x_i\}$，$\mu^{X \setminus \{x_i\}}(S) = \mu(S)$。

在多准则决策分析中，零元型准则对整个决策问题没有任何贡献，因此去掉该准则对决策问题没有任何影响。若 $x_k \in X$ 为关于 μ 的零元，则对于任意 $a = (a_1, \cdots, a_k, \cdots, a_n) \in [0, 1]^n$，有

$$C_\mu(a_1, \cdots, a_k, \cdots, a_n) = C_{\mu^{X \setminus \{x_i\}}}(a_1, \cdots, a_{k-1}, a_{k+1}, \cdots, a_n)$$

而对于不确定变量 V 来说，加入一个其不可能的取值 x_k，显然不会对其不确定性产生任何影响。

考虑两种非可加测度熵值为零的情况。申农熵在当某个基础事件概率值为 1 时，其熵值为零，即有

$$H_S(1, 0, \cdots, 0) = \cdots = H_S(0, \cdots, 0, 1) = 0$$

定理 3.6 （Marichal，2002；Kojadinovic et al，2005；Wu & Zhang，2010）设 μ 为非空有限集 X 上的非可加测度，则有

$$H_M(\mu) \geq 0，H_Y(\mu) \geq 0$$

而且，$H_M(\mu) = 0$ 当且仅当 μ 是 $0 \sim 1$ 非可加测度；$H_Y(\mu) = 0$ 当且仅当 μ 是狄拉克测度。称 X 上的非可加测度 μ 为基于 $x_k \in X$ 的狄拉克测度，如果对于任意 $S \subset X$，有

$$\mu(S) = \begin{cases} 1，& 如果 \ x_k \in S \\ 0，& 其他情况 \end{cases}$$

关于非可加测度 μ 的肖凯积分值 $C_\mu(a) \in \{a_1, \cdots, a_n\}$，当且仅当 μ 是 $0 \sim 1$ 非可加测度。换句话说，$H_M(\mu)$ 取最小值当且仅当所有可能候选方案的肖凯积分综合评价值必是其在某一准则上的评价值。狄拉克测度意味着不确定变量 V 的取值一定为 x_k，即包含 $\{x_k\}$ 的所有集合的测度值为 1。此时，$H_Y(\mu)$ 取最小值 0。

概率测度的申农熵取最大值 $\ln n$，当且仅当该测度是均匀的，即有 $p(x_i) = \frac{1}{n}$，$\forall x_i \in X$。

定理 3.7（Marichal，2002；Kojadinovic et al，2005；Wu & Zhang，2010）

设 μ 为非空有限集 X 上的非可加测度，则有

$$H_M(\mu) \leqslant \ln n, \quad H_Y(\mu) \leqslant \ln n$$

而且，$H_M(\mu) = \ln n$ 当且仅当对任意 $S \subset X$，有 $\mu(S) = \dfrac{|S|}{n}$；$H_Y(\mu) = \ln n$ 当且

仅当任意 $x_i \in X$ 的沙普利值 $I_i = \dfrac{1}{n}$。

当 $\mu(S) = \dfrac{|S|}{n}$，$\forall S \subset X$，则意味着 μ 是可加的，且是基于势的（对称

的）。或者说，μ 是可加的且有 $\mu(x_i) = \dfrac{1}{n}$，$\forall x_i \in X$。此时，可称非可加测度

μ 是均匀的。这种情况下，任意准则对肖凯积分生成的综合评价值的贡献是

一样的。当 $I_i = \dfrac{1}{n}$ 时，不确定变量取值为 $\forall x_i \in X$ 的综合可能性都是一样的。

因此，$H_Y(\mu)$ 取最大值 $\ln n$。

另外，对于非空有限集 X 上的非可加测度 μ，总有 $H_M(\mu) \leqslant H_Y(\mu)$。

$H_M(\mu) = H_Y(\mu)$ 当且仅当 μ 是可加的。

通过以上分析，在多准则决策分析中，以肖凯积分为集成函数时，更宜

采用熵 $H_M(\mu)$ 来描述非可加测度所蕴含的不确定性。

3.4.2　最大熵方法的目标函数类型

基于最大熵 $H_M(\mu)$ 原则来确定非可加测度的方法，其模型的目标函数

可以确定为（Marichal，2002）

$$\max z_{ME}(\mu) = H_M(\mu)$$

目的是在满足相关约束条件的可行解中，寻找最接近均匀非可加测度的解，

即在最大限度上，使得每个准则对肖凯积分生成的综合评价值的贡献量是相

等的。

根据这种思想，科亚迪诺维奇（Kojadinovic，2007b）提出了最小距离原

则（minimum distance principle）来确定非可加测度，模型的目标函数为

$$\min z_{MD}(\mu) = \sum_{a \in L} \left[C_\mu(a) - C_{\mu^*}(a) \right]^2$$

其中，μ^* 为均匀非可加测度。

此外，文献（Kojadinovic，2007a）提出了非可加测度的 Havrda – Charvat 熵与方差的概念，即设 μ 为非空有限集 X 上的非可加测度，则 μ 的 Havrda – Charvat 熵定义为

$$H^{\beta}_{H-C}(\mu) = \frac{1}{1-\beta}\Big[\sum_{i=1}^{n} \sum_{S \subset X \backslash x_i} \frac{(n-|S|-1)!\,|S|!}{n!} [\mu(S \cup \{x_i\}) - \mu(S)]^{\beta} - 1 \Big]$$
$$\beta > 0,\ \beta \neq 1$$

μ 的方差定义为

$$V(\mu) = \frac{1}{n} \sum_{i=1}^{n} \sum_{S \subset X \backslash x_i} \frac{(n-|S|-1)!\,|S|!}{n!} \Big[\mu(S \cup \{x_i\}) - \mu(S) - \frac{1}{n}\Big]^2$$

可以证明，非可加测度 μ 的 2 阶 Havrda – Charvat 熵与方差之间有如下关系：

$$H^2_{H-C}(\mu) = 1 - nV(\mu) - \frac{1}{n}$$

Kojadinovic（2007a）进一步提出了基于最小方差（minimum variance）原则来确定非可加测度的方法，其目标函数为

$$\min z_{MV}(\mu) = V(\mu)$$

由 2 阶 Havrda – Charvat 熵与方差之间的关系，可以得出最小方差法等价于最大化 2 阶 Havrda – Charvat 熵。因此，最小方差法也可以看作是最大熵方法的一个特殊类型。

3.5　Kappalab 软件包及应用

Kappalab 是"laboratory for capacities"的缩写，称为非可加测度实验室。由格拉比施、科亚迪诺维奇和迈耶尔共同开发[①]。该软件包主要处理非空有限集上的非可加测度和相关积分的有关运算，主要功能包括：

（1）非可加测度、默比乌斯表示、沙普利重要性及交互作用指标等集函数定义，函数值的计算，以及各集函数之间转换；

————————————

① http：//cran. r-project. org/web/packages/kappalab.

（2）计算菅野积分、对称菅野积分、肖凯积分等实值积分值；

（3）计算非可加测度的重要性、交互作用值、方差值、或度、与度等值；

（4）定义、判断以及表示可加测度、基于势的非可加测度、均匀非可加测度、k 序可加测度、p 对称非可加测度、k 宽容与 k 不宽容非可加测度等特殊类型的非可加测度；

（5）执行最小二乘法、最大分割法、TOMASO 方法、最大熵方法等基于训练集的非可加测度确定方法。

表 3.1 列出了 Kappalab 软件包的所有函数及其功能简介。

表 3.1　　　　　　　　　　**Kappalab 软件包主要函数及其功能**

函数名称	功能介绍
as. capacity-methods	如果能转换，就将该量转换成非可加测度
as. card. capacity-methods	如果能转换，就将该量转换成基于势的（对称的）非可加测度
as. card. game-methods	如果能转换，就将该量转换成一个博弈（即基于势且空集测度为 0 的集函数，不要求全集测度为 1，不要求单调性）
as. card. set. func-methods	如果能转换，就将该量转换成基于势的集函数
as. game-methods	如果能转换，就将该量转换成空集测度为 0 的集函数
as. Mobius. capacity-methods	如果能转换，则得到非可加测度的默比乌斯表示
as. Mobius. card. set. func-methods	如果能转换，则得到对称非可加测度的默比乌斯表示
as. Mobius. game-methods	如果能转换，则得到博弈的默比乌斯表示
as. Mobius. set. func-methods	如果能转换，则得到集函数的默比乌斯表示
as. set. func-methods	如果能转换，就将该量转换成集函数
card. set. func	定义对称集函数
Choquet. integral-methods	计算肖凯积分值
conjugate-methods	得到对偶集函数（定义博弈的对偶还是其本身）
entropy-methods	计算非可加测度的 H_M 熵
expect. Choquet. unif-methods	返回均匀分布或正态分布的肖凯期望
favor-methods	计算非可加测度的支撑系数
heuristic. ls. capa. ident	执行 HLMS 最小二乘法确定非可加测度
interaction. indices-methods	返回所有集合对应的沙普利交互作用指标值

续表

函数名称	功能介绍
is. cardinal-methods	判断集函数是否是对称的
is. kadditive-methods	判断集函数是否是 k 序可加的
is. monotone-methods	判断集函数是否是单调的
is. normalized-methods	判断集函数是否是正规的
k. truncate. Mobius-methods	k 截断方法，即将势大于 k 的集合的默比乌斯表示值变为 0
least. squares. capa. ident	执行最小二乘法确定非可加测度
lin. prog. capa. ident	执行最大分割法的线性规划法确定非可加测度
ls. ranking. capa. ident	执行各方案排序为基础的最小二乘法确定非可加测度
ls. sorting. capa. ident	执行各方案分类为基础的最小二乘法确定非可加测度
ls. sorting. treatment	执行最小二乘法目标函数的 TOMASO 方法
mini. dist. capa. ident	执行最小距离原则的最大熵方法
mini. var. capa. ident	执行最小方差原则的最大熵方法
Mobius-methods	计算集函数的默比乌斯表示
Mobius. card. set. func	创建对称集函数的默比乌斯表示
Mobius. set. func	创建集函数的默比乌斯表示
normalize-methods	标准化非可加测度
orness-methods	计算非可加测度的或度
set. func	创建集函数
Shapley. value-methods	求非可加测度的沙普利值
show-methods	展示非可加测度的所有信息
Sipos. integral-methods	计算对称肖凯积分值
Sugeno. integral-methods	计算管野积分值
summary-methods	展示集函数的所有信息
variance-methods	计算非可加测度的标准方差
veto-methods	计算非可加测度的否决系数
zeta-methods	执行 zeta 转换（默比乌斯表示逆变换）

Kappalab 软件包的详细使用方法和实例应用分析可参见文献（武建章和张强，2014）。

第 4 章

基于显性偏好信息的非可加测度确定方法

鉴于训练集在构建时任务量庞大且候选方案间容易出现不一致现象，部分学者尝试从另一个角度，即仅仅依赖决策者给出的显性偏好信息，来确定非可加测度。准则间显性偏好信息是指决策者对各决策准则的相对重要性以及准则间的关联关系的主观判断。决策者提供的这些初步信息需要进一步整理、提炼、加工，才能转化为非可加测度。相比于基于训练集的确定方法，基于准则偏好信息的确定方法更接近传统的决策分析习惯。

4.1　菱形成对比较方法

高萩（Takahagi，2008）根据格拉比施（Grabisch，2000）给出的关于 2 序可加测度的肖凯积分的图形表示提出了菱形成对比较方法（diamond pairwise comparisons，DPC）。

设决策准则集 $X = \{x_1,\ x_2\}$，则可得

$$
C_\mu(a) = \begin{cases} [a_1 \wedge a_2]I_{12} + a_1\left[I_1 - \dfrac{1}{2}I_{12}\right] + a_2\left[I_2 - \dfrac{1}{2}I_{12}\right], & \text{if}\quad I_{12} \geqslant 0 \\[3mm] [a_1 \vee a_2]|I_{12}| + a_1\left[I_1 + \dfrac{1}{2}I_{12}\right] + a_2\left[I_2 + \dfrac{1}{2}I_{12}\right], & \text{if}\quad I_{12} \leqslant 0 \end{cases}
$$

可以看出，对于给定的方案 $a = (a_1,\ a_2) \in A$，其综合评价值完全由 I_1，I_2，I_{12} 三个参数来确定。

由沙普利重要性及交互作用指标与非可加测度对应关系，可得

$$I_1 + I_2 = 1$$

$$I_1 - \frac{1}{2}I_{12} \geqslant 0$$

$$I_2 - \frac{1}{2}I_{12} \geqslant 0$$

$$I_1 + \frac{1}{2}I_{12} \geqslant 0$$

$$I_2 + \frac{1}{2}I_{12} \geqslant 0$$

以上约束就限定了 I_1，I_2，I_{12} 三个参数的取值范围，也可以看作是肖凯积分的定义域。而此定义域可以用一个菱形表示（Grabisch，2000），如图 4.1 所示。

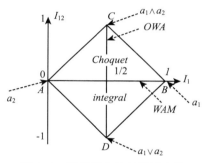

图 4.1 肖凯积分值的菱形表示

在图 4.1 中，顶点 A 表示 $I_1 = 0$，$I_2 = 1 - I_1 = 0$，$I_{12} = 0$；顶点 B 表示 $I_1 = 1$，$I_2 = 1 - I_1 = 1$，$I_{12} = 0$；顶点 C 表示 $I_1 = \frac{1}{2}$，$I_2 = 1 - I_1 = \frac{1}{2}$，$I_{12} = 1$；顶点 D 表示 $I_1 = \frac{1}{2}$，$I_2 = 1 - I_1 = \frac{1}{2}$，$I_{12} = -1$。水平轴 AB 上所有点的交互作用 $I_{12} = 0$，垂直轴 CD 上所有点的表示两个准则的重要性相等，即 $I_1 = I_2 = \frac{1}{2}$。对于候选方案 $a = (a_1, a_2)$，在图 4.1 中，顶点 A 对应的肖凯积分值为 a_2；顶点 B 对应的肖凯积分值为 a_1；顶点 C 对应的肖凯积分值为 $a_1 \wedge a_2$；顶点 D 对应的肖凯积分值为 $a_1 \vee a_2$；线段 AB 上所有点对应的肖凯积分值为 $a_1 I_1 + a_2 I_2$，此时非可加测度 μ 为可加的，而关于 μ 的肖凯积分退化为以（I_1，I_2）

为权重的加权算术平均算子（WAM）；线段 CD 上所有点对应的肖凯积分值为

$$C_\mu(a) = \begin{cases} [a_1 \wedge a_2]I_{12} + (a_1 + a_2)\left[\dfrac{1}{2} - \dfrac{1}{2}I_{12}\right], & \text{if} \quad I_{12} \geq 0 \\ -[a_1 \vee a_2]I_{12} + (a_1 + a_2)\left[\dfrac{1}{2} + \dfrac{1}{2}I_{12}\right], & \text{if} \quad I_{12} \leq 0 \end{cases}$$

设（(1)，(2)）为（1，2）的一个置换，使得 $a_{(1)} \geq a_{(2)}$，则有

$$C_\mu(a) = \begin{cases} a_{(1)}\left[\dfrac{1}{2} - \dfrac{1}{2}I_{12}\right] + a_{(2)}\left[\dfrac{1}{2} + \dfrac{1}{2}I_{12}\right], & \text{if} \quad I_{12} \geq 0 \\ a_{(1)}\left[\dfrac{1}{2} - \dfrac{1}{2}I_{12}\right] + a_{(2)}\left[\dfrac{1}{2} + \dfrac{1}{2}I_{12}\right], & \text{if} \quad I_{12} \leq 0 \end{cases}$$

即

$$C_\mu(a) = a_{(1)}\left[\frac{1}{2} - \frac{1}{2}I_{12}\right] + a_{(2)}\left[\frac{1}{2} + \frac{1}{2}I_{12}\right]$$

则关于 μ 的肖凯积分退化为以 $\left(\dfrac{1}{2} - \dfrac{1}{2}I_{12}, \dfrac{1}{2} + \dfrac{1}{2}I_{12}\right)$ 为权重的有序加权算术平均算子（OWA）。

其实，对于候选方案 $a = (a_1, a_2)$ 关于 μ 的肖凯积分值都可以用图 4.1 中菱形 ABCD 的四个顶点对应的值的凸组合来表示。设 $0 \leq \alpha, \beta, \gamma, \delta \leq 1$，且 $\alpha + \beta + \gamma + \delta = 1$，则

$$C_\mu(a) = \alpha[a_1 \wedge a_2] + \beta[a_1 \vee a_2] + \gamma a_1 + \delta a_2$$

另外，图 4.1 中，每一点的坐标可表述为 (I_1, I_{12})，而 $a = (a_1, a_2)$ 关于 μ 的肖凯积分值也可以表示如下：

$$C_\mu(a) = I_1(a_1 - a_2) - \frac{1}{2}I_{12}(a_1 - a_2) + a_2$$

高萩（Takahagi，2008）借鉴图 4.1 中菱形来帮助决策者对决策准则集中任意两个准则 x_i 和 x_j 的相对重要性及其间的交互程度进行赋值，如图 4.2 所示。

高萩称这种比较方法为菱形成对比较法（DPC）。显然，两准则间的任意相对重要性及交互作用程度都可以用图 4.2 所示菱形中的一个点来与之对应。

为与前文所述的决策准则的重要性 I_i 以及两准则间的交互作用值 I_{ij} 有所区别，现用如下符号标记在菱形成对比较法中所得的准则的相对重要性及交

互程度值：

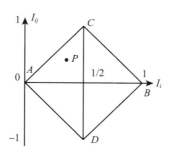

图 4.2　菱形成对比较法

I_i^{ij} 表示在准则对 $\{x_i，x_j\}$ 中准则 x_i 的相对重要性（两准则的相对重要性之和为 1）；

I_{ij}^- 表示通过菱形成对比较法得到准则 x_i 和 x_j 间的交互作用程度值。

在图 4.2 中，横轴表示准则 x_i 和 x_j 的相对重要性，竖轴则表示两准则之间的交互程度。借助于该菱形，决策者或专家可以对所有准则对进行较为直观的比较与赋值。例如，点 $P = \left(\dfrac{1}{3}，\dfrac{1}{2}\right)$ 表示 $I_i^{ij} = \dfrac{1}{3}$，$I_j^{ij} = 1 - I_i^{ij} = \dfrac{2}{3}$，以及 $I_{ij}^- = \dfrac{1}{2}$。

在图 4.2 中，顶点 $A = (0，0)$ 意味着准则 x_j 比准则 x_i 绝对重要；顶点 $B = (1，0)$ 意味着准则 x_i 比准则 x_j 绝对重要；顶点 $C = \left(\dfrac{1}{2}，1\right)$ 意味着准则 x_i 和 x_j 的组合比单个准则 x_i 或 x_j 重要得多；顶点 $D = \left(\dfrac{1}{2}，-1\right)$ 意味着准则 x_i 和 x_j 的组合的重要性与单个准则 x_i 或 x_j 重要性几乎相当；线段 AB 上的点表示准则 x_i 和 x_j 间的交互作用为零；线段 CD 上的点表示准则 x_i 与 x_j 重要性相等。

4.2　基于 DPC 的 2 序可加测度确定方法

在菱形成对比较法（DPC）中，两两准则的相对重要性的确定类似于

AHP 方法中的成对比较，这是决策者比较熟悉的。但是，确定准则间的交互作用程度却比较困难。本节提出的等价值方案曲线可以较直观的辅助决策者确定准则间的交互作用指标值。

4.2.1 等价值方案曲线与交互作用

格拉比施和阿法斯特（Grabisch & Raufaste，2008）通过一特殊的决策模型来描述准则间的交互作用：在图 4.3 中，决策者对四个候选方案 A，B，C，D 依据两个准则 x_1，x_2 进行评价。

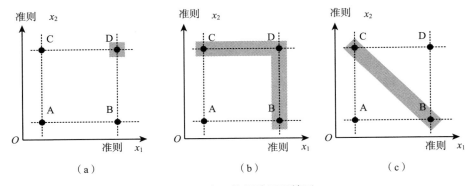

图 4.3 交互作用的不同情形

在图 4.3 中，假定两准则重要性相同，两个坐标轴表示候选方案的在不同准则上的评价值。

在图 4.3（a）情形下，决策者对候选方案的偏好关系是 D > B = C = A，即 D 获得了最高的综合评价值，B、C、A 的综合评价值是一样，且都劣于 D。这种情形下，可称准则间存在正的交互作用：准则对的重要性远远大于单个准则的重要性，两个决策准则是互补的。

在图 4.3（b）情形下，决策者的偏好关系为 B = C = D > A。这意味着两个准则的联合并没有起到任何作用，即准则对的重要性几乎等于单个准则的重要性。此时，两准则是冗余的，它们之间存在着负的交互作用。

在图 4.3（c）情形下，方案的偏好为 D > B = C > A。这意味着准则对的重要性等于各准则重要性之和。各准则是相互独立的，它们之间没有交互作用。

下面研究其数学表述。设 $I_1 = I_2 = 0.5$，各候选方案 A，B，C，D 的评价值分别为

$$(a_1, b_1), (a_2, b_1), (a_1, b_2), (a_2, b_2)$$

其中，$a_1 = b_1 < a_2 = b_2$。

对于图 4.3（a），有 $0 \leqslant I_{12} \leqslant 1$。利用肖凯积分，可得方案 A 的总体评价值，记为 e_A：

$$e_A = (a_1 \wedge b_1) I_{12} + a_1 \left(\frac{1}{2} - \frac{1}{2} I_{12} \right) + b_1 \left(\frac{1}{2} - \frac{1}{2} I_{12} \right) = a_1 I_{12} + \frac{1}{2} (a_1 + b_1)(1 - I_{12})$$

类似地，有

$$e_B = b_1 I_{12} + \frac{1}{2} (a_2 + b_1)(1 - I_{12})$$

$$e_C = a_1 I_{12} + \frac{1}{2} (a_1 + b_2)(1 - I_{12})$$

$$e_D = a_2 I_{12} + \frac{1}{2} (a_2 + b_2)(1 - I_{12})$$

因 D > B = C = A，可得 $I_{12} = 1$。

类似地，对于图 4.3（b）有 $I_{12} = -1$；对于图 4.3（c）有 $I_{12} = 0$。

方便起见，用向量 (x_1, x_2)，$x_1, x_2 \in (-\infty, +\infty)$，表示方案在两准则上的评价值。因准则的重要性 $I_1 = I_2 = 0.5$，综合评价值可由下式获得：

$$\begin{cases} x_1 \wedge x_2, & \text{if} \quad I_{12} = 1 \\ \dfrac{(x_1 + x_2)}{2}, & \text{if} \quad I_{12} = 0 \\ x_1 \vee x_2, & \text{if} \quad I_{12} = -1 \end{cases}$$

可称 $x_1 \wedge x_2$，$x_1 \vee x_2$，$x_2 = -x_1 + s (s \in (-\infty, +\infty))$ 为图 4.3 中的三种情形下基于肖凯积分的等价值方案曲线。图 4.4 描绘了三种情形下基于肖凯积分的等价值方案曲线。图 4.5 展示了当两个决策准则重要性相同时，一些典型的交互作用值下的等价值曲线。

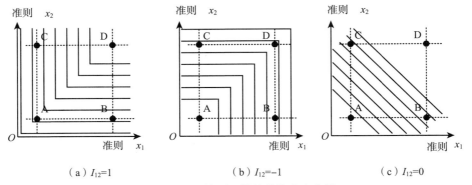

（a）$I_{12}=1$ （b）$I_{12}=-1$ （c）$I_{12}=0$

图 4.4   不同情形下的等价值方案曲线

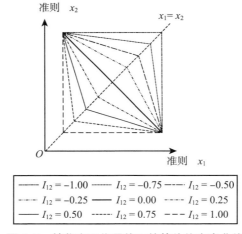

$I_{12} = -1.00$	$I_{12} = -0.75$	$I_{12} = -0.50$
$I_{12} = -0.25$	$I_{12} = 0.00$	$I_{12} = 0.25$
$I_{12} = 0.50$	$I_{12} = 0.75$	$I_{12} = 1.00$

图 4.5   某些交互作用值下的等价值方案曲线

现在考虑更加一般的情形。对于任意 I_1，I_2 和 I_{12}，肖凯积分可由下式得到：

$$\begin{cases} (x_1 \wedge x_2) I_{12} + x_1\left(I_1 - \dfrac{1}{2} I_{12}\right) + x_2\left(I_2 - \dfrac{1}{2} I_{12}\right), & \text{if} \quad I_{12} \geqslant 0 \\[3mm] -(x_1 \vee x_2) I_{12} + x_1\left(I_1 + \dfrac{1}{2} I_{12}\right) + x_2\left(I_2 + \dfrac{1}{2} I_{12}\right), & \text{if} \quad I_{12} \leqslant 0 \end{cases}$$

或等价表示为

$$\begin{cases} x_1\left(I_1 + \dfrac{1}{2}I_{12}\right) + x_2\left(I_2 - \dfrac{1}{2}I_{12}\right), & \text{if} \quad x_1 \leqslant x_2 \\[3mm] x_1\left(I_1 - \dfrac{1}{2}I_{12}\right) + x_2\left(I_2 + \dfrac{1}{2}I_{12}\right), & \text{if} \quad x_1 \geqslant x_2 \end{cases}$$

因此，基于肖凯积分的等价值方案曲线可定义为

$$\begin{cases} x_1\left(I_1 + \dfrac{1}{2}I_{12}\right) + x_2\left(I_2 - \dfrac{1}{2}I_{12}\right) = s, & \text{if} \quad x_1 \leqslant x_2 \\[3mm] x_1\left(I_1 - \dfrac{1}{2}I_{12}\right) + x_2\left(I_2 + \dfrac{1}{2}I_{12}\right) = s, & \text{if} \quad x_1 \geqslant x_2 \end{cases}$$

其中，$s \in (-\infty, +\infty)$ 是一常数。

由此，可以得到等价值曲线的一些基本性质：

（1）等价值曲线是分段线性的。特别地，当 $I_{12} = 0$（对应于线段 AB），曲线退化为直线 $x_2 = -\left(\dfrac{I_1}{I_2}\right)x_1 + s$，$s \in (-\infty, +\infty)$ 为一常数。

（2）曲线的斜率随 I_2 值的增大而增大，I_1 的增大而减小，当 $x_1 \geqslant x_2$ 时，随 I_{12} 值的增大而增大，当 $x_1 \leqslant x_2$ 时随 I_{12} 值的增大而减小。

（3）当 $I_1 = I_2$（对应于线段 CD），曲线关于直线 $x_1 = x_2$ 对称。

（4）当 $I_1 = \dfrac{1}{2}I_{12}$（对应于线段 AC）且当 $x_1 \geqslant x_2$ 曲线为 $x_2 = s$；当 $I_1 = -\dfrac{1}{2}I_{12}$（对应于线段 AD）且当 $x_1 \leqslant x_2$ 曲线为 $x_2 = s$；当 $I_2 = \dfrac{1}{2}I_{12}$（对应于线段 BC）且当 $x_1 \leqslant x_2$ 曲线为 $x_2 = s$；当 $I_2 = -\dfrac{1}{2}I_{12}$（对应于线段 BD）且当 $x_1 \geqslant x_2$ 曲线为 $x_2 = s$。

基于肖凯积分的等价值方案曲线这些性质可以帮助决策者在菱形成对比较法中估计两个准则间的交互作用程度。

4.2.2　方法步骤

下面给出基于菱形成对比较法确定 2 序可加测度的一种方法。

步骤 1　利用菱形成对比较方法对决策准则集 X 中 n 个决策准则进行两两比较，得每对决策准则之间的相对重要性系数矩阵

$$P = \left[I_i^{ij} \right]_{n \times n}, \ 0 \leqslant I_i^{ij} \leqslant 1, \ i, \ j = 1, \ \cdots, \ n$$

其中，I_i^{ij} 表示对决策准则 x_i，x_j 进行两两比较时决策准则 x_i 的相对重要性。显然，$I_i^{ij} = I_i^{ii}$，$I_i^{ii} = 1$。同时，可以得到交互作用程度系数矩阵

$$Q = \left[I_{ij}^- \right]_{n \times n}, \ i, \ j = 1, \ \cdots, \ n, \ \text{且} \ i \neq j$$

步骤2 由重要系数矩阵 P 求得相对重要性矩阵

$$C = \left[c_{ij} \right]_{n \times n}$$

其中，$c_{ij} = \dfrac{I_i^{ij}}{I_j^{ij}}$。

步骤3 利用最大特征向量法求得各决策准则 x_i 的相对重要性系数向量

$$I^* = (I_1^*, \ \cdots, \ I_n^*)$$

根据 I^* 对矩阵 Q 进行变换，得决策准则 x_i，x_j 间新的交互作用指标矩阵 $Q^* = \left[I_{ij}^* \right]_{n \times n}$，其中，

$$I_{ij}^* = \operatorname{sgn}(I_{ij}) \min \left(\left| \frac{I_i^* I_{ij}^-}{(n-1) I_i^{ij}} \right|, \ \left| \frac{I_j^* I_{ij}^-}{(n-1) I_j^{ij}} \right| \right), \ i, \ j = 1, \ \cdots, \ n, \ \text{且} \ i \neq j$$

显然，$I_{ij}^* = I_{ji}^*$。

步骤4 当 $|T| > 2$ 时，令 $I_T^* = 0$。令 $m(\varnothing) = 0$，利用沙普利交互作用指标与默比乌斯表示之间的关系，可得所有非空准则子集的默比乌斯表示的值。

步骤5 利用非可加测度与默比乌斯表示的对应关系，得决策准则集 X 的任一子集的非可加测度值。

4.3 基于 DPC 与最大熵原则的 2 序可加测度确定方法

4.3.1 理论基础

首先来看 2 序可加测度熵的默比乌斯表示及沙普利交互作用指标表示形式。

由非可加测度 μ 的熵定义可知

$$H_M(\mu) = \sum_{i=1}^n \sum_{S \subset X \backslash x_i} \frac{(|X| - |S| - 1)! |S|!}{|S|!} h[\mu(S \cup \{x_i\}) - \mu(S)]$$

其中，$h(x) = -x\ln x$，若 $x > 0$；$h(x) = 0$，若 $x = 0$。

由非可加测度与默比乌斯表示系数的对应关系，以及 2 序可加测度的定义，可得 2 序可加测度熵的默比乌斯表示形式

$$H_M(m) = \sum_{i=1}^n \sum_{S \subset X \backslash \{x_i\}} \frac{(|X| - |S| - 1)! |S|!}{|X|!} h\Big[m_\mu(\{x_i\}) + \sum_{x_j \in S} m_\mu(\{x_i, x_j\}) \Big]$$

另，对于 $\forall A \subset X \backslash \{x_i\}$，有

$$m(\{x_i\}) + \sum_{x_j \in S} m(\{x_i, x_j\}) = I_i - \frac{1}{2} \sum_{x_j \in X \backslash \{x_i\}} I_{ij} + \sum_{x_j \in S} I_{ij} = I_i - \frac{1}{2}$$

$$\sum_{x_j \in X \backslash \{S \cup \{x_i\}\}} I_{ij} + \frac{1}{2} \sum_{x_j \in S} I_{ij}$$

进而，2 序可加测度熵的沙普利交互作用指标表示形式为

$$H_M(I) = \sum_{i=1}^n \sum_{S \subset X \backslash x_i} \frac{(|X| - |S| - 1)! |S|!}{|X|!} h\Big[I_i - \frac{1}{2} \sum_{x_j \in X \backslash \{A \cup \{x_i\}\}} I_{ij} + \frac{1}{2} \sum_{x_j \in A} I_{ij} \Big]$$

下面研究当给定各决策准则的重要性，记为 I'_i，且有

$$\sum_{i=1}^n I' = 1$$

各交互作用指标系数对应于一个 2 序可加测度的一个充分条件。

设所求满足条件的交互作用系数为 $I'_{ij}(i, j = 1, 2, \cdots, n$ 且 $i \neq j)$。由 2 序可加测度的定义，可得

$$\sum_{A \subset X} m(A) = \sum_{x_i \in X} m(\{x_i\}) + \sum_{\{x_i, x_j\} \subset X} m(\{x_i, x_j\})$$

$$= \sum_{x_i \in X} \Big[I'_i - \frac{1}{2} \sum_{x_j \in X \backslash \{x_i\}} I'_{ij} \Big] + \sum_{\{x_i, x_j\} \subset X} I'_{ij}$$

$$= \sum_{x_i \in X} I'_i - \frac{1}{2} \sum_{x_i \in X} \sum_{x_j \in X \backslash \{x_i\}} I'_{ij} + \sum_{\{x_i, x_j\} \subset X} I'_{ij}$$

$$= \sum_{x_i \in X} I'_i = 1$$

此外，对于 $\forall A \subset X$，$\forall x_i \in A$，有

$$\sum_{x_i \in B \subset A} m(B) = I'_i - \frac{1}{2} \sum_{\{x_i, x_j\} \subset X \backslash A} I'_{ij} + \frac{1}{2} \sum_{\{x_i, x_j\} \subset A} I'_{ij}$$

则

$$I'_i - \frac{1}{2} \sum_{\{x_i, x_j\} \subset X \backslash A} I'_{ij} + \frac{1}{2} \sum_{\{x_i, x_j\} \subset A} I'_{ij} \geqslant 0$$

因此，可以设定

$$-\frac{1}{n-1}I'_i \leqslant \frac{1}{2}I'_{ij} \leqslant \frac{1}{n-1}I'_i$$

另外，最终的交互作用系数 I'_{ij} 应该反映由菱形成对比较法所得的交互作用程度 I^-_{ij} 。又

$$-\frac{I'_i \min(I^{ij}_i, I^{ij}_j)}{(n-1)I^{ij}_i} \leqslant \frac{I'_i I^-_{ij}}{2(n-1)I^{ij}_i} \leqslant \frac{I'_i \min(I^{ij}_i, I^{ij}_j)}{(n-1)I^{ij}_i}$$

可设

$$\max\left(\frac{I'_i I^-_{ij}}{(n-1)I^{ij}_i}, \frac{I'_j I^-_{ij}}{(n-1)I^{ij}_j}\right) \leqslant I'_{ij} \leqslant 0, \quad 如果 \ I_{ij} \leqslant 0$$

$$0 \leqslant I'_{ij} \leqslant \min\left(\frac{I'_i I^-_{ij}}{(n-1)I^{ij}_i}, \frac{I'_j I^-_{ij}}{(n-1)I^{ij}_j}\right), \quad 如果 \ I_{ij} \geqslant 0$$

4.3.2　模型构建及方法步骤

依据最大熵原则，可构建如下模型：

$$\max z = \sum_{i=1}^{n} \sum_{A \subset X \backslash \{x_i\}} \frac{(|X|-|A|-1)! \ |A|!}{|X|!} h\left[I'_i - \frac{1}{2} \sum_{x_j \in X \backslash \{A \cup \{x_i\}\}} I'_{ij} + \frac{1}{2} \sum_{x_j \in A} I'_{ij}\right]$$

$$\text{s. t.} \begin{cases} \max\left(\dfrac{I'_i I^-_{ij}}{(n-1)I^{ij}_i}, \dfrac{I'_j I^-_{ij}}{(n-1)I^{ij}_j}\right) \leqslant I'_{ij} \leqslant 0, \ \text{if} \ \ I_{ij} \leqslant 0 \\[3mm] 0 \leqslant I'_{ij} \leqslant \min\left(\dfrac{I'_i I^-_{ij}}{(n-1)I^{ij}_i}, \dfrac{I'_j I^-_{ij}}{(n-1)I^{ij}_j}\right), \ \text{if} \ \ I_{ij} \geqslant 0 \\[3mm] I'_i = w_i \\[2mm] i, j = 1, 2, \cdots, n \ \text{and} \ i \neq j \end{cases}$$

其中，$h(x) = -x\ln x$，若 $x>0$；$h(x)=0$，若 $x=0$。w_i 为准则 x_i 的重要性，$\sum_{i=1}^{n} w_i = 1$ 。

非可加测度熵是一个严格的凹函数，故由上式所得到的最优解是唯一的。基于菱形成对比较法与最大熵原则确定 2 序可加测度的方法可以表述如下：

步骤 1 通过菱形成对比较法得到所有准则对的相对重要性与交互作用程度。相对重要性程度可以通过 AHP 方法的成对比较获得。基于肖凯积分的等价值曲线可以帮助决策者确定两个准则间的交互作用程度。

步骤 2 生成相对重要性比率矩阵，通过求最大特征向量得各准则的全局重要性。

步骤 3 构建非线性规划模型，求得准则间的交互作用指标值。

步骤 4 当 $|T| > 2$ 时，令 $I_T^* = 0$。令 $m(\varnothing) = 0$，利用沙普利交互指标值与默比乌斯表示之间的关系，可得所有非空准则子集的默比乌斯表示的值。

步骤 5 利用非可加测度与默比乌斯表示的对应关系，徥决策准则集 X 的任一子集的非可加测度。

4.4 基于 AHP 的 2 序可加测度确定方法

基于 DPC 的方法需要决策者对决策准则进行两两比较，给出它们的相对重要程度及交互作用值。相对重要性可以通过层次分析法（AHP）的成对比较来获得，决策者比较熟悉，因此，操作难度不大。而决策者提供交互作用的具体数值在实践中往往比较困难。针对这一问题，AHP 与最大熵原则的确定方法的主要思路是基于 AHP 得出的各准则的全局重要性，结合决策者提供的各准则对间的交互作用程度（例如，准则 x_i，x_j 间存在显著的正交互性），确定出交互作用的取值范围，再利用最大熵原则构建优化模型，最终得到一个 2 序可加测度。

4.4.1 理论基础

定理 4.1 设决策准则集为非空有限集 $X = \{x_1, \cdots, x_n\}$，如果定义在准则集幂集上的 2^n 个交互作用系数 $\{I(S)\}_{S \subset X}$ 满足：

（1）$I(\varnothing) = \dfrac{1}{2} \sum_{x_i \in X} I(\{x_i\}) - \dfrac{1}{6} \sum_{\{x_i, x_j\} \subset X} I(\{x_i, x_j\})$，$I(\{x_i\}) \geq 0$，且

$\sum_{i=1}^{n} I(\{x_i\}) = 1$。

（2）对 $\forall \{x_i, x_j\} \subset X$，有 $|I(\{x_i, x_j\})| \leqslant \dfrac{2I(\{x_i\})}{(n-1)})$，其中，$|I(\{x_i, x_j\})|$ 表示其绝对值。

（3）对 $\forall S \subset X$ 且 $|S| > 2$ 均有 $I(S) = 0$，并且至少存在一个子集 T，$|T| = 2$，使得 $I(T) \neq 0$。

则由

$$\begin{cases} m(\varnothing) = I(\varnothing) - \dfrac{1}{2} \sum_{x_i \in X} I(\{x_i\}) + \dfrac{1}{6} \sum_{\{x_i, x_j\} \subset X} I(\{x_i, x_j\}) \\[2mm] m(\{x_i\}) = I(\{x_i\}) - \dfrac{1}{2} \sum_{\{x_i, x_j\} \subset X} I(\{x_i, x_j\}) \\[2mm] m(\{x_i, x_j\}) = I(\{x_i, x_j\}) \\[2mm] m(A) = 0 \quad \text{for} \quad |A| > 2 \end{cases}$$

导出的默比乌斯表示系数 $\{m(S)\}_{S \subset X}$ 可以唯一确定一个 2 序可加测度。

4.4.2 方法步骤

步骤 1 由层次分析法（AHP）确定各准则的重要性程度。首先，构造两两准则间权重比矩阵

$$C = [c_{ij}]_{n \times n}$$

其中，c_{ij} 为准则 x_i 相对于准则 x_j 的重要性，$0 \leqslant c_{ij} \leqslant 1$，$c_{ij} = \dfrac{1}{c_{ji}}$ 且 $c_{ii} = 1$。

其次，求矩阵 C 的最大特征值 $\lambda_{\max}$。遵循 AHP 的步骤，利用 $d = \dfrac{(\lambda_{\max} - n)}{(n-1)}$ 对权重比矩阵进行一致性检验。若 $d > 0.1$，则需继续调整矩阵 C 直至满足 $d \leqslant 0.1$。若 $d \leqslant 0.1$，求 $\lambda_{\max}$ 对应的特征向量 $w_{\max} = (w_1^*, w_2^*, \cdots, w_n^*)^T$，则各准则的重要性为

$$I(\{x_i\}) = w_i^*, \quad i = 1, \cdots, n$$

步骤 2 确定两两准则间交互作用的取值范围。若交互作用系数唯一的确定一个 2 序可加测度，可令

$$|I(\{x_i, x_j\})| \leqslant \dfrac{2I(\{x_i\})}{(n-1)}$$

$$\left| I(\{x_i, \ x_j\}) \right| \leqslant \frac{2I(\{x_j\})}{(n-1)}$$

因此，令

$$t_{ij} = \min\left(\frac{2I(\{x_i\})}{(n-1)}, \ \frac{2I(\{x_j\})}{(n-1)} \right)$$

则交互作用的取值须限制在区间 $\left[-t_{ij}, \ t_{ij} \right]$ 内。为确定准则 x_i，$x_j \in X$ 间的交互作用，可对区间 $\left[-t_{ij}, \ t_{ij} \right]$ 进行划分以显示交互作用的程度。简便起见，可将区间 $\left[-t_{ij}, \ t_{ij} \right]$ 区分为五等分，即

$$\left[\frac{3}{5}t_{ij}, t_{ij} \right], \left[\frac{1}{5}t_{ij}, \frac{3}{5}t_{ij} \right], \left[-\frac{1}{5}t_{ij}, \frac{1}{5}t_{ij} \right], \left[-\frac{3}{5}t_{ij}, -\frac{1}{5}t_{ij} \right], \left[-t_{ij}, -\frac{3}{5}t_{ij} \right]$$

分别表示准则 x_i 与准则 x_j 间存在显著的正交互性（互补关系）、存在正交互性、基本不存在交互性（基本彼此独立）、存在负交互性（冗余关系）、存在显著的负交互性。决策者可从中选择一个区间来确定交互作用的取值范围，记交互作用 $I(\{x_i, \ x_j\})$ 的取值范围为区间 $\bar{t}_{ij}(i, \ j = 1, \ 2, \ \cdots, \ n \ 且 \ i \neq j)$。

步骤 3 利用最大熵原则确定交互作用值。根据最大熵原则，构造下式所示非线性规划来求解交互作用的确切值：

$$\max z = \sum_{i=1}^{n} \sum_{A \subset X \setminus x_i} \frac{(|X| - |A| - 1)! \, |A|!}{|X|!} h$$

$$\left[I(\{x_i\}) - \frac{1}{2} \sum_{x_j \in X \setminus |A \cup \{x_i\}|} I(\{x_i, \ x_j\}) + \frac{1}{2} \sum_{x_j \in A} I(\{x_i, \ x_j\}) \right]$$

$$\text{s. t.} \begin{cases} I(\{x_i, \ x_j\}) \in \bar{t}_{ij} \\ I(\{x_i\}) = w_i^* \\ i, \ j = 1, \ 2, \ \cdots, \ n, \ i \neq j \end{cases}$$

其中，$h(x) = -x\ln x$ 当 $x > 0$；0 当 $x = 0$。

由于目标函数是一严格凹函数，故上式具有唯一最优解。记最终确定的准则 x_i 与准则 x_j 交互作用值为 $I^*(\{x_i, \ x_j\})(i, \ j = 1, \ 2, \ \cdots, \ n \ 且 \ i \neq j)$。

步骤 4 确定相应的默比乌斯表示形式。利用 2 序可加测度的默比乌斯表示形式与交互作用指标之间的对应关系，得默比乌斯表示形式的取值。

步骤 5 由非可加测度与默比乌斯表示形式的转化关系，确定出准则集所有子集的 2 序可加测度值。

第二篇
基于 MCCPI 的决策与评价方法

第 5 章
MCCPI 及其获取工具

多准则关联偏好信息（multiple criteria correlation preference information，MCCPI）是指由细化菱形比较法得出的一组二维偏好信息（Wu et al，2015）。

5.1 细化偏好菱形

本节研究偏好表示菱形的细化与决策者二维偏好成对比较法。

如图 5.1 所示菱形即为第 4 章 DPC 方法中所提出的决策者偏好表示的菱形获取工具。但在实际操作中，决策者很难准确判断给定点到底反映两个准则间的何种重要性程度和交互作用程度。为了更好地辅助决策者得到一个较为准确合理的判断值，可以将上述菱形细化为图形，如图 5.2 所示，用于标识两两准则间的相对重要性的程度和交互作用的性质与程度。

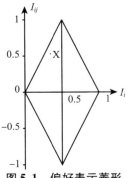

图 5.1　偏好表示菱形

75

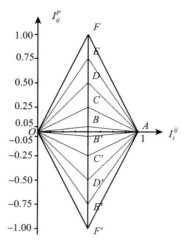

图 5.2　细化的偏好菱形

在图 5.2 中，将线段 OA 或者区间 [0，1] 分成相等的 8 份，来表示两准则间的九类相对重要性情形：

①准则 j 极端重要于准则 i，当且仅当所选点的第一个坐标属于区间 [0.00，0.125)；

②准则 j 非常重要于准则 i，当且仅当所选点的第一个坐标属于区间 [0.125，0.25)；

③准则 j 比较重要于准则 i，当且仅当所选点的第一个坐标属于区间 [0.25，0.375)；

④准则 j 稍微重要于准则 i，当且仅当所选点的第一个坐标属于区间 [0.375，0.50)；

⑤准则 j 与准则 i 重要性相等，当且仅当所选点的第一个坐标是 0.50；

⑥准则 j 稍微不重要于准则 i，当且仅当所选点的第一个坐标属于区间 (0.50，0.625]；

⑦准则 j 比较不重要于准则 i，当且仅当所选点的第一个坐标属于区间 (0.625，0.75]；

⑧准则 j 非常不重要于准则 i，当且仅当所选点的第一个坐标属于区间 (0.75，0.875]；

⑨准则 j 极端不重要于准则 i，当且仅当所选点的第一个坐标属于区间

(0.875, 1.00]。

为了确定两准则间的部分交互作用偏好值，可以将准则 i 和 j 之间的交互情形分成如下九类，如图 5.2 所示：

①交互作用几乎为零：所选点位于菱形 $OBAB'$ 内，其中，$O = (0.00, 0.00)$，$A = (1.00, 0.00)$，$B = (0.50, 0.05)$，$B' = (0.50, -0.05)$；

②存在稍微的正交互作用：所选点位于菱形 $OBAC$ 内，其中，$C = (0.50, 0.25)$；

③存在较强的正交互作用：所选点位于菱形 $OCAD$ 内，其中，$D = (0.50, 0.50)$；

④存在非常强的正交互作用：所选点位于菱形 $ODAE$ 内，其中，$E = (0.50, 0.75)$；

⑤存在极端强的正交互作用：所选点位于菱形 $OEAF$ 内，其中，$F = (0.50, 1.00)$；

⑥存在稍微的负交互作用：所选点位于菱形 $OB'AC'$ 内，其中，$C' = (0.50, -0.25)$；

⑦存在较强的负交互作用：所选点位于菱形 $OC'AD'$ 内，其中，$D' = (0.50, -0.50)$；

⑧存在非常强的负交互作用：所选点位于菱形 $OD'AE'$ 内，其中，$E' = (0.50, -0.75)$；

⑨存在极端强的负交互作用：所选点位于菱形 $OE'AF'$ 内，其中，$F' = (0.50, -1.00)$。

基于以上准则，决策者可以大致确定出任意两准则间的关系偏好信息 $MCCPI$。方便起见，I_i^{ij} 表示准则 i 相对于准则 j 的重要性程度，I_{ij}^P 表示准则 i 和 j 之间部分关联关系。经过 $\binom{n}{2}$ 次的二维成对比较，可以得到相对重要性矩阵和部分关联信息矩阵，分别设为：

$$\boldsymbol{R} = [r_{ij}]_{n \times n} = [I_i^{ij}]_{n \times n} \text{ 和 } \boldsymbol{P} = [p_{ij}]_{n \times n} = [I_{ij}^P]_{n \times n}$$

因为 $I_i^{ij} + I_j^{ij} = 1$，$I_{ij}^P = I_{ji}^P$，有 $r_{ij} + r_{ji} = 1$，$p_{ij} = p_{ji}$。一致起见，设定 $r_{ii} = \dfrac{1}{2}$，$i = 1, 2, \cdots, n$。

5.2 二维 MCCPI 刻度表

如果仔细研究图 5.2，不难发现，即便是在同一类型的相对重要程度和同一交互作用类型的区域内，也可以选择不同的点来表示这种状态。那么不同的点会导致不同偏好信息，进而可能影响到最终的非可加测度值，最终有可能影响到各方案的综合评价值。因此，能否对不同类型的相对重要性程度和不同类型的交互作用类型和程度进行标准化赋值，也成为一个需要解决的问题。

受层次分析法的 $1 \sim 9$ 计分刻度的启发，可以得到如表 5.1 所示的二维（相对重要性和部分关联信息）偏好信息。在表 5.1 中，可行的相对重要性的中值和部分关联信息的中值被选做代表值，来统一刻画各类型的偏好信息。例如，准则 j 极端重要于准则 i 的区间为 $[0.00, 0.125)$，而 0.0625 则被选做代表值；若两准则间"极端正的交互作用"，则对应于区间 $(1.5\min(I_i^{ij}, 1 - I_i^{ij}), 2\min(I_i^{ij}, 1 - I_i^{ij})]$，故 $1.75\min(I_i^{ij}, 1 - I_i^{ij})$ 就被选做了代表值。

表 5.1 二维 MCCPI 刻度表

Relative importance of criterion i to j	
Nine categories	Scale value of I_i^{ij}
extremely less important	0.0625
very strongly less important	0.1875
strongly less important	0.3125
slightly less important	0.4375
equally important	0.5000
slightly more important	0.5625
strongly more important	0.6875
very strongly more important	0.8125
extremely more important	0.9375

续表

Partial interaction between i and j	
Nine categories	Scale value of I_{ij}^P
extremely positive	$1.75\min(I_i^{ij},\ 1-I_i^{ij})$
very strongly positive	$1.25\min(I_i^{ij},\ 1-I_i^{ij})$
strongly positive	$0.75\min(I_i^{ij},\ 1-I_i^{ij})$
slightly positive	$0.3\min(I_i^{ij},\ 1-I_i^{ij})$
almost zero	0.000
slightly negative	$-0.3\min(I_i^{ij},\ 1-I_i^{ij})$
strongly negative	$-0.75\min(I_i^{ij},\ 1-I_i^{ij})$
very strongly negative	$-1.25\min(I_i^{ij},\ 1-I_i^{ij})$
extremely negative	$-1.75\min(I_i^{ij},\ 1-I_i^{ij})$

5.3 数 值 算 例

例 5.1 （Wu et al，2015）考虑此多准则决策问题，假定决策者需要按对表 5.2 所列的汽车进行排序。在表 5.2 中，第 1 行表示汽车的品牌和类型，2～5 行为各车型在各准则上的评价值：第一，价格；第二，0～100 公里/小时加速时间；第三，最大时速；第四，百公里油耗。

表 5.2　　　　　　　　　各车型在各准则上的评价值

项目	Car A	Car B	Car C	Car D	Car E	Car F	Car G
价格	0.153	0.065	0.823	0.941	0.675	0.876	0.922
0～100 公里/小时加速时间	0.586	0.902	0.557	0.629	0.689	0.271	0.734
最大时速	0.483	0.854	0.493	0.521	0.472	0.277	0.712
百公里油耗	0.845	0.417	0.521	0.816	0.611	0.758	0.691

决策者认为：

①准则 1 非常重要于准则 2，其间存在极端强的正交互作用；

②准则 1 非常重要于准则 3，其间存在较强的正交互作用；

③准则 1 稍微重要于准则 4，其间存在非常强的负交互作用；

④准则 2 非常重要于准则 3，其间存在稍微的负交互作用；

⑤准则 2 非常重要于准则 4，其间存在较强的负交互作用；

⑥准则 4 非常重要于准则 3，其间存在较强的正交互作用。

经过 6 次二维成对比较，决策通过细化菱形获得 MCCPI 信息，如图 5.3 所示。

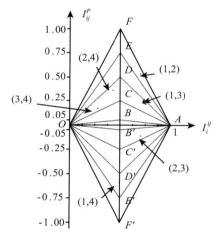

图 5.3   四个准则间二维决策者关联偏好信息

可以获得如下相对重要性矩阵和部分关联信息矩阵：

$$R = \begin{bmatrix} 0.500 & 0.667 & 0.700 & 0.471 \\ 0.333 & 0.500 & 0.667 & 0.400 \\ 0.300 & 0.333 & 0.500 & 0.250 \\ 0.429 & 0.600 & 0.750 & 0.500 \end{bmatrix}$$

$$P = \begin{bmatrix} - & 0.550 & 0.230 & -0.610 \\ 0.550 & - & -0.130 & 0.340 \\ 0.230 & -0.130 & - & 0.150 \\ -0.610 & 0.340 & 0.150 & - \end{bmatrix}$$

下面简要说明用二维刻度表来确定 MCCPI 信息。例如，准则 1 非常重要于准则 2，其间存在极端强的正交互作用。这种关系可以概括为二维语言向量（非常重要，极端正），在本例中，选择了（0.667，0.550）来表示这种关系，见图 5.3 或矩阵 $\boldsymbol{R}$ 和矩阵 $\boldsymbol{P}$。其实，根据上节所列规则，（非常重要，极端正）对应于由线 $I_1 = 0.625$，$I_1 = 0.750$，AE 及 AF 组成的区域：$R^{(sm,ep)} = \{0.625 < I_1^{12} \leqslant 0.75, \ 1.5(1 - I_1^{12}) \leqslant I_{12}^P \leqslant 2(1 - I_1^{12})\}$。依据表 5.2 所示的二维 MCCPI 刻度表，可以计算出其对应的代表值为（0.6875，1.75min（0.6875，1 - 0.6875））=（0.6875，0.5467）。类似地，可以得到基于二维 MCCPI 刻度表的 MCCPI 信息，见表 5.3 末行。

表 5.3 利用二维刻度表所得的 MCCPI 信息

准则	1 vs 2	1 vs 3	1 vs 4	2 vs 3	2 vs 4	3 vs 4
MCCPI	(strongly more, extremely positive)	(strongly more, strongly positive)	(slightly less, strongly negative)	(strongly more, slightly negative)	(slightly less, strongly positive)	(strongly less, strongly positive)
选定区域	$\{0.625 < I_1^{12} \leq 0.75,\ 1.5(1-I_1^{12}) \leq I_{12}^P \leq 2(1-I_1^{12})\}$	$\{0.625 < I_1^{13} \leq 0.75,\ 0.5(1-I_1^{13}) \leq I_{13}^P \leq (1-I_1^{13})\}$	$\{0.375 \leq I_1^{14} < 0.50,\ -1.5I_1^{14} \leq I_{14}^P \leq -I_1^{14}\}$	$\{0.625 < I_2^{23} \leq 0.75,\ -0.5(1-I_2^{23}) \leq I_{23}^P \leq -0.1(1-I_2^{23})\}$	$\{0.375 \leq I_2^{24} < 0.50,\ 0.5I_2^{24} \leq I_{24}^P \leq I_2^{24}\}$	$\{0.25 \leq I_3^{34} < 0.375,\ 0.5I_3^{34} \leq I_{34}^P \leq I_3^{34}\}$
图 5.3 中被选点	(0.667, 0.550)	(0.700, 0.230)	(0.471, -0.610)	(0.667, -0.130)	(0.400, 0.340)	(0.250, 0.150)
二维刻度值	(0.6875, 0.5467)	(0.6875, 0.2343)	(0.4375, -0.5469)	(0.6875, -0.0938)	(0.4375, 0.3281)	(0.3125, 0.2344)

第 6 章

基于 MCCPI 的 2 序可加测度确定方法

本章首先给出基于 MCCPI 的可加测度（权重向量）确定方法，进而提出 MCCPI 的 2 序可加测度确定方法。

为了便于理解，可以首先考虑一个简单的情形，即 1 序可加的情形，即从相对重要性矩阵中得到权重向量。

6.1　1 序可加测度确定方法

在 1 序可加的情形下，只须考虑准则间的相对重要性矩阵，而忽略准则间的交互作用。设准则权重向量为 $\omega = (I_1,\ I_2,\ \cdots,\ I_n)$，其中，$I_i$ 是准则 $i \in N$ 的沙普利重要性值。整个权重确定过程可以描述为如下情形：

$$\boldsymbol{R} = \left[r_{ij} \right]_{n \times n} = \begin{bmatrix} \dfrac{1}{2} & I_1^{12} & \cdots & I_1^{1n} \\[2mm] I_2^{21} & \dfrac{1}{2} & \cdots & I_2^{2n} \\[2mm] \vdots & \vdots & & \vdots \\[2mm] I_n^{n1} & I_2^{n2} & \cdots & \dfrac{1}{2} \end{bmatrix} \rightarrow \begin{bmatrix} I_1 \\ I_2 \\ \vdots \\ I_n \end{bmatrix}$$

如果相对重要性矩阵是"完全一致的"，那么下面等式应该满足

$$r_{ij} = I_i^{ij} = \frac{I_i}{I_i + I_j} \tag{6.1}$$

$$r_{ji} = I_j^{ij} = \frac{I_j}{I_i + I_j} \tag{6.2}$$

基于最小二乘原则，可以构建如下非线性规划，记为 $LS - \mathrm{I}$：

$$(LS - \mathrm{I}): \min Z_1 = \sum_{i \in N} \sum_{j \in N \setminus \{i\}} \left(r_{ij} - \frac{I_i}{I_i + I_j} \right)^2$$

$$\mathrm{s.\,t.} \quad I_1 + I_2 + \cdots + I_n = 1$$

考虑到 $r_{ji} = 1 - r_{ij}$ 和

$$\frac{I_j}{I_i + I_j} = 1 - \frac{I_i}{I_i + I_j}$$

有

$$\left(r_{ji} - \frac{I_j}{I_i + I_j} \right)^2 = \left[1 - r_{ij} - \left(1 - \frac{I_i}{I_i + I_j} \right) \right]^2 = \left(r_{ij} - \frac{I_i}{I_i + I_j} \right)^2$$

因此，上述模型可以等价地表述为模型 $LS - \mathrm{I}'$：

$$(LS - \mathrm{I}'): \min Z_1 = 2 \sum_{i=1}^{n-1} \sum_{j>i}^{n} \left(r_{ij} - \frac{I_i}{I_i + I_j} \right)^2$$

$$\mathrm{s.\,t.} \quad I_1 + I_2 + \cdots + I_n = 1$$

6.2 2 序可加测度确定方法

本节从相对重要性矩阵 $\boldsymbol{R}$ 和部分关联信息矩阵 $\boldsymbol{P}$ 来确定 2 序可加测度。设 μ 为 $N = \{1, 2, \cdots, n\}$ 上最终所求得的 2 序可加测度，I_i 和 $I_{ij}(i, j = 1, 2, \cdots, n, i \neq j)$ 分别是各准则的沙普利重要性程度和两准则间的沙普利交互作用指标。则 2 序可加测度的确定过程可以描述为：

$$\boldsymbol{R} = [r_{ij}]_{n \times n} = \begin{bmatrix} \frac{1}{2} & I_1^{12} & \cdots & I_1^{1n} \\ I_2^{21} & \frac{1}{2} & \cdots & I_2^{2n} \\ \vdots & \vdots & & \vdots \\ I_n^{n1} & I_2^{n2} & \cdots & \frac{1}{2} \end{bmatrix} \rightarrow \begin{bmatrix} I_1 \\ I_2 \\ \vdots \\ I_n \end{bmatrix}$$

$$\boldsymbol{P} = \left[p_{ij} \right]_{n \times n} = \begin{bmatrix} - & I_{21}^P & \cdots & I_{n1}^P \\ I_{21}^P & - & \cdots & I_{n2}^P \\ \vdots & \vdots & & \vdots \\ I_{n1}^P & I_{n2}^P & \cdots & - \end{bmatrix} \rightarrow \begin{bmatrix} - & I_{21} & \cdots & I_{n1} \\ I_{21} & - & \cdots & I_{n2} \\ \vdots & \vdots & & \vdots \\ I_{n1} & I_{n2} & \cdots & - \end{bmatrix}$$

如果相对重要性矩阵和部分关联信息矩阵都是"完全一致的",除了上述式（6.1），式（6.2）满足外，还应满足下式

$$p_{ij} = I_{ij}^P = \frac{I_{ij}}{I_i + I_j} \tag{6.3}$$

在式（6.1），式（6.2）和式（6.3）中，左端表示了决策的偏好信息，右端则表示了有关 2 序可加测度的相关信息。在现实情况下，等式两端不可避免地存在一些偏差，即在决策者的关联偏好信息与最终 2 序可加测度之间存在着一些偏差。

如果用欧氏距离来衡量这些偏差，就可以构建如下基于最小二次方差原则的非线性规划模型，记为 $LS - \mathrm{II}$:

$$(LS - \mathrm{II}) : \min Z_2 = \sum_{i \in N} \sum_{j \in N \setminus \{i\}} \left[\left(r_{ij} - \frac{I_i}{I_i + I_j} \right)^2 + \left(p_{ij} - \frac{r_{ij}}{I_i + I_j} \right)^2 \right]$$

$$\mathrm{s.\,t.} \begin{cases} \sum_{i=1}^n I_i = 1 \\ I_i - \frac{1}{2} \sum_{j \in N \setminus A} I_{ij} + \frac{1}{2} \sum_{j \in A \setminus i} I_{ij} \geqslant 0 \ \text{for} \ \forall A \subseteq N \ \text{and} \ \forall i \in A \\ I_{ij} = I_{ji} \\ i, j = 1, 2, \cdots, n, \ i \neq j \end{cases}$$

其中，模型中的目标函数是式（6.1），式（6.2）和式（6.3）中左右两端二次偏差的和。

因 $\left(r_{ji} - \dfrac{I_j}{I_i + I_j} \right)^2 = \left(r_{ij} - \dfrac{I_i}{I_i + I_j} \right)^2$ 和 $p_{ji} - \dfrac{I_{ji}}{I_j + I_i} = p_{ij} - \dfrac{I_{ij}}{I_i + I_j}$ ，模型 $LS - \mathrm{II}$ 可以等价表述为 $LS - \mathrm{II}'$:

$$(LS - \mathrm{II}') : \min Z_2 = 2 \sum_{i=1}^{n-1} \sum_{j>i}^{n} \left[\left(r_{ij} - \frac{I_i}{I_i + I_j} \right)^2 + \left(p_{ij} - \frac{I_{ij}}{I_i + I_j} \right)^2 \right]$$

$$\text{s. t.} \begin{cases} \sum_{i=1}^{n} I_i = 1, \ i = 1, 2, \cdots, n \\ A(I_1, I_{12}, I_{13}, \cdots, I_{1n})^T \geqslant 0 \\ A(I_i, I_{1i}, \cdots, I_{[i-1][i]}, I_{[i][i+1]}, \cdots, I_{in})^T \geqslant 0 \ \text{for} \ i = 2, 3, \cdots, n-1 \\ A(I_n, I_{1n}, I_{2n}, \cdots, I_{[n-1][n]})^T \geqslant 0 \end{cases}$$

其中，$A = [a_{ij}]_{2^{n-1} \times n}$，$a_{ij} = 1$ if $j = 1$ 且 $a_{ij} = (-1)^{bitget(dec2bin(i-1), j-1)}$ if $j = 2$, $3, \cdots, n$, 函数 "bitget(a, k)" 返回字符串 a 的第 k 位的值，函数 "dec2bin(a)" 返回数 a 的二进制表示并且作为一个字符串。显然，模型 $LS - \text{II}'$ 包含了 $2^{n-1}n + 1$ 个约束条件。方便起见，记 $I = (I_1, I_2, \cdots, I_n, I_{12}, I_{13}, \cdots, I_{[n-1][n]})$。

由式（6.1），式（6.2）和式（6.3），可得

$$r_{ij} = \frac{I_i}{I_i + I_j} \Rightarrow r_{ij}(I_i + I_j) = I_i, \quad r_{ji} = \frac{I_j}{I_i + I_j} \Rightarrow r_{ji}(I_i + I_j) = I_j,$$

$$p_{ij} = \frac{I_{ij}}{I_i + I_j} \Rightarrow p_{ij}(I_i + I_j) = I_{ij}$$

因此，可构建如下基于最小二乘原则的非线性模型 $LS - \text{III}$：

$$(LS - \text{III}): \ \min Z_3 = \sum_{i \in N} \sum_{j \in N \setminus \{i\}} \left[(r_{ij}(I_i + I_j) - I_i)^2 + (p_{ij}(I_i + I_j) - I_{ij})^2 \right]$$

$$\text{s. t.} \begin{cases} \sum_{i=1}^{n} I_i = 1 \\ I_i - \frac{1}{2} \sum_{j \in N \setminus A} I_{ij} + \frac{1}{2} \sum_{j \in A \setminus i} I_{ij} \geqslant 0 \ \text{for} \ \forall A \subseteq N \ \text{and} \ \forall i \in A \\ I_{ij} = I_{ji} \\ i, j = 1, 2, \cdots, n, \ i \neq j \end{cases}$$

因为

$$\left[r_{ji}(I_i + I_j) - I_j \right]^2 = \left[(1 - r_{ij})(I_i + I_j) - I_j \right]^2 = \left[(I_i + I_j) - r_{ij}(I_i + I_j) - I_j \right]^2$$

$$= \left[I_i - r_{ij}(I_i + I_j) \right]^2 = \left[r_{ij}(I_i + I_j) - I_i \right]^2$$

模型 $LS - \text{III}$ 等价表述为 $LS - \text{III}'$：

$$(LS - \text{III}'): \ \min Z_3 = 2 \sum_{i=1}^{n-1} \sum_{j > i}^{n} \left[(r_{ij}(I_i + I_j) - I_i)^2 + (p_{ij}(I_i + I_j) - I_{ij})^2 \right]$$

$$\text{s. t.} \begin{cases} \sum_{i=1}^{n} I_i = 1, \ i = 1, 2, \cdots, n \\ \boldsymbol{A}(I_1, I_{12}, I_{13}, \cdots, I_{1n})^T \geqslant 0 \\ \boldsymbol{A}(I_i, I_{1i}, \cdots, I_{[i-1][i]}, I_{[i][i+1]}, \cdots, I_{in})^T \geqslant 0, \ \text{for } i = 2, 3, \cdots, n-1 \\ \boldsymbol{A}(I_n, I_{1n}, I_{2n}, \cdots, I_{[n-1][n]})^T \geqslant 0 \end{cases}$$

其中，$\boldsymbol{A} = [a_{ij}]_{2^{n-1} \times n}$ 同于模型 $LS - \text{II}$。模型 $LS - \text{III}'$ 仍包含 $2^{n-1} n + 1$ 个线性约束条件。

此外，通过引入目标偏差变量，模型 $LS - \text{III}'$ 可以转化成一个线性规划模型。设 $r_{ij}(I_i + I_j) - I_i + d_{ij}^- - d_{ij}^+ = 0$，$p_{ij}(I_i + I_j) - I_{ij} + e_{ij}^- - e_{ij}^+ = 0$，其中，$d_{ij}^-$，$d_{ij}^+$，$e_{ij}^-$，$e_{ij}^+ \geqslant 0$ 目标偏差变量。因此，基于最小绝对偏差准则，可得如下线性规划模型，记为 $LP - \text{I}$：

$$(LP - \text{I}): \min Z_4 = \sum_{i=1}^{n-1} \sum_{j>i}^{n} (d_{ij}^- + d_{ij}^+ + e_{ij}^- - e_{ij}^+)$$

$$\text{s. t.} \begin{cases} \sum_{i=1}^{n} I_i = 1, i = 1, 2, \cdots, n \\ \boldsymbol{A}(I_1, I_{12}, I_{13}, \cdots, I_{1n})^T \geqslant 0 \\ \boldsymbol{A}(I_i, I_{1i}, \cdots, I_{[i-1][i]}, I_{[i][i+1]}, \cdots, I_{in})^T \geqslant 0, \ \text{for } i = 2, 3, \cdots, n-1 \\ \boldsymbol{A}(I_n, I_{1n}, I_{2n}, \cdots, I_{[n-1][n]})^T \geqslant 0 \\ r_{ij}(I_i + I_j) - I_i + d_{ij}^- - d_{ij}^+ = 0 \\ p_{ij}(I_i + I_j) - I_{ij} + e_{ij}^- - e_{ij}^+ = 0 \end{cases}$$

其中，$\boldsymbol{A} = [a_{ij}]_{2^{n-1} \times n}$ 同于模型 $LS - \text{II}$，d_{ij}^-，d_{ij}^+，e_{ij}^-，$e_{ij}^+ \geqslant 0$。模型 $LP - \text{I}$ 包含 $2^{n-1} n + 2 \binom{n}{2} + 1$ 个约束条件。

模型 $LP - \text{I}$ 本质等同于如下非线性模型：

$$(NP - \text{I}): \min Z_4' = \sum_{i=1}^{n-1} \sum_{j>i}^{n} \left[|r_{ij}(I_i + I_j) - I_i| + |p_{ij}(I_i + I_j) - I_{ij}| \right]$$

$$
\begin{cases}
\sum_{i=1}^{n} I_i = 1, \; i = 1, 2, \cdots, n \\
\boldsymbol{A}(I_1, \; I_{12}, \; I_{13}, \; \cdots, \; I_{1n})^T \geqslant 0 \\
\boldsymbol{A}(I_i, \; I_{1i}, \; \cdots, \; I_{[i-1][i]}, \; I_{[i][i+1]}, \; \cdots, \; I_{in})^T \geqslant 0 \text{ for } i = 2, 3, \cdots, n-1 \\
\boldsymbol{A}(I_n, \; I_{1n}, \; I_{2n}, \; \cdots, \; I_{[n-1][n]})^T \geqslant 0
\end{cases}
$$

其中，$\boldsymbol{A} = [a_{ij}]_{2^{n-1} \times n}$ 同于模型 $LS - \mathrm{II}$。

最后，将基于 MCCPI 的 2 序可加测度确定方法的步骤总结如下：

第一步，得到 MCCPI 信息，即相对重要性矩阵和部分关联信息矩阵。

第二步，选择合适的模型，得到其最优解：$I^* = (I_1^*, \; I_2^*, \; \cdots, \; I_n^*, \; I_{12}^*, \; I_{13}^*, \; \cdots, \; I_{[n-1][n]}^*)$。

第三步，通过如下公式，得到相应的默比乌斯表示：

$$
m_\mu^*(\{i\}) = I_i^* - \frac{1}{2} \sum_{j \in N \setminus \{i\}} I_{ij}^* \text{ for } \forall i \in N
$$

$$
m_\mu^*(\{i, j\}) = I_{ij}^* \text{ for } \forall i, j \in N \text{ and } i \neq j
$$

第四步，通过正式得到最终 2 序可加测度

$$
\mu^*(A) = \sum_{B \subseteq A} m_\mu^*(B) = \sum_{i \in A} m_\mu^*(\{i\}) + \sum_{i,j \in A} m_\mu^*(\{i, j\}) \text{ for } \forall A \subseteq N
$$

6.3 数 值 算 例

例 6.1 （续例 5.1）基于决策者的 6 次二维成对比较，得到了图 5.3 所示的偏好信息和如下相对重要性矩阵和部分关联信息矩阵：

$$
\boldsymbol{R} = \begin{bmatrix} 0.500 & 0.667 & 0.700 & 0.471 \\ 0.333 & 0.500 & 0.667 & 0.400 \\ 0.300 & 0.333 & 0.500 & 0.250 \\ 0.429 & 0.600 & 0.750 & 0.500 \end{bmatrix}
$$

$$
\boldsymbol{P} = \begin{bmatrix} - & 0.550 & 0.230 & -0.610 \\ 0.550 & - & -0.130 & 0.340 \\ 0.230 & -0.130 & - & 0.150 \\ -0.610 & 0.340 & 0.150 & - \end{bmatrix}
$$

由相对重要性矩阵 $\boldsymbol{R}$，采用如下模型 $LS - \mathrm{I}'$

$$(LS - \mathrm{I}'): \ \min Z_1 = 2\left(0.667 - \frac{I_1}{I_1 + I_2}\right)^2 + 2\left(0.700 - \frac{I_1}{I_1 + I_3}\right)^2$$

$$+ 2\left(0.471 - \frac{I_1}{I_1 + I_4}\right)^2 + 2\left(0.667 - \frac{I_2}{I_2 + I_3}\right)^2$$

$$+ 2\left(0.400 - \frac{I_2}{I_2 + I_4}\right)^2 + 2\left(0.250 - \frac{I_3}{I_3 + I_4}\right)^2$$

$$\text{s. t.} \quad I_1 + I_2 + I_3 + I_4 = 1$$

求解得 $\boldsymbol{\omega}^* = (I_1^*, \ I_2^*, \ I_3^*, \ I_4^*) = (0.331, \ 0.207, \ 0.118, \ 0.344)$。

基于相对重要性矩阵 $\boldsymbol{R}$ 和部分关联信息矩阵 $\boldsymbol{P}$，可构建如下模型 $LS - \mathrm{II}'$，$LS - \mathrm{III}'$ 和 $LP - \mathrm{I}$：

$$(LS - \mathrm{II}'): \ \min Z_2 = 2\left(0.667 - \frac{I_1}{I_1 + I_2}\right)^2 + 2\left(0.700 - \frac{I_1}{I_1 + I_3}\right)^2$$

$$+ 2\left(0.471 - \frac{I_1}{I_1 + I_4}\right)^2 + 2\left(0.667 - \frac{I_2}{I_2 + I_3}\right)^2$$

$$+ 2\left(0.400 - \frac{I_2}{I_2 + I_4}\right)^2 + 2\left(0.250 - \frac{I_3}{I_3 + I_4}\right)^2$$

$$+ 2\left(0.550 - \frac{I_{12}}{I_1 + I_2}\right)^2 + 2\left(0.230 - \frac{I_{13}}{I_1 + I_3}\right)^2$$

$$+ 2\left(-0.610 - \frac{I_{14}}{I_1 + I_4}\right)^2 + 2\left(-0.130 - \frac{I_{23}}{I_2 + I_3}\right)^2$$

$$+ 2\left(0.340 - \frac{I_{24}}{I_2 + I_4}\right)^2 + 2\left(0.150 - \frac{I_{34}}{I_3 + I_4}\right)^2$$

s. t.

$$I_1 + I_2 + I_3 + I_4 = 1$$

$$\boldsymbol{A}(I_1, \ I_{12}, \ I_{13}, \ I_{14})^T \geqslant 0, \ \boldsymbol{A}(I_2, \ I_{12}, \ I_{23}, \ I_{24})^T \geqslant 0$$

$$\boldsymbol{A}(I_3, \ I_{13}, \ I_{23}, \ I_{34})^T \geqslant 0, \ \boldsymbol{A}(I_4, \ I_{14}, \ I_{24}, \ I_{34})^T \geqslant 0$$

其中，

$$A = \begin{bmatrix} 1 & \frac{1}{2} & \frac{1}{2} & \frac{1}{2} \\ 1 & \frac{1}{2} & \frac{1}{2} & -\frac{1}{2} \\ 1 & \frac{1}{2} & -\frac{1}{2} & \frac{1}{2} \\ 1 & \frac{1}{2} & -\frac{1}{2} & -\frac{1}{2} \\ 1 & -\frac{1}{2} & \frac{1}{2} & \frac{1}{2} \\ 1 & -\frac{1}{2} & \frac{1}{2} & -\frac{1}{2} \\ 1 & -\frac{1}{2} & -\frac{1}{2} & \frac{1}{2} \\ 1 & -\frac{1}{2} & -\frac{1}{2} & -\frac{1}{2} \end{bmatrix}$$

$(LS-Ⅲ')$：$\min Z_3 = 2(0.667(I_1 + I_2) - I_1)^2$
$+ 2(0.700(I_1 + I_3) - I_1)^2 + 2(0.471(I_1 + I_4) - I_1)^2$
$+ 2(0.667(I_2 + I_3) - I_2)^2 + 2(0.400(I_2 + I_4) - I_2)^2$
$+ 2(0.250(I_3 + I_4) - I_3)^2 + 2(0.550(I_1 + I_2) - I_{12})^2$
$+ 2(0.230(I_1 + I_3) - I_{13})^2 + 2(-0.610(I_1 + I_4) - I_{14})^2$
$+ 2(-0.130(I_2 + I_3) - I_{23})^2 + 2(0.340(I_2 + I_4) - I_{24})^2$
$+ 2(0.150(I_3 + I_4) - I_{34})^2$

s. t.

$$I_1 + I_2 + I_3 + I_4 = 1$$

$$\boldsymbol{A}(I_1, I_{12}, I_{13}, I_{14})^T \geqslant 0, \quad \boldsymbol{A}(I_2, I_{12}, I_{23}, I_{24})^T \geqslant 0$$

$$\boldsymbol{A}(I_3, I_{13}, I_{23}, I_{34})^T \geqslant 0, \quad \boldsymbol{A}(I_4, I_{14}, I_{24}, I_{34})^T \geqslant 0$$

其中，$\boldsymbol{A}$ 同模型 $LS-Ⅱ'$。

$(LP-Ⅰ)$：$\min Z_4 = d_{12}^- + d_{12}^+ + d_{13}^- + d_{13}^+ + d_{14}^- + d_{14}^+ + d_{23}^- + d_{23}^+ + d_{24}^- + d_{24}^+ + d_{34}^- + d_{34}^+$
$+ e_{12}^- + e_{12}^+ + e_{13}^- + e_{13}^+ + e_{14}^- + e_{14}^+ + e_{23}^- + e_{23}^+ + e_{24}^- + e_{24}^+ + e_{34}^- + e_{34}^+$

s. t.

$$I_1 + I_2 + I_3 + I_4 = 1$$

$$A(I_1, I_{12}, I_{13}, I_{14})^T \geq 0, \quad A(I_2, I_{12}, I_{23}, I_{24})^T \geq 0$$

$$A(I_3, I_{13}, I_{23}, I_{34})^T \geq 0, \quad A(I_4, I_{14}, I_{24}, I_{34})^T \geq 0$$

$$0.667(I_1 + I_2) - I_1 - d_{12}^- - d_{12}^+ = 0, \quad 0.700(I_1 + I_3) - I_1 + d_{13}^- - d_{13}^+ = 0$$

$$0.471(I_1 + I_4) - I_1 + d_{14}^- - d_{14}^+ = 0, \quad 0.667(I_2 + I_3) - I_2 + d_{23}^- - d_{23}^+ = 0$$

$$0.400(I_2 + I_4) - I_2 + d_{24}^- - d_{24}^+ = 0, \quad 0.250(I_3 + I_4) - I_3 + d_{34}^- - d_{34}^+ = 0$$

$$0.550(I_1 + I_2) - I_{12} + e_{12}^- - e_{12}^+ = 0, \quad 0.230(I_1 + I_3) - I_{13} + e_{13}^- - e_{13}^+ = 0$$

$$-0.610(I_1 + I_4) - I_{14} + e_{14}^- - e_{14}^+ = 0, \quad -0.130(I_2 + I_3) - I_{23} + e_{23}^- - e_{23}^+ = 0$$

$$0.340(I_2 + I_4) - I_{24} + e_{24}^- - e_{24}^+ = 0, \quad 0.150(I_3 + I_4) - I_{34} + e_{34}^- - e_{34}^+ = 0$$

其中，A 同模型 $LS - \mathrm{II}'$。

表 6.1 为上述三个模型所得最优解，表 6.2 及表 6.3 分别是对应的默比乌斯表示和 2 序可加测度。从表 6.1，表 6.2 和表 6.3 上来看，三种方法所获得 2 序可加测度值相差不大。利用肖凯积分作为集成函数，可得七种类型汽车的综合评价值与排序，如表 6.4 所示。模型 $LS - \mathrm{II}'$，$LS - \mathrm{III}'$ 和 $LP - \mathrm{I}$ 获得相同的最终排序，与模型 $LS - \mathrm{I}'$ 所获得的结果有较大差异。

表 6.1   三种方法所获得沙普利重要性和交互作用指标值

类别	$LS - \mathrm{II}'$	$LS - \mathrm{III}'$	$LP - \mathrm{I}$
I_1	0.353	0.350	0.355
I_2	0.222	0.213	0.215
I_3	0.116	0.119	0.107
I_4	0.309	0.318	0.333
I_{12}	0.255	0.251	0.205
I_{13}	0.087	0.074	0.106
I_{14}	−0.363	−0.373	−0.398
I_{23}	−0.033	−0.019	−0.042
I_{24}	0.155	0.156	0.183
I_{34}	0.064	0.066	0.065

表 6.2   三种方法所获得默比乌斯表示

子集	$LS - \mathrm{II}'$	$LS - \mathrm{III}'$	$LP - \mathrm{I}$
$m_\mu(\{1\})$	0.363	0.374	0.398
$m_\mu(\{2\})$	0.035	0.019	0.042
$m_\mu(\{3\})$	0.057	0.059	0.043
$m_\mu(\{4\})$	0.382	0.394	0.398
$m_\mu(\{1, 2\})$	0.255	0.252	0.205
$m_\mu(\{1, 3\})$	0.087	0.074	0.106
$m_\mu(\{1, 4\})$	− 0.363	− 0.374	− 0.398
$m_\mu(\{2, 3\})$	− 0.034	− 0.019	− 0.042
$m_\mu(\{2, 4\})$	0.155	0.156	0.183
$m_\mu(\{3, 4\})$	0.064	0.066	0.065

表 6.3   三种方法所获得 2 序可加测度

子集	$LS - \mathrm{II}'$	$LS - \mathrm{III}'$	$LP - \mathrm{I}$	子集	$LS - \mathrm{II}'$	$LS - \mathrm{III}'$	$LP - \mathrm{I}$
$\mu(\varnothing)$	0.000	0.000	0.000	$\mu(\{4\})$	0.382	0.394	0.398
$\mu(\{1\})$	0.363	0.373	0.398	$\mu(\{1, 4\})$	0.382	0.394	0.398
$\mu(\{2\})$	0.034	0.019	0.042	$\mu(\{2, 4\})$	0.570	0.569	0.623
$\mu(\{1, 2\})$	0.652	0.644	0.645	$\mu(\{1, 2, 4\})$	0.825	0.820	0.828
$\mu(\{3\})$	0.057	0.059	0.043	$\mu(\{3, 4\})$	0.503	0.518	0.505
$\mu(\{1, 3\})$	0.508	0.507	0.547	$\mu(\{1, 3, 4\})$	0.590	0.592	0.612
$\mu(\{2, 3\})$	0.057	0.059	0.043	$\mu(\{2, 3, 4\})$	0.658	0.674	0.688
$\mu(\{1, 2, 3\})$	0.763	0.758	0.753	$\mu(\{1, 2, 3, 4\})$	1.000	1.000	1.000

表 6.4   七种类型汽车的综合评价和排序

模型		Car A	Car B	Car C	Car D	Car E	Car F	Car G
$LS - \mathrm{I}'$	$C_\mu()$	0.511	0.448	0.620	0.776	0.626	0.632	0.772
	Ranking	6	7	5	1	4	3	2

续表

模型		Car A	Car B	Car C	Car D	Car E	Car F	Car G
$LS - \mathrm{II}'$	$C_\mu(\ )$	0.527	0.323	0.636	0.727	0.629	0.501	0.790
	Ranking	5	7	3	2	4	6	1
$LS - \mathrm{III}'$	$C_\mu(\ )$	0.536	0.329	0.639	0.730	0.628	0.508	0.791
	Ranking	5	7	3	2	4	6	1
$LP - \mathrm{I}$	$C_\mu(\ )$	0.556	0.332	0.651	0.743	0.635	0.521	0.803
	Ranking	5	7	3	2	4	6	1

如前所示，由给定的 MCCPI 信息，三种方法获得相同的排序，这说明这三种方法间具有一定的相互替代性。因此，在下面的讨论中，简单起见，可以只用模型 $LP - \mathrm{I}$，而其他模型也面临着相似的问题。

下面进一步讨论在细化菱形中的相对先要性和部分偏好信息的表示问题。例如，例 6.1 中，准则 1 非常重要于准则 2，其间存在极端强的正交互作用。这种关系可以概括为二维语言向量（非常重要，极端正），在例 6.1 中，选择了（0.667，0.550）来表示这种关系，见图 5.3 或矩阵 R 和 P。其实，根据规则，（非常重要，极端正）对应于由线 $I_1 = 0.625$，$I_1 = 0.750$，AE 及 AF 组成的区域：$R^{(sm,ep)} = \{0.625 < I_1^{12} \leqslant 0.75, 1.5(1 - I_1^{12}) \leqslant I_{12}^P \leqslant 2(1 - I_1^{12})\}$。这个区域 $R^{(sm,ep)}$ 中任意一个点都可以用来表示准则 1 与准则 2 间的（非常重要，极端正）关系。然而，选择不同的点必将求得不同的沙普利重要性和交互作用值，最终会得到决策方案的不同综合评价值和排序。简便起见，图 6.1 给出由模型 $LP - \mathrm{I}$ 给出的 20 组随机排序结果。可以看出，车 C 和车 D，车 A 和车 F 之间的排名经常会发生变化。

如何选择目标区域中合适的点就变成了一个很有挑战性的问题，故可以依据 5.2 节所给出的二维刻度表（即表 5.2）来确定 MCCPI，即得到表 5.3。如果采用表 5.3 中所示的 MCCPI 信息，再利用模型 $LP - \mathrm{I}$ 求解，可以得到如表 6.5 所示的各车型的综合评价值和排序结果。这一结果与表 6.4 中所示结果一致，并且车 C 和车 E 的结果非常接近。

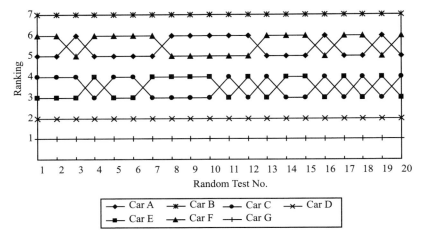

图 6.1　20 次随机实验所得的七种车型的排序结果

表 6.5　　　　利用二维刻度表信息所获得七车型的综合评价值与排序

模型		Car A	Car B	Car C	Car D	Car E	Car F	Car G
$LP-\text{I}$	$C_\mu()$	0.498	0.313	0.620	0.702	0.618	0.463	0.779
	Ranking	5	7	3	2	4	6	1

| 第 7 章 |
基于 MCCPI 的一般非可加测度确定方法

2 序可加测度只适用于描述一类特殊的决策情况，即只考虑两两准则的交互作用，在实际应用中具有一定的局限性，而一般非可加测度具有更广泛的描述能力，本章给出基于 MCCPI 的一般非可加测度确定方法。

7.1 算法模型及步骤

考虑前一章的模型，在各种模型中，其目标函数是使得决策者偏好信息与最优非可加测度之间偏差最小，而其约束条件则由交互用指标构成的 2 序可加测度的充要条件。因此，基于 MCCPI 得到一般的非可加测度，可以保留目标函数而直接将约束条件改为非可加测度的充要条件。因默比乌斯表示在表述模型的目标函数及约束条件上具有一定的优势，可以将相关模型表述为默比乌斯表示的形式。

如果采用二阶偏差，可得如下一般非可加测度的最小二乘模型：

$$(LS - \mathrm{I}_{NEW}): \min Z_1 = \sum_{i \in N} \sum_{j \in N \setminus \{i\}} \left[\left(r_{ij} - \frac{I_{m_\mu}(i)}{I_{m_\mu}(i) + I_{m_\mu}(j)} \right)^2 \right.$$
$$\left. + \left(p_{ij} - \frac{I_{m_\mu}(\{i, j\})}{I_{m_\mu}(i) + I_{m_\mu}(j)} \right)^2 \right]$$

$$\mathrm{s.\,t.} \begin{cases} m_\mu(\varnothing) = 0, \sum_{A \subseteq N} m_\mu(A) = 1 \\ \sum_{B \subseteq A, i \in B} m_\mu(B) \geqslant 0, \forall A \subseteq N, \forall i \in A \end{cases}$$

又因 $I_\mu(i) > 0$，$\forall i \in N$，则上述模型可等价表述为如下模型：

$$(LS - \mathrm{II}_{NEW}) : \min Z_1 =$$

$$\sum_{i \in N} \sum_{j \in N \setminus \{i\}} \left[\left(r_{ij}(I_{m_\mu}(i) + I_{m_\mu}(j)) - I_{m_\mu}(i) \right)^2 + \left(p_{ij}(I_{m_\mu}(i) + I_{m_\mu}(j)) - I_{m_\mu}(\{i + j\}) \right)^2 \right]$$

$$\text{s. t.} \begin{cases} m_\mu(\varnothing) = 0, \sum_{A \subseteq N} m_\mu(A) = 1 \\ \sum_{B \subseteq A, i \in B} m_\mu(B) \geq 0, \forall A \subseteq N, \forall i \in A \end{cases}$$

如果采用绝对偏差，则上述模型可以表述为：

$$(NP_{New}) : \min Z_1 =$$

$$\sum_{i \in N} \sum_{j \in N \setminus \{i\}} \left[\left| r_{ij}(I_{m_\mu}(i) + I_{m_\mu}(j)) - I_{m_\mu}(i) \right| + \left| p_{ij}(I_{m_\mu}(i) + I_{m_\mu}(j)) - I_{m_\mu}(\{i, j\}) \right| \right]$$

$$\text{s. t.} \begin{cases} m_\mu(\varnothing) = 0, \sum_{A \subseteq N} m_\mu(A) = 1 \\ \sum_{B \subseteq A, i \in B} m_\mu(B) \geq 0, \forall A \subseteq N, \forall i \in A \end{cases}$$

再引入正负偏差变量，可以得到如下多目标线性规划模型：

$$(LP_{NEW}) : \min Z_4 = \sum_{i=1}^{n-1} \sum_{j>i}^{n} (d_{ij}^- + d_{ij}^+ + e_{ij}^- + e_{ij}^+)$$

$$\text{s. t.} \begin{cases} m_\mu(\varnothing) = 0, \sum_{A \subseteq N} m_\mu(A) = 1 \\ \sum_{B \subseteq A, i \in B} m_\mu(B) \geq 0, \forall A \subseteq N, \forall i \in A \\ r_{ij}(I_{m_\mu}(i) + I_{m_\mu}(j)) - I_{m_\mu}(i) + d_{ij}^- - d_{ij}^+ = 0 \\ p_{ij}(I_{m_\mu}(i) + I_{m_\mu}(j)) - I_{m_\mu}(\{i, j\}) + e_{ij}^- - e_{ij}^+ = 0 \end{cases}$$

其中，d_{ij}^-，d_{ij}^+，e_{ij}^-，$e_{ij}^+ \geq 0$，$d_{ij}^- \times d_{ij}^+ = 0$，$e_{ij}^- \times e_{ij}^+ = 0$。

总之，基于 MCCPI 的一般非可加测度确定方法可以归纳如下：

第一步：通过细化菱形成对比较法或二维刻度表来获取 MCCPI 信息，得到相对重要性矩阵和部分偏好信息表。

第二步：选择相应的优化模型，求解得到最优默比乌斯表示，记为 $m_\mu^*(A)$，$A \subseteq N$。

第三步，通过如下公式得到相应的非可加测度 μ^*：

$$\mu^*(A) = \sum_{B \subseteq A} m_\mu^*(B), \forall A \subseteq N$$

并得到相应的沙普利重要性及交互作用指标：

$$I_{m_\mu}(A) = \sum_{B \subseteq N \setminus A} \frac{1}{|B| + 1} m_\mu^* (A \cup B)$$

7.2 数 值 算 例

例 7.1 （续例 6.1）基于决策者给定的图 5.3 所示的 MCCPI 以及如下相对重要性矩阵和部分关联信息矩阵：

$$R = \begin{bmatrix} 0.500 & 0.667 & 0.700 & 0.471 \\ 0.333 & 0.500 & 0.667 & 0.400 \\ 0.300 & 0.333 & 0.500 & 0.250 \\ 0.429 & 0.600 & 0.750 & 0.500 \end{bmatrix}$$

$$P = \begin{bmatrix} - & 0.550 & 0.230 & -0.610 \\ 0.550 & - & -0.130 & 0.340 \\ 0.230 & -0.130 & - & 0.150 \\ -0.610 & 0.340 & 0.150 & - \end{bmatrix}$$

可以构建模型 $LS - \mathrm{I}_{NEW}$，$LS - \mathrm{II}_{NEW}$，LP_{NEW} 等。例如，模型 LP_{NEW} 可以表述如下：

$$(LP_{NEW}): \min Z_4 = \sum_{i=1}^{3} \sum_{j>i}^{4} (d_{ij}^- + d_{ij}^+ + e_{ij}^- + e_{ij}^+)$$

$$\text{s. t.} \begin{cases} m_\mu(\varnothing) = 0, \ m_\mu(\{1\}) + \cdots + m_\mu(\{1, 2, 3, 4\}) = 1 \\ m_\mu(\{1\}) \geqslant 0, \ m_\mu(\{2\}) \geqslant 0 \\ \cdots \\ m_\mu(\{4\}) + \cdots + m_\mu(\{1, 2, 3, 4\}) \geqslant 0 \\ 0.667(I_{m_\mu}(1) + I_{m_\mu}(2)) - I_{m_\mu}(1) + d_{12}^- - d_{12}^+ = 0 \\ 0.700(I_{m_\mu}(1) + I_{m_\mu}(3)) - I_{m_\mu}(1) + d_{13}^- - d_{13}^+ = 0 \\ \cdots \\ 0.250(I_{m_\mu}(3) + I_{m_\mu}(4)) - I_{m_\mu}(3) + d_{34}^- - d_{34}^+ = 0 \\ 0.550(I_{m_\mu}(1) + I_{m_\mu}(2)) - I_{m_\mu}(\{1, 2\}) + e_{12}^- - e_{12}^+ = 0 \\ 0.230(I_{m_\mu}(1) + I_{m_\mu}(3)) - I_{m_\mu}(\{1, 3\}) + e_{13}^- - e_{13}^+ = 0 \\ \cdots \\ 0.150(I_{m_\mu}(3) + I_{m_\mu}(4)) - I_{m_\mu}(\{3, 4\}) + e_{34}^- - e_{34}^+ = 0 \end{cases}$$

其中，d_{ij}^-，d_{ij}^+，e_{ij}^-，$e_{ij}^+ \geqslant 0$，$d_{ij}^- \times d_{ij}^+ = 0$，$e_{ij}^- \times e_{ij}^+ = 0$，$i$，$j \in \{1, 2, 3, 4\}$，$i < j$。

求解这三个模型，可以得其相应最优默比乌斯表示。表 7.1、表 7.2、表 7.3 显示了 2 序可加测度模型与一般非可加测度模型的最优解对比，其中，模型 $LS-\mathrm{I}$，$LS-\mathrm{II}$，LP 所得为 2 序可加测度，模型 $LS-\mathrm{I}_{NEW}$，$LS-\mathrm{II}_{NEW}$，LP_{NEW} 所得为一般非可加测度。

表 7.1　　　　　　　　　　最优默比乌斯表示

子集	$LS-\mathrm{I}$	$LS-\mathrm{II}$	LP	$LS-\mathrm{I}_{NEW}$	$LS-\mathrm{II}_{NEW}$	LP_{NEW}
$m_\mu(\{\varnothing\})$	0	0	0	0	0	0
$m_\mu(\{1\})$	0.3630	0.3740	0.3980	0.3226	0.3206	0.2763
$m_\mu(\{2\})$	0.0350	0.0190	0.0420	0.0000	0.0000	0.0000
$m_\mu(\{3\})$	0.0570	0.0590	0.0430	0.0648	0.0668	0.0539
$m_\mu(\{4\})$	0.3820	0.3940	0.3980	0.4287	0.4328	0.4137
$m_\mu(\{1, 2\})$	0.2550	0.2520	0.2050	0.4027	0.4019	0.4437
$m_\mu(\{1, 3\})$	0.0870	0.0740	0.1060	0.1870	0.1957	0.2247
$m_\mu(\{1, 4\})$	-0.3630	-0.3740	-0.3980	-0.3226	-0.3206	-0.2763
$m_\mu(\{2, 3\})$	-0.0340	-0.0190	-0.0420	0.0000	0.0000	0.0000
$m_\mu(\{2, 4\})$	0.1550	0.1560	0.1830	0.2222	0.2187	0.2364
$m_\mu(\{3, 4\})$	0.0640	0.0660	0.0650	0.0809	0.0835	0.0872
$m_\mu(\{1, 2, 3\})$	0	0	0	-0.2518	-0.2625	-0.2786
$m_\mu(\{1, 2, 4\})$	0	0	0	-0.2470	-0.2483	-0.2693
$m_\mu(\{1, 3, 4\})$	0	0	0	-0.1870	-0.1956	-0.2247
$m_\mu(\{2, 3, 4\})$	0	0	0	-0.1083	-0.1037	-0.0600
$m_\mu(\{1, 2, 3, 4\})$	0	0	0	0.4078	0.4122	0.3730

表 7.2　　　　　　　　　　最优沙普利交互作用指标

子集	$LS-\mathrm{I}$	$LS-\mathrm{II}$	LP	$LS-\mathrm{I}_{NEW}$	$LS-\mathrm{II}_{NEW}$	LP_{NEW}
$I_{m_\mu}(\varnothing)$	0.4732	0.4747	0.4802	0.4812	0.4831	0.4770
$I_{m_\mu}(\{1\})$	0.3525	0.3500	0.3545	0.3295	0.3267	0.3081

续表

子集	$LS-\mathrm{I}$	$LS-\mathrm{II}$	LP	$LS-\mathrm{I}_{NEW}$	$LS-\mathrm{II}_{NEW}$	LP_{NEW}
$I_{m_\mu}(\{2\})$	0.2230	0.2135	0.2150	0.2120	0.2085	0.2307
$I_{m_\mu}(\{3\})$	0.1155	0.1195	0.1075	0.1183	0.1222	0.1153
$I_{m_\mu}(\{4\})$	0.3100	0.3180	0.3230	0.3401	0.3441	0.3459
$I_{m_\mu}(\{1, 2\})$	0.2550	0.2520	0.2050	0.2892	0.2839	0.2941
$I_{m_\mu}(\{1, 3\})$	0.0870	0.0740	0.1060	0.1035	0.1041	0.0974
$I_{m_\mu}(\{1, 4\})$	-0.3630	-0.3740	-0.3980	-0.4037	-0.4052	-0.3990
$I_{m_\mu}(\{2, 3\})$	-0.0340	-0.0190	-0.0420	-0.0441	-0.0457	-0.0450
$I_{m_\mu}(\{2, 4\})$	0.1550	0.1560	0.1830	0.1805	0.1801	0.1961
$I_{m_\mu}(\{3, 4\})$	0.0640	0.0660	0.0650	0.0691	0.0713	0.0692
$I_{m_\mu}(\{1, 2, 3\})$	0	0	0	-0.0479	-0.0564	-0.0921
$I_{m_\mu}(\{1, 2, 4\})$	0	0	0	-0.0431	-0.0422	-0.0828
$I_{m_\mu}(\{1, 3, 4\})$	0	0	0	0.0169	0.0105	-0.0382
$I_{m_\mu}(\{2, 3, 4\})$	0	0	0	0.0956	0.1024	0.1265
$I_{m_\mu}(\{1, 2, 3, 4\})$	0	0	0	0.4078	0.4122	0.3730

表 7.3　　　　　　　　　　各车型综合评价值及排序

模型		Car A	Car B	Car C	Car D	Car E	Car F	Car G
$LS-\mathrm{I}$	overall evaluations	0.5285	0.3894	0.6367	0.7848	0.6297	0.5381	0.7821
	Ranking	6	7	3	1	4	5	2
$LS-\mathrm{II}$	overall evaluations	0.5366	0.3916	0.6392	0.7867	0.6281	0.5438	0.7840
	Ranking	6	7	3	1	4	5	2
$LP-\mathrm{I}$	overall evaluations	0.5476	0.3877	0.6453	0.7918	0.6290	0.5485	0.7899
	Ranking	6	7	3	1	4	5	2
$LS-\mathrm{I}_{NEW}$	overall evaluations	0.5628	0.3980	0.6276	0.7749	0.6309	0.5521	0.7794
	Ranking	5	7	4	2	3	6	1
$LS-\mathrm{II}_{NEW}$	overall evaluations	0.5582	0.3952	0.6275	0.7746	0.6306	0.5504	0.7782
	Ranking	5	7	4	2	3	6	1

模型		Car A	Car B	Car C	Car D	Car E	Car F	Car G
$LP - \mathrm{I}_{NEW}$	overall evaluations	0.5684	0.3973	0.6155	0.7657	0.6327	0.5402	0.7689
	Ranking	5	7	4	2	3	6	1

如果采用表5.3中所示的由二维刻度表得到的 MCCPI 信息，也可以构建上述六个模型，其最优沙普利交互作用指标及最终综合评价结果如表7.4和表7.5所示。

表 7.4　　由二维刻度表 MCCPI 得到的最优沙普利交互作用指标

子集	$LS - \mathrm{I}$	$LS - \mathrm{II}$	LP	$LS - \mathrm{I}_{NEW}$	$LS - \mathrm{II}_{NEW}$	LP_{NEW}
$I_{m_\mu}(\varnothing)$	0.4572	0.4547	0.4524	0.4552	0.4646	0.4432
$I_{m_\mu}(\{1\})$	0.3345	0.3433	0.3409	0.3258	0.3258	0.2673
$I_{m_\mu}(\{2\})$	0.2150	0.2264	0.2296	0.2192	0.2192	0.2673
$I_{m_\mu}(\{3\})$	0.1325	0.1260	0.1343	0.1275	0.1275	0.1215
$I_{m_\mu}(\{4\})$	0.3181	0.3044	0.2953	0.3275	0.3275	0.3437
$I_{m_\mu}(\{1,2\})$	0.2565	0.2690	0.2529	0.2980	0.2980	0.2923
$I_{m_\mu}(\{1,3\})$	0.0825	0.0939	0.1113	0.1062	0.1062	0.0911
$I_{m_\mu}(\{1,4\})$	-0.3299	-0.3235	-0.3176	-0.3573	-0.3573	-0.3342
$I_{m_\mu}(\{2,3\})$	-0.0157	-0.0259	-0.0341	-0.0325	-0.0325	-0.0365
$I_{m_\mu}(\{2,4\})$	0.1580	0.1579	0.1722	0.1794	0.1794	0.2005
$I_{m_\mu}(\{3,4\})$	0.1056	0.1007	0.1007	0.1066	0.1066	0.1090
$I_{m_\mu}(\{1,2,3\})$	0	0	0	-0.0200	-0.0200	0.1092
$I_{m_\mu}(\{1,2,4\})$	0	0	0	0.0310	0.0310	-0.1315
$I_{m_\mu}(\{1,3,4\})$	0	0	0	-0.1263	-0.1263	-0.1345
$I_{m_\mu}(\{2,3,4\})$	0	0	0	0.0080	0.0080	-0.2129
$I_{m_\mu}(\{1,2,3,4\})$	0	0	0	0.1592	0.1592	-0.0921

表 7.5 由二维刻度表 MCCPI 得到的各车型综合排名和排序

模型		Car A	Car B	Car C	Car D	Car E	Car F	Car G
$LS-\text{I}$	overall evaluations	0.5041	0.3780	0.6235	0.7725	0.6217	0.5121	0.7718
	Ranking	6	7	3	1	4	5	2
$LS-\text{II}$	overall evaluations	0.5161	0.3834	0.6243	0.7732	0.6193	0.5180	0.7729
	Ranking	6	7	3	1	4	5	2
$LP-\text{I}$	overall evaluations	0.4990	0.3798	0.6210	0.7702	0.6191	0.5026	0.7716
	Ranking	6	7	3	2	4	5	1
$LS-\text{I}_{NEW}$	overall evaluations	0.5195	0.3701	0.6125	0.7647	0.6225	0.5133	0.7672
	Ranking	5	7	4	2	3	6	1
$LS-\text{II}_{NEW}$	overall evaluations	0.5370	0.3894	0.6174	0.7647	0.6204	0.5285	0.7709
	Ranking	5	7	4	2	3	6	1
$LP-\text{I}_{NEW}$	overall evaluations	0.5321	0.3742	0.5922	0.7516	0.6205	0.4786	0.7442
	Ranking	5	7	4	1	3	6	2

第三篇
经济管理应用实例

|第8章|
基于 MCCPI 的舟山群岛可持续发展能力综合评价

舟山群岛是长江流域对外开放的海上门户和通道，为全国唯一以群岛设置的地级市，是港口海岛旅游城市、海洋渔业基地和海洋开发基地，共有大小岛屿 1390 个，陆地总面积 1257 平方千米，海域面积 2.08 万平方千米，潮间带面积 183.2 平方千米，其中舟山本岛面积为 502.6 平方千米（齐兵和王跃伟，2006）。作为我国最大的群岛，舟山具有独特的区位优势和资源优势，是浙江经济圈的重要支持系统。海岛是海洋生态系统的必要组成部分，海岛可持续发展能力评价方法研究是海洋资源评价与开发的研究热点之一。当前，海岛可持续发展能力评价主要是采用基于权重向量的综合评价方法，此类方法难以反映评价指标间的关联交互作用。

本章采用了基于决策关联偏好信息（MCCPI）的多准则综合评价方法，构建了包含 4 个一级指标和 15 个二级指标的综合评价指标体系，在考虑准则间重要性和交互作用的基础上，依据舟山群岛 2008～2015 年的发展数据，评价分析了舟山群岛可持续发展能力。研究结果表明，舟山群岛近几年经济发展迅速，生态环境遭到了一定的破坏，但可持续发展能力总体趋于平稳。

8.1 引 言

我国沿海地区海洋经济自 20 世纪 90 年代以来进入了一个快速发展时期，

海洋经济在国民经济中的地位越来越重要，海岛依靠沿海经济带的基础上发展，具有独特的区位优势，环境和自然条件。海岛是海洋生态系统的必要组成部分，是国家建设海洋天然基地的重要组成部分，也是推进我国国民经济向海洋开发的出发点和海外经济向大陆拓展的"岛桥"（鲍安，2014）。我国对海岛的开发、利用和管理相比于其他一些发达国家还有相当的差距，伴随全球海岛开发利用进程的不断进步，以及中国改革开放的不断深入，科学和合理的开发利用海岛，正确评价和认识海岛海洋的可持续发展能力，实现海岛的可持续发展已成为我国发展过程中亟待解决的重要议题。

舟山拥有独特的深水岸线资源，以及丰富的海洋渔业资源和海洋旅游资源，具备发展海洋经济的特殊优势。舟山渔场是我国最大的渔场，海洋生物种类繁多，是鱼类栖息和繁殖的天然屏障。同时舟山也是我国南北海运的要冲与江海联运的枢纽，北有我国最大的港口上海港，南与新兴发展的宁波北仑港相毗连，具备成为国家大宗散货物资的储存、加工、转运、配送兼容的大型综合性港口和物流中心的条件。

舟山发展海洋经济是一个重大机遇，但同时对舟山的海洋生态环境保护方面和经济发展也带来了一个巨大的挑战：近海渔业资源捕捞过度使海洋生物资源破坏严重；入海污染物总量不断增加，致使某些海域环境污染加剧，生态环境趋于恶化；缺乏高层次的规划和协调机制造成用海行业之间矛盾突出，开发利用不合理；近岸海域赤潮频发，海洋生态环境明显退化，一些经济鱼、虾、蟹、贝类生息繁衍场所锐减，海洋生物质量不断下降；缺乏完备的联结各港口的运输公路网，缺少直接通往腹地的交通要道；基础设施建设薄弱、港口的规模化、信息化、集约化水平低；带动战略性海洋新兴产业的创新人才、推动外向型海洋经济发展的国际化人才，仍有较大缺口。由此，重视海洋资源环境保护，实现海洋经济与海洋资源环境的协调发展十分重要。

8.2　文　献　综　述

大量学者对我国海岛可持续发展能力综合评价进行了研究，在评价指标体系上，柯丽娜、王权明和宫国伟（2011）从生存指标、环境状况、社会发

展、智力评价 4 个层面建立海岛可持续发展评价系统；李金克和王广成
（2004）构建了包括 5 个领域（社会经济、海洋产业、资源、环境和发展潜
力），21 个指标的海岛可持续发展评价指标体系；徐丽雯和柯丽娜（2013）
构建了包括海岛生存资源支持能力、海岛生态环境支持能力、海岛经济发展
能力和海岛社会智力发展能力 4 个系统层，26 个指标层的海岛可持续发展评
价系统；薛纪萍和阎伍玖（2008）的指标体系包括社会、经济、资源、环境
和管理方面共 5 个子系统 45 项评价因子；孙兆明和李树超（2012）的评价体
系包括经济、资源环境、社会 3 个子系统，各子系统分别包括 13 个、12 个
和 14 个指标；鲍安（2014）在进行涠洲岛可持续发展能力综合评价时，构
建了以涠洲岛自然资源支持、生态环境、经济发展和社会智力四大子系统的
可持续发展能力综合评价体系；孙兆明、马波和张学忠（2010）从海岛资源
开发保护、海岛经济发展、海岛旅游发展及其影响、海岛社会文化变化、海
岛生态环境承载力、海岛可持续发展系统以及海岛可持续发展支撑体系 8 个
方面进行研究；王奇和夏溶矫（2012）研究了我国海岛地区可持续发展的特
征和目标体系，认为海岛的可持续发展目标要区别于陆地，它主要包括 4 个
方面：国防安全、经济发展、生态良好与社会稳定。

　　区域可持续发展评价主要包括了生态足迹跟踪方法、绿色 GDP 核算体系
法、可持续发展的经济效益模型、资源效益模型、人文发展指数方法等。综
合评价值生成的主流方法是采用 AHP 法（柯丽娜和王权明，2012；屈天威，
2011）确定各指标的权重，在汇总指标权重之后，按照模糊层次分析法或者
综合指数法对海岛可持续发展能力进行综合评价。例如，柯丽娜、王权明、
李永化和曹永强（2013）采用熵权法和非结构性决策模糊集理论模型相结合
确定海岛可持续发展评价指标的权重，构建海岛可持续发展的指标体系，引
入可变模糊评价方法，从而建立基于可变模糊集理论的海岛可持续发展综合
评价模型；孙兆明和李树超（2012）采用模糊隶属度函数，以长岛县为例进
行了实证分析；韩吉武、吴伟和李健（2007）在进行海岸带可持续发展研究
时，选用层次分析法和综合指数分级的方法进行评价；檀菲菲和陆兆华
（2016）提出了非线性主成分分析和施密特正交化（NLPCA - GSO）相耦合
的方法评价区域的可持续发展水平来弥补传统方法的不足，并由此建立区域
发展持续性模型和可持续发展系统协调度模型，再以环渤海区域为实证分析

其 2001～2010 年的可持续发展状况。

针对层次分析法等常见可持续发展综合评价存在的不足之处，即以权重向量来表示指标的重要性，用算术加权平均来得到各单位的综合评价值，并假定所有指标间是相互独立的、不关联的。但事实上，指标体系所构建的各个指标间或多或少都有一定的相互关系和影响，为了克服这个不足之处，本章拟采用基于 MCCPI 的非可加测度综合评价方法，可以均衡考虑多个相互关联，甚至是相互制约、矛盾的指标，从而得到有效可靠的综合评价。

8.3　指标体系构建

舟山群岛可持续发展能力综合评价指标体系的建立是对舟山群岛可持续发展能力客观、全面评价的基础，因此，群岛的可持续发展能力综合评价指标的选择必须能够综合反映影响群岛可持续发展能力的各种主要因素（李金克和王广成，2004）。

以海岛可持续发展能力的综合评价方法为指导，秉持科学性、开发与保护并举、可操作性、整体完整性和层次性的原则，借鉴陆地系统的可持续发展能力评价指标及海岛的可持续发展能力指标体系，结合舟山群岛的自身特点，以正指标为主，最后选定生态环境、生存资源、经济发展、社会和智力 4 个方面构建舟山群岛可持续发展能力综合评价指标体系，具体见表 8.1。

表 8.1　　　　　舟山群岛可持续发展能力综合评价指标体系

目标层（A）	一级指标（B）	三级指标（C）
舟山群岛可持续发展总体能力 A	舟山群岛生态环境系统 B_1	岛内空气指数 C_1
		沿岸海域水质指数 C_2
		陆地饮用水水质指数 C_3
		城市污水处理率 C_4

续表

目标层（A）	一级指标（B）	三级指标（C）
舟山群岛可持续发展总体能力 A	舟山群岛生存资源支持系统 B_2	港口货物吞吐量（万吨）C_5
		人均年供水量（立方米/人）C_6
		人均农作物产量（吨/人）C_7
		人均水产品产量（吨/人）C_8
	舟山群岛经济发展支持系统 B_3	人均 GDP（万元）C_9
		海岛旅游收入（亿元）C_{10}
		人均固定资产投资额（元/人）C_{11}
		人均消费品零售总额（元/人）C_{12}
	舟山群岛社会和智力系统 B_4	授权专利数（件）C_{13}
		人均住房面积（平方米/人）C_{14}
		高等教育入学率 C_{15}

（1）舟山群岛生态环境系统。包括岛内空气污染综合指数、沿岸海域水质综合指数、陆地饮用水水质综合指数和城市污水处理率 4 个指标。其中，岛内空气指数为日空气质量优良率，可从舟山市环境状况公报中获得；沿岸海域水质指数为近岸海域环境功能区水质达标率，同样可从舟山市环境状况公报中获得；陆地饮用水水质指数为舟山市监测的 20 个集中式生活饮用水水源地中达到指定功能水质目标要求的比率，该数据同样可从舟山市环境状况公报中获得；城市污水处理率可从舟山市国民经济和社会发展统计公报中获得。

（2）舟山群岛生存资源支持系统。包括港口货物吞吐量、人均年供水量、人均农作物产量指数和人均水产品产量，这些数据都可以从舟山市国民经济和社会发展统计公报上获得。

（3）舟山群岛经济发展支持系统。包括人均 GDP、海岛旅游收入、人均固定资产投资额和人均消费品零售总额。这些数据同样可从舟山市国民经济和社会发展统计公报中获得。

（4）舟山群岛社会和智力系统。包括授权专利数、人均住房面积和高等教育入学率。这些数据都可从舟山市国民经济和社会发展统计公报中获得。

根据已建立的舟山群岛可持续发展能力综合评价指标体系，指标的数据主要来源是 2008～2015 年舟山市环境质量公报[①]和舟山市国民经济和社会发展统计公报[②]，其中大部分指标数据通过公报可以直接获取，少量数据需经过计算获取，数据经过标准化后见表 8.2。

表 8.2　　　　　　　　舟山群岛可持续发展能力综合评价指标数据

		指数	2008 年	2009 年	2010 年	2011 年	2012 年	2013 年	2014 年	2015 年
舟山群岛可持续发展总体能力 A	舟山群岛生态环境系统 B_1	岛内空气指数 C_1	0.99	0.95 *	0.93 *	0.99	0.90	0.90	0.91	0.92
		沿岸海域水质指数 C_2	0.18	0.17 *	0.15	0.22	0.20	0.06	0.13	0.14
		陆地饮用水水质指数 C_3	0.77	0.86	0.80	0.91	0.78	0.95	0.80	0.80
		城市污水处理率 C_4	0.71	0.75	0.81	0.85	0.86	0.86	0.88	0.91
	舟山群岛生存资源支持系统 B_2	港口货物吞吐量（万吨）C_5	0.65	0.69	0.75	0.80	0.83	0.89	0.94	0.96
		人均年供水量（立方米/人）C_6	0.62	0.68	0.68	0.67	0.73	0.70	0.73	0.74
		人均农作物产量（吨/人）C_7	0.92	0.88	0.88	0.86	0.85	0.83	0.80	0.81
		人均水产品产量（吨/人）C_8	0.59	0.62	0.65	0.68	0.70	0.74	0.77	0.78

---

①　http：//zs. zjzwfw. gov. cn/col/col66829/index. html。

②　http：//www. zhoushan. gov. cn/col/col1275908/index. html。

续表

	指数	2008 年	2009 年	2010 年	2011 年	2012 年	2013 年	2014 年	2015 年
舟山群岛可持续发展总体能力 A	舟山群岛经济发展支持系统 B_3	人均 GDP（万元）C_9	0.66	0.73	0.74	0.78	0.83	0.87	0.91	0.93
		海岛旅游收入（亿元）C_{10}	0.52	0.55	0.63	0.66	0.69	0.72	0.91	0.93
		人均固定资产投资额（元/人）C_{11}	0.55	0.56	0.60	0.64	0.71	0.81	0.89	0.92
		人均消费品零售总额（元/人）C_{12}	0.69	0.72	0.76	0.80	0.84	0.89	0.93	0.96
	舟山群岛社会和智力系统 B_4	授权专利数（件）C_{13}	0.61	0.63	0.66	0.73	0.81	0.87	0.98	0.98
		人均住房面积（平方米/人）C_{14}	0.78	0.78	0.80	0.81	0.83	0.84	0.85	0.86
		高等教育入学率 C_{15}	0.52	0.58	0.60	0.64	0.64	0.63	0.64	0.67

注：带 * 的数据由于缺省，取为各年的平均值。

8.4 评 价 过 程

8.4.1 MCCPI 偏好信息的获得

8.4.1.1 舟山群岛生态环境系统 B_1 的偏好信息

岛内空气指数 C_1 稍微重要于沿岸海域水质指数 C_2，两者存在较强的正交互作用；岛内空气指数 C_1 稍微不重要于陆地饮用水水质指数 C_3，两者存在稍微强的正交互作用；岛内空气指数 C_1 稍微重要于城市污水处理率 C_4，两者存在非常强的正交互作用；沿岸海域水质指数 C_2 稍微重要于陆地饮用水水质指数 C_3，两者存在非常强的正交互作用；沿岸海域水质指数 C_2 稍微不重要于城市污水处理率 C_4，两者存在稍微强的正交互作用；陆地饮用水水质

指数 C_3 比较不重要于城市污水处理率 C_4，两者存在非常强的正交互作用。详见图 8.1。

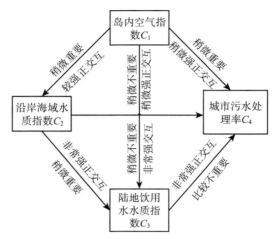

图 8.1　舟山群岛生态环境系统 B_1 偏好信息

8.4.1.2　舟山群岛生存资源支持系统 B_2 的偏好信息

港口货物吞吐量 C_5 比较不重要于人均年供水量 C_6，两者交互作用几乎为零；港口货物吞吐量 C_5 稍微不重要于人均农作物产量 C_7，两者存在稍微强的正交互作用；港口货物吞吐量 C_5 稍微不重要于人均水产品产量 C_8，两者存在稍微强的正交互作用；人均年供水量 C_6 稍微不重要于人均农作物产量 C_7，两者存在稍微强的正交互作用；人均年供水量 C_6 稍微重要于人均水产品产量 C_8，两者存在稍微强的正交互作用；人均农作物产量 C_7 稍微重要于人均水产品产量 C_8，两者存在稍微强的正交互作用。详见图 8.2。

8.4.1.3　舟山群岛经济发展支持系统 B_3 的偏好信息

人均 GDP C_9 稍微不重要于海岛旅游收入 C_{10}，两者存在非常强的正交互作用；人均 GDP C_9 稍微不重要于人均固定资产投资额 C_{11}，两者存在较强的正交互作用；人均 GDP C_9 稍微重要于人均消费品零售总额 C_{12}，两者存在较强的正交互作用；海岛旅游收入 C_{10} 稍微不重要于人均固定资产投资额 C_{11}，两者存在稍微强的正交互作用；海岛旅游收入 C_{10} 稍微不重要于人均消费品零

售总额 C_{12}，两者存在稍微强的正交互作用；人均固定资产投资额 C_{11} 稍微重要于人均消费品零售总额 C_{12}，两者存在稍微强的正交互作用。详见图 8.3。

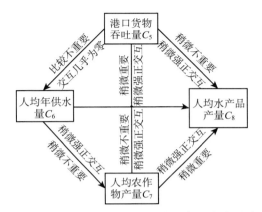

图 8.2　舟山群岛生存资源支持系统 B_2 偏好信息

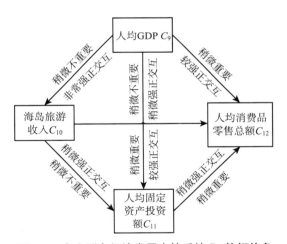

图 8.3　舟山群岛经济发展支持系统 B_3 偏好信息

8.4.1.4　舟山群岛社会和智力系统 B_4 的偏好信息

授权专利数 C_{13} 稍微不重要于人均住房面积 C_{14}，两者存在交互作用几乎为零；授权专利数 C_{13} 比较不重要于高等教育入学率 C_{15}，两者存在稍微强的正交互作用；人均住房面积 C_{14} 稍微不重要于高等教育入学率 C_{15}，两者存在稍微强的正交互作用。详见图8.4。

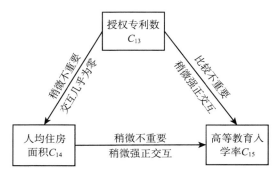

图8.4　舟山群岛社会和智力系统 B_4 偏好信息

8.4.1.5　舟山群岛可持续发展总体能力 A 的偏好信息

生态环境 B_1 稍微不重要于生态资源 B_2，两者存在极端强的正交互作用；生态环境 B_1 比较重要于经济发展 B_3，两者存在稍微强的正交互作用；生态环境 B_1 比较重要于社会和智力 B_4，两者存在稍微强的正交互作用；生态资源 B_2 稍微不重要于稍微不重要于 B_3，两者存在稍微强的正交互作用；生态资源 B_2 比较重要于社会和智力 B_4，两者存在稍微强的正交互作用；经济发展 B_3 稍微不重要于社会和智力 B_4，两者存在较强的正交互作用。具体见图8.5。

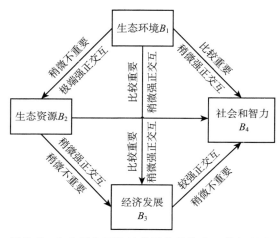

图8.5　舟山群岛可持续发展总体能力 A 偏好信息

8.4.2 舟山群岛生态环境系统 B_1 评价指标的 2 序可加测度及评价值计算

对岛内空气污染综合指数、沿岸海域水质综合指数、陆地饮用水水质综合指数和城市污水处理率经过 6 次二维成对比较，可以获得如下相对重要性矩阵和部分关联信息矩阵：

$$
R = \begin{bmatrix}
0.500 & 0.530 & 0.469 & 0.570 \\
0.470 & 0.500 & 0.519 & 0.408 \\
0.531 & 0.481 & 0.500 & 0.299 \\
0.430 & 0.592 & 0.701 & 0.500
\end{bmatrix}
$$

$$
P = \begin{bmatrix}
- & 0.264 & 0.653 & 0.062 \\
0.264 & - & 0.568 & 0.204 \\
0.653 & 0.568 & - & 0.332 \\
0.062 & 0.204 & 0.332 & -
\end{bmatrix}
$$

基于相对重要性矩阵 R 和部分关联信息矩阵 P，可构建如下模型：

$$
(LS - \mathrm{II}'): \quad \min Z_2 = 2\left(0.530 - \frac{I_1}{I_1 + I_2}\right)^2 + 2\left(0.469 - \frac{I_1}{I_1 + I_3}\right)^2
$$

$$
+ 2\left(0.570 - \frac{I_1}{I_1 + I_4}\right)^2 + 2\left(0.519 - \frac{I_2}{I_2 + I_3}\right)^2
$$

$$
+ 2\left(0.408 - \frac{I_2}{I_2 + I_4}\right)^2 + 2\left(0.299 - \frac{I_3}{I_3 + I_4}\right)^2
$$

$$
+ 2\left(0.264 - \frac{I_{12}}{I_1 + I_2}\right)^2 + 2\left(0.653 - \frac{I_{13}}{I_1 + I_3}\right)^2
$$

$$
+ 2\left(0.062 - \frac{I_{14}}{I_1 + I_4}\right)^2 + 2\left(0.568 - \frac{I_{23}}{I_2 + I_3}\right)^2
$$

$$
+ 2\left(0.204 - \frac{I_{24}}{I_2 + I_4}\right)^2 + 2\left(0.332 - \frac{I_{34}}{I_3 + I_4}\right)^2
$$

s. t.

$$
I_1 + I_2 + I_3 + I_4 = 1
$$

$$
A(I_1, I_{12}, I_{13}, I_{14})^T \geqslant 0, \quad A(I_2, I_{12}, I_{23}, I_{24})^T \geqslant 0
$$

$$A(I_3,\ I_{13},\ I_{23},\ I_{34})^T \geqslant 0,\ A(I_4,\ I_{14},\ I_{24},\ I_{34})^T \geqslant 0$$

其中，

$$A = \begin{bmatrix} 1 & \dfrac{1}{2} & \dfrac{1}{2} & \dfrac{1}{2} \\[6pt] 1 & \dfrac{1}{2} & \dfrac{1}{2} & -\dfrac{1}{2} \\[6pt] 1 & \dfrac{1}{2} & -\dfrac{1}{2} & \dfrac{1}{2} \\[6pt] 1 & \dfrac{1}{2} & -\dfrac{1}{2} & -\dfrac{1}{2} \\[6pt] 1 & -\dfrac{1}{2} & \dfrac{1}{2} & \dfrac{1}{2} \\[6pt] 1 & -\dfrac{1}{2} & \dfrac{1}{2} & -\dfrac{1}{2} \\[6pt] 1 & -\dfrac{1}{2} & -\dfrac{1}{2} & \dfrac{1}{2} \\[6pt] 1 & -\dfrac{1}{2} & -\dfrac{1}{2} & -\dfrac{1}{2} \end{bmatrix}$$

求得沙普利重要性和交互作用指标值为：

$$I_1 = 0.230,\ I_2 = 0.204,\ I_3 = 0.274,\ I_4 = 0.292$$

$$I_{12} = 0.111,\ I_{13} = 0.254,\ I_{14} = 0.032,\ I_{23} = 0.200,\ I_{24} = 0.097,\ I_{34} = 0.093$$

根据集函数的默比乌斯表示与沙普利交互作用指标的关系，各准则的默比乌斯表示值为：

$$m_\mu(\{1\}) = 0.032,\ m_\mu(\{2\}) = 0,\ m_\mu(\{3\}) = 0.001,\ m_\mu(\{4\}) = 0.181$$

$$m_\mu(\{1,\ 2\}) = 0.111,\ m_\mu(\{1,\ 3\}) = 0.254,\ m_\mu(\{1,\ 4\}) = 0.032$$

$$m_\mu(\{2,\ 3\}) = 0.2,\ m_\mu(\{2,\ 4\}) = 0.097,\ m_\mu(\{3,\ 4\}) = 0.093$$

根据默比乌斯表示与非可加测度的转换关系，可得各准则的 2 序非可加测度值：

$$\mu(\varnothing) = 0,\ \mu(\{1\}) = 0.032,\ \mu(\{2\}) = 0,\ \mu(\{3\}) = 0.001,\ \mu(\{4\}) = 0.181$$

$$\mu(\{1,\ 2\}) = 0.143,\ \mu(\{1,\ 3\}) = 0.286,\ \mu(\{1,\ 4\}) = 0.245$$

$$\mu(\{2,\ 3\}) = 0.201,\ \mu(\{2,\ 4\}) = 0.278,\ \mu(\{3,\ 4\}) = 0.275$$

$$\mu(\{1,\ 2,\ 3\}) = 0.597,\ \mu(\{1,\ 2,\ 4\}) = 0.453,\ \mu(\{1,\ 3,\ 4\}) = 0.592$$

$$\mu(\{2, 3, 4\}) = 0.572, \ \mu(\{1, 2, 3, 4\}) = 1$$

进而可以用肖凯积分来集成舟山群岛生态环境支持系统 B_1 在各年的评价值，具体见表 8.3。

表 8.3　　　　　　　　　舟山群岛生态环境支持系统各年评价值

年份	2008	2009	2010	2011	2012	2013	2014	2015
肖凯积分值	0.627	0.518	0.548	0.541	0.613	0.564	0.545	0.547

8.4.3　舟山群岛生存资源支持系统 B_2 评价指标的 2 序可加测度及评价值计算

对港口货物吞吐量、人均年供水量、人均农作物产量指数和人均水产品产量指数经过 6 次二维成对比较，可以获得如下相对重要性矩阵和部分关联信息矩阵：

$$R = \begin{bmatrix} 0.500 & 0.287 & 0.392 & 0.492 \\ 0.713 & 0.500 & 0.434 & 0.619 \\ 0.608 & 0.566 & 0.500 & 0.299 \\ 0.508 & 0.381 & 0.701 & 0.500 \end{bmatrix}$$

$$P = \begin{bmatrix} - & -0.001 & 0.073 & 0.141 \\ -0.001 & - & 0.049 & 0.181 \\ 0.073 & 0.049 & - & 0.042 \\ 0.141 & 0.181 & 0.042 & - \end{bmatrix}$$

求得沙普利重要性和交互作用指标值为：

$$I_5 = 0.175, \ I_6 = 0.319, \ I_7 = 0.237, \ I_8 = 0.269$$

$$I_{56} = 0, \ I_{57} = 0.030, \ I_{58} = 0.063, \ I_{67} = 0.027, \ I_{68} = 0.106, \ I_{78} = 0.021$$

根据集函数的默比乌斯表示与沙普利交互作用指标的关系，各准则的默比乌斯表示值为：

$$m_\mu(\{5\}) = 0.129, \ m_\mu(\{6\}) = 0.253, \ m_\mu(\{7\}) = 0.198, \ m_\mu(\{8\}) = 0.174$$

$$m_\mu(\{5, 6\}) = 0, \ m_\mu(\{5, 7\}) = 0.030, \ m_\mu(\{5, 8\}) = 0.063$$

$$m_\mu(\{6, 7\}) = 0.027, \ m_\mu(\{6, 8\}) = 0.106, \ m_\mu(\{7, 8\}) = 0.021$$

根据默比乌斯表示与非可加测度的转换关系，可得各准则的 2 序非可加测度值：

$$\mu(\varnothing) = 0, \ \mu(\{5\}) = 0.129, \ \mu(\{6\}) = 0.253, \ \mu(\{7\}) = 0.198, \ \mu(\{8\}) = 0.174$$

$$\mu(\{5, 6\}) = 0.381, \ \mu(\{5, 7\}) = 0.357, \ \mu(\{5, 8\}) = 0.366$$

$$\mu(\{6, 7\}) = 0.478, \ \mu(\{6, 8\}) = 0.533, \ \mu(\{7, 8\}) = 0.393$$

$$\mu(\{5, 6, 7\}) = 0.636, \ \mu(\{5, 6, 8\}) = 0.724, \ \mu(\{5, 7, 8\}) = 0.615$$

$$\mu(\{6, 7, 8\}) = 0.779, \ \mu(\{5, 6, 7, 8\}) = 1.000$$

进而可以用肖凯积分来集成舟山群岛生存资源支持系统 B_2 在各年的评价值，具体见表 8.4。

表 8.4　　　　　　　　舟山群岛生存资源支持系统各年评价值

年份	2008	2009	2010	2011	2012	2013	2014	2015
肖凯积分值	0.622	0.673	0.699	0.720	0.731	0.759	0.764	0.783

8.4.4　舟山群岛经济发展支持系统 B_3 评价指标的 2 序可加测度及评价值计算

对人均 GDP、海岛旅游收入、人均固定资产投资额和人均消费品零售总额经过 6 次二维成对比较，可以获得如下相对重要性矩阵和部分关联信息矩阵：

$$R = \begin{bmatrix} 0.500 & 0.427 & 0.474 & 0.582 \\ 0.573 & 0.500 & 0.416 & 0.492 \\ 0.526 & 0.584 & 0.500 & 0.574 \\ 0.418 & 0.508 & 0.426 & 0.500 \end{bmatrix}$$

$$P = \begin{bmatrix} - & 0.597 & 0.277 & 0.318 \\ 0.597 & - & 0.184 & 0.102 \\ 0.277 & 0.184 & - & 0.177 \\ 0.318 & 0.102 & 0.177 & - \end{bmatrix}$$

求得沙普利重要性和交互作用指标值为：

$$I_9 = 0.267, \ I_{10} = 0.232, \ I_{11} = 0.291, \ I_{12} = 0.209$$

$I_{910} = 0.276$，$I_{911} = 0.127$，$I_{912} = 0.131$，$I_{1011} = 0.096$，$I_{1012} = 0.045$，$I_{1112} = 0.089$
根据默比乌斯表示与沙普利交互作用指标的关系，各准则的默比乌斯表示
值为：

$$m_{\mu}(\{9\}) = 0，\quad m_{\mu}(\{10\}) = 0.024，\quad m_{\mu}(\{11\}) = 0.135，\quad m_{\mu}(\{12\}) = 0.077$$
$$m_{\mu}(\{9，10\}) = 0.276，\quad m_{\mu}(\{9，11\}) = 0.127，\quad m_{\mu}(\{9，12\}) = 0.131$$
$$m_{\mu}(\{10，11\}) = 0.096，\quad m_{\mu}(\{10，12\}) = 0.045，\quad m_{\mu}(\{11，12\}) = 0.089$$

根据默比乌斯表示与非可加测度的转换关系，可得各准则的 2 序非可加测
度值：

$$\mu(\varnothing) = 0，\quad \mu(\{9\}) = 0，\quad \mu(\{10\}) = 0.024，\quad \mu(\{11\}) = 0.135，\quad \mu(\{12\}) = 0.077$$
$$\mu(\{9，10\}) = 0.3，\quad \mu(\{9，11\}) = 0.262，\quad \mu(\{9，12\}) = 0.208$$
$$\mu(\{10，11\}) = 0.255，\quad \mu(\{10，12\}) = 0.145，\quad \mu(\{11，12\}) = 0.301$$
$$\mu(\{9，10，11\}) = 0.658，\quad \mu(\{9，10，12\}) = 0.552，\quad \mu(\{9，11，12\}) = 0.559$$
$$\mu(\{10，11，12\}) = 0.465，\quad \mu(\{9，10，11，12\}) = 0.999$$

进而可以用肖凯积分来集成舟山群岛经济发展支持系统 B_3 在各年的评价值，
具体见表 8.5。

表 8.5　　　　　　　　舟山群岛经济发展支持系统各年评价值

年份	2008	2009	2010	2011	2012	2013	2014	2015
肖凯积分值	0.540	0.561	0.588	0.640	0.677	0.726	0.784	0.902

8.4.5　舟山群岛社会和智力系统 B_4 评价指标的 2 序可加测度及评价值计算

对授权专利数、人均住房面积和高等教育入学率经过 3 次二维成对比较，
可以获得如下相对重要性矩阵和部分关联信息矩阵：

$$R = \begin{bmatrix} 0.500 & 0.451 & 0.277 \\ 0.549 & 0.500 & 0.498 \\ 0.723 & 0.502 & 0.500 \end{bmatrix}$$

$$P = \begin{bmatrix} - & -0.007 & 0.489 \\ -0.007 & - & 0.191 \\ 0.489 & 0.191 & - \end{bmatrix}$$

求得沙普利重要性和交互作用指标值为：

$I_{13} = 0.222$，$I_{14} = 0.344$，$I_{15} = 0.434$ $I_{1314} = -0.004$，$I_{1315} = 0.321$，$I_{1415} = 0.149$

根据默比乌斯表示与沙普利交互作用指标的关系，各准则的默比乌斯表示值为：

$$m_\mu(\{13\}) = 0.064, \quad m_\mu(\{14\}) = 0.272, \quad m_\mu(\{15\}) = 0.199$$

$$m_\mu(\{13, 14\}) = -0.004, \quad m_\mu(\{13, 15\}) = 0.321, \quad m_\mu(\{14, 15\}) = 0.149$$

根据默比乌斯表示与非可加测度的转换关系，可得各准则的 2 序非可加测度值：

$$\mu(\varnothing) = 0, \quad \mu(\{13\}) = 0.064, \quad \mu(\{14\}) = 0.272, \quad \mu(\{15\}) = 0.199$$

$$\mu(\{13, 14\}) = 0.331, \quad \mu(\{13, 15\}) = 0.584, \quad \mu(\{14, 15\})$$
$$= 0.620, \quad \mu(\{13, 14, 15\}) = 1.000$$

进而可以用肖凯积分来集成岛内空气指数舟山群岛社会和智力系统 B_4 在各年的评价值，具体见表 8.6。

表 8.6 舟山群岛社会和智力系统各年评价值

年份	2008	2009	2010	2011	2012	2013	2014	2015
肖凯积分值	0.570	0.596	0.637	0.658	0.689	0.699	0.701	0.718

8.4.6 舟山群岛可持续发展能力 A 综合评价

对岛内生态环境支持系统、岛内生存资源支持系统、岛内经济发展支持系统和岛内社会和智力系统经过 6 次二维成对比较，可以获得如下相对重要性矩阵和部分关联信息矩阵：

$$R = \begin{bmatrix} 0.500 & 0.400 & 0.679 & 0.705 \\ 0.600 & 0.500 & 0.465 & 0.684 \\ 0.321 & 0.535 & 0.500 & 0.431 \\ 0.295 & 0.316 & 0.569 & 0.500 \end{bmatrix}$$

$$P = \begin{bmatrix} - & 0.768 & 0.155 & 0.131 \\ 0.768 & - & 0.068 & 0.086 \\ 0.155 & 0.068 & - & 0.338 \\ 0.131 & 0.086 & 0.338 & - \end{bmatrix}$$

求得沙普利重要性和交互作用指标值为：

$$I_1 = 0.320, \ I_2 = 0.313, \ I_3 = 0.193, \ I_4 = 0.175$$

$$I_{12} = 0.486, \ I_{13} = 0.079, \ I_{14} = 0.065, \ I_{23} = 0.034, \ I_{24} = 0.042, \ I_{34} = 0.124$$

根据默比乌斯表示与沙普利交互作用指标的关系，各准则的默比乌斯表示值为：

$$m_\mu(\{1\}) = 0.005, \ m_\mu(\{2\}) = 0.032, \ m_\mu(\{3\}) = 0.075, \ m_\mu(\{4\}) = 0.060$$

$$m_\mu(\{1, 2\}) = 0.486, \ m_\mu(\{1, 3\}) = 0.079, \ m_\mu(\{1, 4\}) = 0.065$$

$$m_\mu(\{2, 3\}) = 0.034, \ m_\mu(\{2, 4\}) = 0.042, \ m_\mu(\{3, 4\}) = 0.124$$

根据默比乌斯表示与非可加测度的转换关系，可得各准则的 2 序非可加测度值：

$$\mu(\varnothing) = 0, \ \mu(\{1\}) = 0.005, \ \mu(\{2\}) = 0.032, \ \mu(\{3\}) = 0.075, \ \mu(\{4\}) = 0.060$$

$$\mu(\{1, 2\}) = 0.523, \ \mu(\{1, 3\}) = 0.159, \ \mu(\{1, 4\}) = 0.130$$

$$\mu(\{2, 3\}) = 0.141, \ \mu(\{2, 4\}) = 0.134, \ \mu(\{3, 4\}) = 0.258$$

$$\mu(\{1, 2, 3\}) = 0.711, \ \mu(\{1, 2, 4\}) = 0.690, \ \mu(\{1, 3, 4\}) = 0.407$$

$$\mu(\{2, 3, 4\}) = 0.366, \ \mu(\{1, 2, 3, 4\}) = 1$$

进而可以用肖凯积分来集成舟山群岛可持续发展能力在各年的评价值，具体见表 8.7。

表 8.7　　　　　　　　　舟山群岛可持续发展能力各年评价值

年份	2008	2009	2010	2011	2012	2013	2014	2015
肖凯积分值	0.588	0.541	0.572	0.582	0.640	0.619	0.613	0.628

8.5　结　　论

通过对舟山群岛生态环境系统、生存资源支持系统、经济发展支持系统与社会和智力系统的重要性与交互作用关系，以及对准则层下各个指标之间的重要性与交互作用关系的分析，并采用 MCCPI 的方法以肖凯积分值的形式来表示各个准则在各年的综合评价值，可得表 8.8 和图 8.6。

表 8.8　　基于 2 可加测度的舟山群岛可持续发展能力指标各年综合评价值

项目	2008 年	2009 年	2010 年	2011 年	2012 年	2013 年	2014 年	2015 年
生态环境	0.627	0.518	0.548	0.541	0.613	0.564	0.545	0.547
生存资源	0.622	0.673	0.699	0.72	0.731	0.759	0.764	0.783
经济发展	0.54	0.561	0.588	0.64	0.677	0.726	0.784	0.902
社会和智力	0.57	0.596	0.637	0.658	0.689	0.699	0.701	0.718
可持续发展能力	0.588	0.541	0.572	0.582	0.64	0.619	0.613	0.628

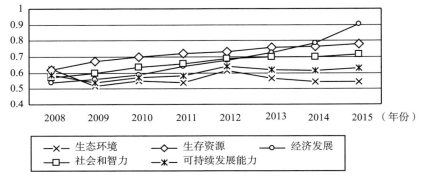

图 8.6　基于权重向量的各年评价值折线图

为了比较起见，也可采用基于权重向量的综合评价方法对舟山群岛生态环境系统、生存资源支持系统、经济发展支持系统与社会和智力系统 2008 ~ 2015 年的数据进行了综合评价，并最终得出了舟山群岛近几年的可持续发展能力综合评价值，其相应的结果见表 8.9 和图 8.7。

表 8.9　　　　　　　　基于权重向量的各年综合评价值

项目	2008 年	2009 年	2010 年	2011 年	2012 年	2013 年	2014 年	2015 年
生态环境	0.778	0.683	0.708	0.700	0.770	0.713	0.731	0.712
生存资源	0.633	0.688	0.713	0.732	0.740	0.768	0.775	0.794
经济发展	0.576	0.601	0.636	0.677	0.715	0.764	0.821	0.907
社会和智力	0.607	0.629	0.660	0.682	0.715	0.740	0.756	0.788
可持续发展能力	0.665	0.660	0.688	0.703	0.741	0.745	0.767	0.789

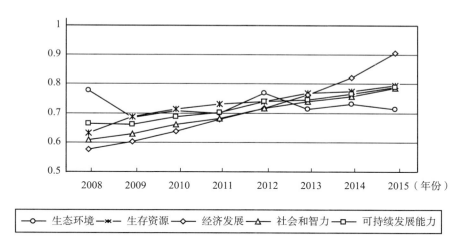

图 8.7　基于 MCCPI 评价方法的评价值折线图

从图 8.6、图 8.7 中都可明显看出舟山群岛的经济发展指标的评价值在2008～2015 年期间内持续增长，且增长显著；而生态环境指标的评价值在两图中波动较大，总体呈下降趋势，2015 年的生态环境指标评价值远远低于2008 年的生态环境指标评价值；生存资源指标的评价值与社会和智力系统指标的评价值呈缓慢增长趋势；在图 8.6 中，可持续发展能力整体也呈上升的趋势，而在图 8.7 中，可持续发展能力的评价值波动较大，整体来说趋于平稳。结果表明随着经济的迅速增长，舟山群岛的生态环境却遭到了破坏。根据上文基于 MCCPI 的舟山群岛可持续发展能力综合评价分析可得，舟山群岛的可持续发展能力虽然各年趋于平稳，但是还需要加强由于注重经济增长所带来的环境的破坏，从而构建一个更加良好的岛内环境，提高岛内的可持续发展能力。

结果表明由基于权重向量所得的指标评价值数据过于集中，而基于 MCC-PI 的多准则综合评价方法所得评价值折线图较分散。两种方法在对二级指标进行评价分析时得出相近的结论，但是由于后者考虑准则间经常存在着的关联关系，对发展趋势的刻画更加细致和明显。

| 第 9 章 |
基于 MCCPI 的 B2C 电子商务网站
用户体验综合评价

伴随电子商务发展的日趋成熟，B2C（business to customer）这种企业通过网络直接把商品或服务售卖给消费者的电子商务模式以其惊人的势头占据了电子商务市场的主要份额。2017 年第四季度，中国网上零售 B2C 市场交易规模为 11893.5 亿元人民币，同比增长 43.2%[①]。由此看来，B2C 网络购物正被越来越多的人接受和使用。优质的用户体验是 B2C 电子商务网站成功的基础，能够让 B2C 电子商务企业在激烈的市场竞争中夺得更多的顾客资源，确保网站长期良性发展。影响用户体验的因素是多方面的，对于 B2C 电子商务网站亦是如此，对网站用户体验进行全面评价才能客观反映用户体验效果。因此，构建一个系统的综合性的 B2C 电子商务网站用户体验评价模型十分必要。本章从用户体验出发，探索 B2C 电子商务网站用户体验的评价要素及其指标，并构建 B2C 电子商务网站用户体验的评价模型，形成一套系统的 B2C 电子商务网站用户体验的评价方法。运用问卷调查，以 T 商城、J 商城、A 商城、D 商城、M 商城和 S 商城为研究对象，采用基于 MCCPI 的非可加测度评价方法，对这些网站的用户体验评价值进行一个对比，最后得出结论并提出相应建议。

---

① 2018 年 1 月，Analysys 易观发布，《中国网上零售 B2C 市场季度监测报告 2017 年第 4 季度》。

9.1 引　　言

随着信息技术的进步和互联网的快速发展，越来越多的消费者开始在网上购物消费，以电子商务为代表的网络经济正改变着人们的生活和企业的经营方式。[①] 2017 年 1 月 22 日，中国互联网络信息中心（CNNIC）在北京发布第 39 次《中国互联网络发展状况统计报告》显示，截至 2016 年 12 月，中国网民规模达 7.31 亿，相当于欧洲人口总量，互联网普及率达到 53.2%。[②]《中国电子商务报告（2016）》报告显示，2016 年全国电子商务交易额达 26.1 万亿元，同比增长 19.8%；网上零售交易总额达 5.16 万亿元，同比增长 26.2%。与此同时，B2C 的交易规模在整个中国网络购物市场中的占比不断提高，B2C 电子商务模式已经成为消费者进行网购的主流模式。

B2C 电子商务网站是指直接把商品或服务售卖给消费者的网站，消费者通过访问 B2C 电子商务网站，完成商品阅览、订购、下单、支付环节，B2C 电子商务网站经营者或其相关利益方将货物通过物流或其他方式配送给消费者。优质的用户体验是 B2C 电子商务网站成功的基础，能够让 B2C 电子商务企业在激烈的市场竞争中夺得更多的顾客资源，确保网站长期良性发展（张洁、赵英和余红，2013）。而如何对用户体验进行评价并带给用户良好的体验，是 B2C 电子商务企业面临的一大难题，对 B2C 电子商务网站用户体验评价进行研究是非常必要的。用户体验是指使用者在该网站中进行的一系列操作过程中所获得的服务以及产生的感想等。在对用户体验进行研究的过程中，应对多种影响因素进行全面的考虑，在此基础上才能够全面评价用户的体验，因此需要构建起一个有效的体验评价模型。

---

① 2017 年 1 月 22 日，中国互联网络信息中心（CNNIC）发布，第 39 次《中国互联网络发展状况统计报告》。

② 2017 年 5 月 29 日，商务部发布，《中国电子商务报告（2016）》。

9.2 文 献 综 述

大量学者对于我国电子商务网站综合评价进行了研究。黄爱白和赵冬梅（2006）将电子商务网站评价分为服务指标、信息指标、技术指标、信誉指标 4 个一级指标和 30 个二级指标；张洁、赵英和余红（2013）通过问卷调查与数据分析，对提出的评价模型进行验证与改进，最终确定了由品牌、视觉设计、交互反馈、信息构建、安全保障和个性化服务 6 个维度及其 24 个指标构成的评价模型；周涛和鲁耀斌（2005）以 B2C 电子商务网站的质量为评价的总体目标，该目标包括网站的有用性和易用性 2 个二级指标，并具体细化为 14 个具体指标；汪勇和魏巍（2010）建立起电子商务网站评价的量化指标体系，其中包括网站功能、网站包含信息、网站技术质量和网站特色 4 个一级指标和 15 个二级指标；罗谷松（2011）从功能体验、技术体验、美学体验、信息体验、过程体验 5 个方面构建 15 个二级指标；习雷雨、王喜成和卢小珍（2010）从网站可用性出发，与消费者行为学的相关理论结合，从影响电子商务网站成功的因素中提炼出网站可用性因素，从内容、外观和导航等方面，对网站可用性给予消费者购买意愿的影响进行了分析，通过建立网站可用性对消费者购买意愿影响的模型，找出对消费者购买意愿影响较大的网站可用性因素，网站设计人员设计出高可用性的能够多吸引消费者的网站；孙志梅（2015）通过文献分析和市场调研分析得出影响 B2C 电子商务网站评价的因素是多方面的，从设计者和用户角度出发构建了由网站功能、网站用户体验、网站经营业绩和网站技术质量 4 个维度的 B2C 电子商务网站评价指标体系；叶颖婕、李传锋和陈鹏程等（2014）针对我国 B2C 电子商务网站的特点，以微软可用性指南（MUG）为理论依据，从用户的角度构建了 B2C 电子商务网站的可用性评价指标，并通过问卷调查和因子分析对之进行修正，最终得出评价我国 B2C 电子商务网站可用性的 8 项重要指标：内容、技术、美学结构、情感因素、促销、定制服务、购物操作、安全性。刘增和陈炳发（2009）运用可用性工程基本理论，建立了网站设计的基本流程，总结了网站可用性设计的特点，以用户体验为依据，遵循用户可用性的基本原则，从信息内容、界面设计、导航设计和应用条件 4 个方面构架了网站可用性的评价指标体系。

在评价方法方面，王谨乐（2008）采用基于 AHP 和模糊综合评价方法的评价模型对阿里巴巴网站进行了综合评价；颜政（2012）采用网络计量法、层次分析法、网站流量统计法、模糊评价法以及专家评价、问卷调查等竞争力评价方法，运用理论分析与实证分析、定性分析与定量分析相结合的方法，对我国电子商务网站竞争力定量评测的模型与方法进行了较为系统的理论及实证研究；李森、夏静、刘玮琳和丁一（2012）基于用户体验的角度，采用 SPSS 的方法从主观感受到的网站外观吸引力和实际操作后网站的可用性两个角度对网站进行综合评价；潘勇和赵军民（2008）采用层次分析法与灰色评价相结合的评价方法，从顾客满意度的视角，对 B2C 电子商务网站进行评价；王小建（2009）运用改进的 TOPSIS 评价模型对电子商务网站竞争实力进行实证研究；赵洁、陈敏和张瑞（2010）基于 AHP 法和多级模糊综合评判法的综合评价方法，以淘宝网为例进行了实例分析；周晓磊（2008）构建了电子商务网站的评价指标体系，从导航、系统、互动性、设计风格等 9 个一级指标和 26 个二级指标建立评价体系，并根据层次分析法对该指标体系的各级指标的权重进行了计算和评价；李君君和陈海敏（2008）从用户访问的流量指标和网站本身的指标中选取了 6 个变量，利用实时监测工具，采用因子分析和对应分析两种方法对家国内电子商务网站评价体系。

综上所述，目前对电子商务网站的评价研究主要从网站的可用性角度考虑，未从用户主观感知到的网站吸引力和从实际操作网站后体验到的网站可用性两个方面对电子商务网站进行全面评价研究。同时，电子商务网站评价方法大部分都以权重向量来表示指标的重要性，用算术加权平均来得到各单位的综合评价值，并假定所有指标间是相互独立的，不关联的。但事实上，指标体系所构建的各个指标间或多或少都有一定的相互关系和影响，为了弥补这一不足之处，本章采用基于 MCCPI 的非可加测度综合评价方法，在用户体验理论和可用性研究基础上，构建 B2C 电子商务网站用户偏好评价模型，形成一套定性与定量相结合的电子商务网站评价方法。

9.3　指标体系构建

根据上述学者的评价指标体系，结合 B2C 电子商务网站的特点，将我国 B2C 电子商务网站用户体验评价指标分为品牌能力、网站技术能力、安全保障能力和服务能力 4 个一级指标和 12 个二级指标。具体见表 9.1。

表 9.1　　　　　　　B2C 电子商务网站用户体验评价指标体系

目标层（A）	一级指标（B）	二级指标（C）
B2C 电子商务网站用户体验评价 A	品牌能力 B_1	商品知名度 C_1
		商品吸引力 C_2
		商品质量 C_3
	网站技术能力 B_2	用户界面 C_4
		网站响应速度 C_5
		检索速度 C_6
	安全保障能力 B_3	支付安全性 C_7
		权益保险性 C_8
		网络认证情况 C_9
	服务能力 B_4	物流 C_{10}
		售后服务 C_{11}
		退换货服务 C_{12}

（1）品牌能力。在电子商务中有品牌参与，并且品牌有很多控制权。包括商品知名度 C_1、商品吸引力 C_2、商品质量 C_3 共 3 个二级指标。

（2）网站技术能力。利用信息系统和计算机网络技术开展商务活动以及电子商务系统的设计、开发、运营维护等。包括用户界面 C_4、网站响应速度 C_5、检索速度 C_6 共 3 个二级指标。

（3）安全保障能力。对于电子商务来说，安全保障是其中的基础环节，因此，为了使电子商务能够顺利地进行下去，首先电子商务平台要求安全、可靠，所提供的服务不能有中断。包括支付安全性 C_7、权益保障性 C_8、网络认证情况 C_9 共 3 个二级指标。

（4）服务能力。完善的电子商务可以提供网上交易和管理等全过程的服务，网上售中服务主要是帮助企业完成与客户之间的咨询洽谈、网上订购、网上支付等商务过程。网上售后服务的内容主要包括帮助客户解决产品使用中的问题，排除技术故障，提供技术支持，传递产品改进或升级的信息以吸引客户对产品与服务的反馈信息。物流 C_{10}、售后服务 C_{11}、退换货服务 C_{12} 共 3 个二级指标。

然后运用问卷调查的形式，以 T 商城、J 商城、A 商城、D 商城、M 商城和 S 商城为研究对象，采用李克特量表，每一指标有"非常满意""满意""一般""不满意""非常不满意"五种回答，分别记为 5 分、4 分、3 分、2 分和 1 分。调查对象是熟练在互联网上进行操作的年轻消费群体，调查内容为亲身体验网站吸引力和基于任务操作后对网站可用性的各个指标进行评分，共发放问卷 50 份，有效问卷 48 份，有效率为 96%。通过对用户问卷的收集和整理，并将各大 B2C 电子商务网站各指标的评分情况取平均值，可得各电子商务网站的评价值，具体见表 9.2。

表 9.2 　　　　　　　　　 B2C 电子商务网站用户体验评价指标评价值

一级指标	二级指标	T 商城	J 商城	A 商城	D 商城	M 商城	S 商城
品牌能力 B_1	商品知名度 C_1	3.78	3.78	3.84	3.45	3.63	3.55
	商品吸引力 C_2	3.55	3.67	3.63	3.43	3.45	3.53
	商品质量 C_3	3.37	3.82	3.82	3.67	3.43	3.61
网站技术能力 B_2	用户界面 C_4	3.75	3.69	3.49	3.55	3.61	3.41
	网站响应速度 C_5	3.88	3.84	3.57	3.59	3.63	3.59
	检索速度 C_6	3.8	3.75	3.57	3.63	3.69	3.59
安全保障能力 B_3	支付安全性 C_7	3.9	3.9	3.69	3.73	3.69	3.59
	权益保障性 C_8	3.67	3.78	3.75	3.65	3.55	3.51
	网络认证情况 C_9	3.67	3.78	3.69	3.57	3.45	3.47
服务能力 B_4	物流 C_{10}	3.71	4.16	3.69	3.65	3.57	3.63
	售后服务 C_{11}	3.69	3.78	3.59	3.59	3.59	3.65
	退换货服务 C_{12}	3.67	3.84	3.53	3.53	3.51	3.45

9.4 评价过程

9.4.1 MCCPI 偏好信息的获得

经过专家调查与咨询，现确定如下 MCCPI 信息。

9.4.1.1 品牌能力 B_1 的偏好信息

商品知名度 C_1 稍微重要于商品吸引力 C_2，两者存在较强的正交互作用；商品知名度 C_1 比较重要于商品质量 C_3，两者存在稍微强的正交互作用；商品吸引力 C_2 稍微重要于商品质量 C_3，两者存在稍微强的正交互作用。详见图 9.1。

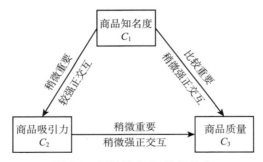

图 9.1 品牌能力 B_1 偏好信息

9.4.1.2 网站技术能力 B_2 的偏好信息

用户界面 C_4 稍微不重要于网站响应速度 C_5，两者存在较强的正交互作用；用户界面 C_4 稍微不重要于检索速度 C_6，两者存在稍微强的正交互作用；网站响应速度 C_5 比较不重要于检索速度 C_6，两者存在稍微强的正交互作用。详见图 9.2。

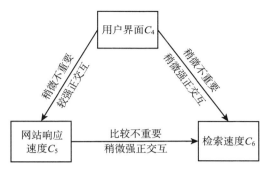

图9.2 网站技术能力 B_2 偏好信息

9.4.1.3 安全保障能力 B_3 的偏好信息

支付安全性 C_7 稍微重要于权益保护性 C_8，两者存在较强的正交互作用；支付安全性 C_7 比较重要于网络认证情况 C_9，两者存在稍微强的正交互作用；权益保护性 C_8 比较不重要于网络认证情况 C_9，两者存在稍微强的正交互作用。详见图 9.3。

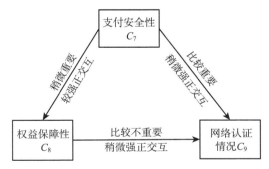

图9.3 安全保障能力 B_3 偏好信息

9.4.1.4 服务能力 B_4 的偏好信息

物流 C_{10} 稍微重要于售后服务 C_{11}，两者存在较强的正交互作用；物流 C_{10} 比较重要于退还货服务 C_{12}，两者存在稍微强的正交互作用；售后服务 C_{11} 比较重要于退还货服务 C_{12}，两者存在非常强的正交互作用。详见图 9.4。

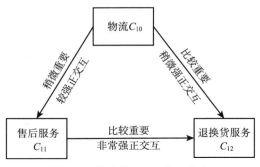

图 9.4　服务能力 B₄ 偏好信息

9.4.1.5　B2C 电子商务网站用户体验评价 A 的偏好信息

品牌能力 B_1 稍微重要于网站技术能力 B_2，两者存在稍微强的正交互作用；品牌能力 B_1 稍微重要于安全保障能力 B_3，两者存在稍微强的正交互作用；品牌能力 B_1 稍微重要于服务能力 B_4，两者存在稍微强的正交互作用；网站技术能力 B_2 稍微重要于安全保障能力 B_3，两者存在非常强的正交互作用；网站技术能力 B_2 稍微重要于服务能力 B_4，两者存在较强的正交互作用；安全保障能力 B_3 比较不重要于服务能力 B_4，两者存在非常强的正交互作用。详见图 9.5。

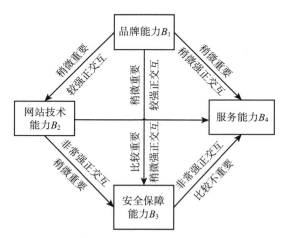

图 9.5　B2C 电子商务网站用户体验评价 A 偏好信息

9.4.2 一级指标的各 2 序可加测度及评价值计算

根据前文对基于 MCCPI 的非可加测度评价方法的介绍以及通过问卷调查所获得的各大电子商务网站的评价数据，首先对一级指标"品牌能力"下的 3 个二级指标进行综合评价，得出一级指标"品牌能力"的评价值：

第一步，经过 3 次二维成对比较，根据细化菱形成对比较法，得到如下相对重要性矩阵和部分关联信息矩阵：

$$R = \begin{bmatrix} 0.500 & 0.151 & 0.086 \\ 0.849 & 0.500 & 0.237 \\ 0.914 & 0.763 & 0.500 \end{bmatrix}$$

$$P = \begin{bmatrix} - & 0.221 & 0.071 \\ 0.221 & - & 0.009 \\ 0.071 & 0.009 & - \end{bmatrix}$$

第二步，构建模型 $LS - \text{II}'$

$$(LS - \text{II}') : \min Z_2 = 2\left(0.151 - \frac{I_1}{I_1 + I_2}\right)^2 + 2\left(0.086 - \frac{I_1}{I_1 + I_3}\right)^2$$
$$+ 2\left(0.237 - \frac{I_2}{I_2 + I_3}\right)^2 + 2\left(0.221 - \frac{I_{12}}{I_1 + I_2}\right)^2$$
$$+ 2\left(0.071 - \frac{I_{13}}{I_1 + I_3}\right)^2 + 2\left(0.009 - \frac{I_{23}}{I_2 + I_3}\right)^2$$

s. t.

$$I_1 + I_2 + I_3 = 1, \ A(I_1, I_{12}, I_{13})^T \geq 0, \ A(I_2, I_{12}, I_{23})^T \geq 0,$$
$$A(I_3, I_{13}, I_{23})^T \geq 0$$

其中，

$$A = \begin{bmatrix} 1 & \frac{1}{2} & \frac{1}{2} \\ 1 & -\frac{1}{2} & \frac{1}{2} \\ 1 & \frac{1}{2} & -\frac{1}{2} \\ 1 & -\frac{1}{2} & -\frac{1}{2} \end{bmatrix}$$

可求的其最优解：

$$I_1 = 0.050，I_2 = 0.236，I_3 = 0.714，I_{12} = 0.061，I_{13} = 0.039，I_{23} = 0.009$$

第三步，可得到相应的默比乌斯表示为

$$m_\mu(\{1\}) = 0，m_\mu(\{2\}) = 0.201，m_\mu(\{3\}) = 0.690$$

$$m_\mu(\{1, 2\}) = 0.061，m_\mu(\{1, 3\}) = 0.039，m_\mu(\{2, 3\}) = 0.009$$

第四步，正式得到最终 2 序可加测度

$$\mu(\varnothing) = 0，\mu(\{1\}) = 0，\mu(\{2\}) = 0.201，\mu(3) = 0.690$$

$$\mu(\{1, 2\}) = 0.262，\mu(\{1, 3\}) = 0.729，\mu(\{2, 3\}) = 0.9，\mu(\{1, 2, 3\}) = 1$$

得到测度后，可得最后的各网站品牌能力肖凯积分值（评价值），见表 9.3。

表 9.3 　　　　　　　各电子商务网站的品牌能力指标肖凯积分值

一级指标	T 商城	J 商城	A 商城	D 商城	M 商城	S 商城
品牌能力	3.417	3.778	3.596	3.435	3.769	3.586

同理，可得各一级指标的肖凯积分值（评价值），见表 9.4。

表 9.4 　　　　　　　各电子商务网站的一级评价指标肖凯积分值

一级指标	T 商城	J 商城	A 商城	D 商城	M 商城	S 商城
品牌能力	3.417	3.778	3.596	3.435	3.769	3.586
网站技术能力	3.783	3.729	3.575	3.624	3.536	3.509
安全保障能力	3.702	3.798	3.632	3.532	3.694	3.508
服务能力	3.681	3.877	3.562	3.529	3.571	3.504

9.4.3　综合评价值的计算

得到各一级指标的评价值之后，可以根据同样的方法得到各大 B2C 电子商务网站的用户体验综合评价值。

第一步，经过 6 次二维成对比较，根据细化菱形成对比较法，得到如下相对重要性矩阵和部分关联信息矩阵：

$$R = \begin{bmatrix} 0.500 & 0.430 & 0.286 & 0.003 \\ 0.570 & 0.500 & 0.469 & 0.500 \\ 0.714 & 0.531 & 0.500 & 0.500 \\ 0.997 & 0.500 & 0.500 & 0.500 \end{bmatrix}$$

$$P = \begin{bmatrix} - & 0.174 & -0.017 & 0.002 \\ 0.174 & - & 0.639 & 0.169 \\ -0.017 & 0.639 & - & 0.387 \\ 0.002 & 0.169 & 0.387 & - \end{bmatrix}$$

第二步，构建模型 $LS - \mathrm{II}'$

$$(LS - \mathrm{II}'): \ \min Z_2 = 2\left(0.430 - \frac{I_1}{I_1 + I_2}\right)^2 + 2\left(0.286 - \frac{I_1}{I_1 + I_3}\right)^2$$

$$+ 2\left(0.003 - \frac{I_1}{I_1 + I_4}\right)^2 + 2\left(0.469 - \frac{I_2}{I_2 + I_3}\right)^2$$

$$+ 2\left(0.5 - \frac{I_2}{I_2 + I_4}\right)^2 + 2\left(0.5 - \frac{I_3}{I_3 + I_4}\right)^2$$

$$+ 2\left(0.174 - \frac{I_{12}}{I_1 + I_2}\right)^2 + 2\left(-0.017 - \frac{I_{13}}{I_1 + I_3}\right)^2$$

$$+ 2\left(0.002 - \frac{I_{14}}{I_1 + I_4}\right)^2 + 2\left(0.639 - \frac{I_{23}}{I_2 + I_3}\right)^2$$

$$+ 2\left(0.169 - \frac{I_{24}}{I_2 + I_4}\right)^2 + 2\left(0.387 - \frac{I_{34}}{I_3 + I_4}\right)^2$$

s. t.

$$I_1 + I_2 + I_3 + I_4 = 1, \ A(I_1, \ I_{12}, \ I_{13}, \ I_{14})^T \geqslant 0, \ A(I_2, \ I_{12}, \ I_{25}, \ I_{24})^T \geqslant 0$$

$$A(I_3, \ I_{13}, \ I_{23}, \ I_{34})^T \geqslant 0, \ A(I_4, \ I_{14}, \ I_{24}, \ I_{34})^T \geqslant 0$$

其中，

$$A = \begin{bmatrix} 1 & \frac{1}{2} & \frac{1}{2} & \frac{1}{2} \\ 1 & \frac{1}{2} & \frac{1}{2} & -\frac{1}{2} \\ 1 & \frac{1}{2} & -\frac{1}{2} & \frac{1}{2} \\ 1 & \frac{1}{2} & -\frac{1}{2} & -\frac{1}{2} \\ 1 & -\frac{1}{2} & \frac{1}{2} & \frac{1}{2} \\ 1 & -\frac{1}{2} & \frac{1}{2} & -\frac{1}{2} \\ 1 & -\frac{1}{2} & -\frac{1}{2} & \frac{1}{2} \\ 1 & -\frac{1}{2} & -\frac{1}{2} & -\frac{1}{2} \end{bmatrix}$$

可求的其最优解：

$$I_1 = 0.099, \quad I_2 = 0.246, \quad I_3 = 0.297, \quad I_4 = 0.358$$

$$I_{12} = 0.058, \quad I_{13} = -0.005, \quad I_{14} = 0, \quad I_{23} = 0.339, \quad I_{24} = 0.096, \quad I_{34} = 0.25$$

第三步，可得到相应的默比乌斯表示为

$$m_\mu(\{1\}) = 0.073, \quad m_\mu(\{2\}) = 0, \quad m_\mu(\{3\}) = 0.005, \quad m_\mu(\{4\}) = 0.185$$

$$m_\mu(\{1, 2\}) = 0.058, \quad m_\mu(\{1, 3\}) = 0, \quad m_\mu(\{1, 4\}) = 0$$

$$m_\mu(\{2, 3\}) = 0.339, \quad m_\mu(\{2, 4\}) = 0.096, \quad m_\mu(\{3, 4\}) = 0.25$$

第四步，正式得到最终 2 序可加测度

$$\mu(\varnothing) = 0, \quad \mu(\{1\}) = 0.073, \quad \mu(\{2\}) = 0, \quad \mu(\{3\}) = 0.005, \quad \mu(\{4\}) = 0.185$$

$$\mu(\{1, 2\}) = 0.130, \quad \mu(\{1, 3\}) = 0.073, \quad \mu(\{1, 4\}) = 0.258$$

$$\mu(\{2, 3\}) = 0.344, \quad \mu(\{2, 4\}) = 0.281, \quad \mu(\{3, 4\}) = 0.440$$

$$\mu(\{1, 2, 3\}) = 0.469, \quad \mu(\{1, 2, 4\}) = 0.411, \quad \mu(\{1, 3, 4\}) = 0.508$$

$$\mu(\{2, 3, 4\}) = 0.875, \quad \mu(\{1, 2, 3, 4\}) = 1$$

得到测度后，可得各电子商务网站最终的肖凯积分值（综合评价值），见表 9.5。

表 9.5   各电子商务网站肖凯积分值（综合评价值）

网站名称	T 商城	J 商城	A 商城	D 商城	M 商城	S 商城
肖凯积分值	3.655	3.777	3.570	3.518	3.568	3.512

9.5   结   论

本章采用基于 MCCPI 的综合评价方法，以问卷调查的形式，对 T 商城、J 商城、A 商城、D 商城、M 商城和 S 商城等我国 B2C 电子商务网站的品牌能力指标、网站技术能力指标、安全保障能力指标和服务能力指标进行评价，以了解各网站用户的使用感受，最后得出的评价结论见表 9.6 和图 9.6。

表 9.6   各电子商务网站的评价值

指标	T 商城	J 商城	A 商城	D 商城	M 商城	S 商城
品牌能力	3.417	3.778	3.596	3.435	3.769	3.586
网站技术能力	3.783	3.729	3.575	3.624	3.536	3.509
安全保障能力	3.702	3.798	3.632	3.532	3.694	3.508
服务能力	3.681	3.877	3.562	3.529	3.571	3.504
综合评价值	3.655	3.777	3.570	3.518	3.568	3.512

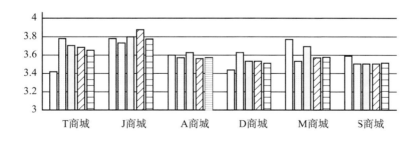

图 9.6   各电子商务网站评价值

从表 9.6 和图 9.6 中可以看出，用户对 J 商城的综合评价值最高，其次是 T 商城，最低的是 S 商城。并且 J 商城的各个指标相对来说都占据一定优势，特别是品牌能力和服务能力。由此可以看出用户对于 J 商城这个电子商务网站满意度相对来说高于 T 商城、D 商城、A 商城等。根据问卷调查的数据显示，J 商城的主要优势在于其商品质量、权益保障以及物流，调查问卷中对于 J 商城物流的打分远远高于其他网站，所以，若其他 B2C 电子商务网站希望进行一些提升，可以从产品质量和物流入手。

本章借鉴国内外用户体验的研究成果和方法论，构建了影响 B2C 电子商务网站用户体验的因素及其评价指标，提出了 B2C 电子商务网站用户体验的评价指标体系。结合本章的研究结论，就目前国内 B2C 电子商务的发展提出一些建议：

第一，重视用户体验。优质的用户体验是 B2C 电子商务网站吸引用户的制胜法宝之一。因为良好的用户体验会促使用户的初次购买、重复购买行为，并能提高用户对网站的忠诚度，同时用户的口碑相传会带来更多的潜在用户，不断为电子商务企业创造直接经济利益。相反，用户体验不好，会导致商机瞬间消失，让潜在用户甚至是现实用户不断丢失，同时用户的口诛笔伐会让众多网购者望而却步。因此，B2C 电子商务企业必须重视用户体验，根据用户体验来改善自己的产品和服务。

第二，围绕用户改善信息构建。本书研究表明信息构建是影响 B2C 电子商务网站用户体验最重要的因素。B2C 电子商务网站要根据用户的特征、需求、行为和认知等多方面改善信息构建，确保信息组织合理化、信息标识规范且一致、便于用户搜索信息以及提供清晰准确的导航指引，减少用户寻找和获取商品等信息的障碍，以带给用户良好的体验。

第三，加强交互反馈。根据研究结果可知，交互反馈是影响用户体验的重要因素，用户希望与 B2C 购物网站及网站服务人员的交互反馈有一个高效、流畅、简便等愉悦感受。用户如果在提交操作或进行咨询时得到的反馈不及时，很可能会放弃这次购物，这给 B2C 电子商务企业带来经济损失。因此，B2C 电子商务网站必须加强交互反馈，让用户的购物过程顺畅，促使愉悦的用户体验。

第四，提供全面的安全保障机制。用户不希望在购物过程中遇到任何有损自己利益的不安全因素，如果遇到不安全因素，用户就会退避三舍，不再访问该网站。因此，B2C 电子商务网站需要从技术安全、消费者权益、消费者信息安全等方面提供全面的安全保障机制，给用户提供一个安全放心的购物环境，增强用户对网站的信任，消除用户在购物过程中的担忧。

| 第 10 章 |
基于 MCCPI 的宁波市智慧城市
发展水平综合测度

　　中共宁波市委、宁波市政府《关于建设智慧城市的决定》① 提出，通过建设智慧城市促进信息化装备设计和生产制造企业的发展，推动制造业由"一般制造"向"智慧制造"转变，提升产业水平；催生一批软件产业、金融航运、动漫制作等高技术含量、高附加值的现代服务业，形成以服务业为主的产业结构，从而促进和实现经济发展方式转变；计划建成一批成熟的智慧应用体系，成为具有现代化国际港口城市特色的智慧城市、中国领先的智慧应用城市、先进的智慧产业基地和具备领先的智慧基础设施的城市，形成一批上规模的智慧产业基地；到 2020 年，建设成为智慧应用水平领先、智慧产业集群发展、智慧基础设施比较完善、具有国际港口城市特色的智慧城市，跻身于国际智慧城市之列。

　　本章利用基于 MCCPI 的综合评价分析方法研究智慧宁波的发展现状，建立了 4 个一级指标和 15 个二级指标为智慧城市发展能力的评估提供参考。研究表明宁波的智慧城市建设取得了显著的成果，未来智慧宁波的发展仍然有很大的提升空间。

---

　　① 2010 年 9 月，宁波市委、市政府正式发布《中共宁波市委宁波市人民政府关于建设智慧城市的决定》。

10.1 引 言

随着中国城市化的快速发展，很多一、二线城市出现了交通拥挤、就业压力大、环境破坏以及资源浪费等严峻的问题。传统的城市规划和运营模式已经无法解决城市化进程中出现的环境、经济、社会等方面的问题。在信息化、全球化以及城市化快速融合的背景下，智慧城市应运而生，是一种包含了智能产业、智能交通、智能公共管理以及智能医疗等为重要内容的城市发展的新模式，是城市数字化、信息化、智能化发展的高级阶段，也是城市管理者、企业和公众追求更高智慧化管理与服务的必然要求（曹茂春、齐雄和金毅，2013）。

智慧城市的概念在城市发展战略与规划中扮演了越来越重要的角色（Hollands，2008）。2007 年《欧盟智慧城市报告》中率先提出"智慧城市"（smart city）这一创新构想（郝德军，2015）。智慧城市概念受到了全球范围的广泛关注，根据国际智慧城市组织（Intelligent Community Forum）统计，美国、瑞典、爱尔兰、奥地利、德国、法国、新加坡、日本、韩国等国家的190 多个城市已经开始智慧城市的建设（秦洪花、李汉清和赵霞，2010）。数据显示，目前我国已经有超过 50 个城市在进行智慧城市试点，计划投资规模超过万亿元。我国的智慧城市建设采用试点城市到全面推广的方法，上海、深圳、北京、南京已经投入智慧城市的建设中。我国各个城市结合自身特点，围绕各自城市发展的战略需要提出了相应的发展战略，所采取的发展思路大致有（龚健雅和王国良，2013）：以深圳为代表的部分城市将智慧城市建设作为增强城市创新能力的重要推动力，希望借此把握住新一轮信息技术革命中的核心技术；以武汉为代表的部分城市充分利用自身的技术基础，将自身定位为智慧城市建设的技术和产品供应地；以昆山为代表的部分城市将自身的产业优势与智慧城市建设紧密结合起来，进一步提升自身的产业地位；以成都为代表的部分城市借助智慧城市建设，提供自身的文化影响力，加快城市的人文环境发展。

由于拥有一批国内技术领先的物联网制造企业，宁波在智慧城市的建设过程中也走在全国前列。在 2010 年 9 月正式出台了《中共宁波市委宁波市人民政府关于建设智慧城市的决定》，对今后一段时期智慧城市建设工作进行了全面的部署，从而使得宁波成为国内第一个系统开展智能城市建设的城市。该决定指出，宁波形成了在国内来说相对比较完整的智慧城市框架体系和建设内容，其智慧城市划分为六大领域，既包括产业、技术等硬件体系，也包括管理、服务、民生及人文等软件体系，并就这些领域的功能与目标进行了界定。

10.2　文献综述

在评价指标体系构建方面，国际智慧城市组织是一个长期关注智慧城市发展的智囊团，其主要从宽带连接、知识型劳动力、创新、数字融合、社区营销与宣传这 5 个方面去评价智慧社区的发展水平。2011 年，上海浦东智慧城市发展研究院正式对外公开发布了我国国内第一个智慧城市指标体系，它对智慧城市的定义予以了明确说明，并将智慧城市指标体系划分为基础设施、公共管理和服务、信息服务经济发展、人文科学素养及市民主观感知这 5 个维度、19 项二级指标和 64 项三级指标。2014 年，国家颁布了关于智慧城市（区、镇）试点的试行指标体系文件，明确了智慧产业与经济、保障体系与基础设施、智慧管理与服务以及智慧建设与宜居这四个一级指标，意在帮助首批试点城镇完善智慧城市建设（万碧玉、姜栋和周微茹，2014）。2015 年，国家发展和改革委员会、国家互联网信息办公室等机构进一步为智慧城市评价体系提供了统一理论指导，强调评价体系应以人本性、科学性、系统性、易操作性和支持扩展性为基本原则，以信息资源、创新能力、发展机制、基础设施、公共服务、社会管理、生态宜居和产业体系为一级指标，全方位指导了智慧城市的横向、纵向建设（张军红，2016）。陈铭、王乾晨和张晓海等（2011）从智慧城市的基础领域、智慧产业、智慧服务以及智慧人文四个方面建立评价指标体系。李印、王晓燕、毛云骞和张安安（2016）采用基于层次分析法和模糊综合评价法，构建 5 个一级指标和 31 个二级指标的评价指标体系，评价了城市智慧交通的发展水平。周洺竹和杨娇（2016）选取了智慧城市基础设施、智慧城市公共管理和服务、智慧城市信息服务经济发展、智慧城市软环境建设四个方面，对济南市智慧城市建设的发展状况进行分析，并提出相应的对策。刘笑音和郑淑蓉（2013）从信息基础设施、公共支撑平台、城市竞争能力、价值实现四大方面构建智慧城市发展潜力评价指标体系，运用主成分分析方法对我国东部地区 11 个具有代表性的城市进行排序和潜力评价，并在现实和实证分析的基础上对智慧城市未来的规划建设提出相应政策建议。项勇和任宏（2014）基于 ANP – TOPSIS 方法，构建 3 个一级指标和 19 个二级指标进行了智慧城市的评价研究。孟庆丽（2015）从智慧经济、智慧移动、智慧环境、智慧生活、智慧民众和智慧政府 6 个特征、31 个因素及 74 个观测值对城市智慧进行了评估。邓贤锋（2010）在分析城市信息化评价指标体系的基础上，根据智慧城市的内涵和发展特点，总结提炼了智慧城市评价指标体系，包括城市网络互联领域、智慧产业领域、智慧服务领域、智慧人文领域这 4 个部分，共 21 项评价指标体系。

总体来看，现有评价指标体系存在如下两点不足：一是评价指标体系过分强调信息技术层面，忽视了以人民群众为核心的社会层面的分析和思考；二是忽略了各个评价指标之间的关联性。

本章拟建立符合我国智慧城市发展特点的评价指标体系，采用基于 MCC-PI 的综合评价方法，均衡考虑多种相互关联、甚至是相互制约、矛盾的评价指标，对宁波智慧城市建议水平进行综合评价，并提出相应的改进建议。

10.3 指标体系构建

宁波地处东南沿海，属于典型的海港城市。宁波的基础设施建设、高新技术产业、信息资源共享体系建设，以及信息经济融合创新不断深入为智慧城市的发展奠定了基础。宁波是国内第一个系统部署智慧城市建设的城市，加快创建智慧城市成为全市"十二五"期间的重大战略之一（周娟和金鹏，2013）。宁波的智慧城市建设比较早，在摸索中前进，出现了一些问题：一是城市智慧基础设施投入不足，智慧城市建设顶层设计与智慧基础设施规划匹配度还需加强；二是智慧宁波的数据库建设不完善，具体项目之间缺乏关联性不能做到协同有效；三是从顶层设计、具体项目的规划以及智慧城市发展方向的规划缺乏一套有效的评价机制。本章以科学性、客观性、公正性为原则，定性和定量相结合，从智能化基础设施建设、智慧产业、智能公共管理和服务以及智慧人文科学素养四个方面建立指标体系。具体见表 10.1。

表 10.1 　　　　　　　　　**智慧宁波发展能力综合评价的指标体系**

目标层（A）	一级指标（B）	二级指标（C）
智慧宁波发展能力综合评价 A	智能化基础设施 B_1	无线网络覆盖率（亿元）C_1
		智能交通基础设施投资（亿元）C_2
		智慧城管网格覆盖面积（公顷）C_3
		互联网的覆盖率（%）C_4
	智慧产业 B_2	工业科技活动经费支出（亿元）C_5
		新产品产值率（%）C_6
		电子商务交易总额（亿元）C_7
	智能公共管理和服务 B_3	网上行政的比重（%）C_8
		公共服务支出占政府总支出比例（%）C_9
		社区综合服务系统的覆盖率（%）C_{10}
		年末城镇登记失业率（%）C_{11}
	智慧人文科学素养 B_4	人均可支配收入同比增长率（%）C_{12}
		发明专利授权（件）C_{13}
		高技能人才（万人）C_{14}
		省级高新技术企业研究开发中心数量（家）C_{15}

（1）智能化基础设施：海量信息数据的搜索和存储、数学模型优化分析和高性能计算技术，实现所有系统的感知、互联互通乃至智能化。包括无线网络覆盖率 C_1、智能交通基础设施投资 C_2、智慧城管网格覆盖面积 C_3、互联网的覆盖率 C_4 共 4 个二级指标。

（2）智慧产业：人的智慧与人工智能相结合，进行研发、制造、生产、管理等活动，形成有形或无形智慧产业，以及芯片研发系统集成、动漫、创意设计等都应属于智慧产业范围。包括工业科技活动经费支出 C_5、新产品产

值率 C_6、电子商务交易总额 C_7 共 3 个二级指标。

（3）智能公共管理和服务：为市民提供"随时、随地、随需"可获得的"衣食住行乐财救医"等信息服务还包括为企业提供方便、快捷的审批、投融资、信用信息等服务。包括网上行政的比重 C_8、公共服务支出占政府总支出比例 C_9、社区综合服务系统的覆盖率 C_{10}、年末城镇登记失业率 C_{11} 共 4 个二级指标。

（4）智慧人文科学素养：国家对科学研究的投入以及专业人才培养都对城市人文科学素养的提升起到关键的支撑作用。包括人均可支配收入同比增长率 C_{12}、发明专利授权 C_{13}、高技能人才 C_{14}、省级高新技术企业研究开发中心数量 C_{15} 共 4 个二级指标。

根据已经建立的智慧宁波发展能力综合评价研究指标体系，进行指标数据的构建，数据大多来自 2012～2016 年宁波市国民经济和统计发展公报。大多数据可以直接得到，少量数据需经过计算获取。经过标准化处理后结果见表 10.2。

表 10.2　　　　　　　　智慧宁波发展能力综合评价研究评价

		项目	2012 年	2013 年	2014 年	2015 年	2016 年
智慧宁波发展能力综合评价 A	智能化基础设施 B_1	无线网络覆盖率（%）C_1	0.43	0.42	0.48	0.65	0.82
		智能交通基础设施投资（亿元）C_2	0.58	0.61	0.63	0.66	0.81
		智慧城管网格覆盖面积（公顷）C_3	0.31	0.46	0.71	0.74	0.92
		互联网的覆盖率（%）C_4	0.80	0.88	0.92	0.97	0.99
	智慧产业 B_2	工业科技活动经费支出（亿元）C_5	0.71	0.79	0.82	0.84	0.94
		新产品产值率 C_6	0.58	0.63	0.75	0.84	0.91
		电子商务交易总额（亿元）C_7	0.14	0.22	0.34	0.55	0.85
	智能公共管理和服务 B_3	网上行政的比重（%）C_8	0.87	0.90	0.94	0.95	0.98
		公共服务支出占政府总支出比例（%）C_9	0.58	0.63	0.75	0.84	0.91
		社区综合服务系统的覆盖率（%）C_{10}	0.83	0.89	0.91	0.93	0.96
		年末城镇登记失业率（%）C_{11}	0.85	0.72	0.65	0.67	0.67

	项目		2012 年	2013 年	2014 年	2015 年	2016 年
智慧宁波发展能力综合评价 A	智慧人文科学素养 B_4	人均可支配收入同比增长率（%）C_{12}	0.94	0.83	0.83	0.73	0.66
		发明专利授权（件）C_{13}	0.34	0.37	0.47	0.90	0.95
		高技能人才（万人）C_{14}	0.6	0.67	0.75	0.84	0.95
		省级高新技术企业研究开发中心数量（家）C_{15}	0.11	0.13	0.78	0.87	0.95

注：带 * 的数据由于缺损，取各年平均值。

10.4　评　价　过　程

10.4.1　MCCPI 偏好信息的获得

10.4.1.1　智能化基础设施 B_1 的偏好信息

无线网络覆盖率 C_1 稍微重要于智能交通基础设施投资 C_2，两者存在比较强的正交互作用；无线网络覆盖率 C_1 稍微不重要于智慧城管网格覆盖面积 C_3，两者存在比较强的正交互作用；无线网络覆盖率 C_1 比较重要于互联网的覆盖率 C_4，两者存在稍微强的正交互作用；智能交通基础设施投资 C_2 稍微不重要于智慧城管网格覆盖面积 C_3，两者存在稍微强的正交互作用；智能交通基础设施投资 C_2 稍微重要于互联网的覆盖率 C_4，两者存在稍微强的正交互作用；智慧城管网格覆盖面积 C_3 稍微不重要于互联网的覆盖率 C_4，两者存在稍微强的正交互作用。详见图 10.1。

10.4.1.2　智慧产业 B_2 的偏好信息

工业科技活动经费支出 C_5 稍微重要于新产品产值率 C_6，两者存在比较强的正交互作用；工业科技活动经费支出 C_5 比较不重要于电子商务交易总额 C_7，两者存在比较强的正交互作用；新产品产值率 C_6 稍微不重要于电子商务交易总额 C_7，两者存在稍微强的正交互作用。详见图 10.2。

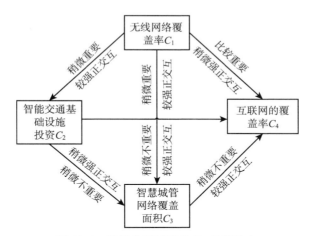

图 10.1　智能化基础设施 B_1 偏好信息

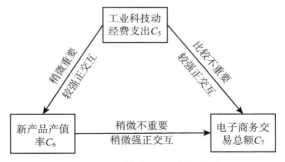

图 10.2　智慧产业 B_2 偏好信息

10.4.1.3　智能公共管理和服务 B_3 的偏好信息

网上行政的比重 C_8 稍微重要于公共服务支出占政府总支出比例 C_9，两者存在比较强的正交互作用；网上行政的比重 C_8 稍微重要于社区综合服务系统的覆盖率 C_{10}，两者存在比较强的正交互作用；网上行政的比重 C_8 比较不重要于年末城镇登记失业率 C_{11}，两者存在比较强的正交互作用；公共服务支出占政府总支出比例 C_9 稍微不重要于社区综合服务系统的覆盖率 C_{10}，两者存在稍微强的正交互作用；公共服务支出占政府总支出比例 C_9 稍微重要于年末城镇登记失业率 C_{11}，两者存在比较强的正交互作用；社区综合服务系统的覆盖率 C_{10} 稍微不重要于年末城镇登记失业率 C_{11}，两者存在稍微强的正交互作用。详见图 10.3。

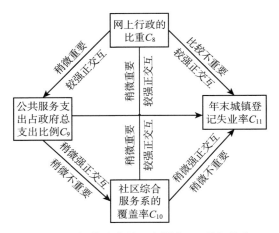

图 10.3 智能公共管理和服务 B_3 偏好信息

10.4.1.4 智慧人文科学素养 B_4 的偏好信息

人均可支配收入同比增长率 C_{12} 稍微重要于发明专利授权 C_{13}，两者存在稍微强的正交互作用；人均可支配收入同比增长率 C_{12} 稍微不重要于高技能人才 C_{14}，两者存在比较强的正交互作用；人均可支配收入同比增长率 C_{12} 比较不重要于省级高新技术企业研究开发中心数量 C_{15}，两者存在比较强的正交互作用；发明专利授权 C_{13} 稍微重要于高技能人才 C_{14}，两者存在比较强的正交互作用；发明专利授权 C_{13} 稍微不重要于省级高新技术企业研究开发中心数量 C_{15}，两者存在比较强的正交互作用；高技能人才 C_{14} 稍微重要于省级高新技术企业研究开发中心数量 C_{15}，两者存在比较强的正交互作用。详见图 10.4。

10.4.1.5 智慧宁波发展能力综合评价 A 的偏好信息

智能化基础设施 B_1 稍微重要于智慧产业 B_2，两者存在非常强的正交互作用；智能化基础设施 B_1 稍微不重要于智能公共管理和服务 B_3，两者存在比较强的正交互作用；智能化基础设施 B_1 稍微不重要于智慧人文科学素养 B_4，两者存在稍微强的正交互作用；智慧产业 B_2 稍微重要于智能公共管理和服务 B_3，两者存在比较强的正交互作用；智慧产业 B_2 稍微不重要于智慧人

文科学素养 B_4，两者存在稍微强的正交互作用；智能公共管理和服务 B_3 稍微重要于智慧人文科学素养 B_4，两者存在比较强的正交互作用。详见图 10.5。

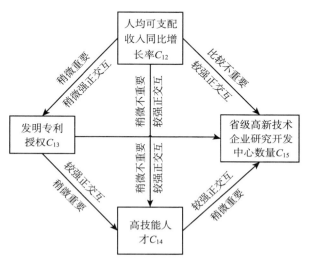

图 10.4 智慧人文科学素养 B_4 偏好信息

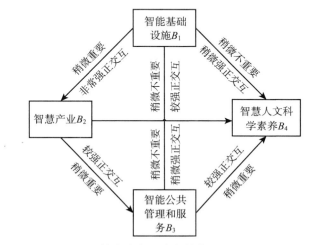

图 10.5 智慧宁波发展能力综合评价 A 偏好信息

10.4.2　智能化基础设施 B_1 的评价值计算

无线网络覆盖率、智能交通基础设施投资、智慧城管网格覆盖面积、互联网的覆盖率经过 6 次二维成对比较，可以获得如下相对重要性矩阵和部分关联信息矩阵：

$$R = \begin{bmatrix} 0.500 & 0.509 & 0.395 & 0.259 \\ 0.491 & 0.500 & 0.457 & 0.580 \\ 0.605 & 0.543 & 0.500 & 0.406 \\ 0.741 & 0.420 & 0.594 & 0.500 \end{bmatrix}$$

$$P = \begin{bmatrix} - & 0.430 & 0.298 & 0.061 \\ 0.430 & - & 0.187 & 0.409 \\ 0.298 & 0.187 & - & 0.390 \\ 0.061 & 0.409 & 0.390 & - \end{bmatrix}$$

求得沙普利重要性和交互作用指标值为：

$$I_1 = 0.174,\ I_2 = 0.254,\ I_3 = 0.258,\ I_4 = 0.314$$

$$I_{12} = 0.183,\ I_{13} = 0.129,\ I_{14} = 0.030,\ I_{23} = 0.094,\ I_{24} = 0.230,\ I_{34} = 0.223$$

根据集函数的默比乌斯表示与沙普利交互作用指标的关系，各准则的默比乌斯表示值为：

$$m_\mu(\{1\}) = 0.003,\ m_\mu(\{2\}) = 0.001,\ m_\mu(\{3\}) = 0.035,\ m_\mu(\{4\}) = 0.073$$

$$m_\mu(\{1,2\}) = 0.183,\ m_\mu(\{1,3\}) = 0.129,\ m_\mu(\{1,4\}) = 0.030$$

$$m_\mu(\{2,3\}) = 0.094,\ m_\mu(\{2,4\}) = 0.230,\ m_\mu(\{3,4\}) = 0.223$$

根据默比乌斯表示与非可加测度的转换关系，可得各准则的 2 序非可加测度值：

$$\mu(\varnothing) = 0,\ \mu(\{1\}) = 0.003,\ \mu(\{2\}) = 0.001,\ \mu(\{3\}) = 0.030,\ \mu(\{4\}) = 0.068$$

$$\mu(\{1,2\}) = 0.187,\ \mu(\{1,3\}) = 0.162,\ \mu(\{1,4\}) = 0.101$$

$$\mu(\{2,3\}) = 0.125,\ \mu(\{2,4\}) = 0.289,\ \mu(\{3,4\}) = 0.331$$

$$\mu(\{1,2,3\}) = 0.440,\ \mu(\{1,2,4\}) = 0.514,\ \mu(\{1,3,4\}) = 0.493$$

$$\mu(\{2,3,4\}) = 0.655,\ \mu(\{1,2,3,4\}) = 1$$

进而可以用肖凯积分来集成智能化基础设施 B_1 在各年的评价值，见

表 10.3。

表 10.3   智能化基础设施各年评价值

年份	2012	2013	2014	2015	2016
肖凯积分值	0.598	0.657	0.716	0.799	0.904

10.4.3 智慧产业 B_2 评价值计算

工业科技活动经费支出、新产品产值率无线网络覆盖率、电子商务交易总额经过 3 次二维成对比较，可以获得如下相对重要性矩阵和部分关联信息矩阵：

$$R = \begin{bmatrix} 0.500 & 0.507 & 0.405 \\ 0.493 & 0.500 & 0.364 \\ 0.595 & 0.636 & 0.500 \end{bmatrix}$$

$$P = \begin{bmatrix} - & 0.376 & 0.123 \\ 0.376 & - & 0.218 \\ 0.123 & 0.218 & - \end{bmatrix}$$

基于相对重要性矩阵 R 和部分关联信息矩阵 P，可构建如下模型，并求得沙普利重要性和交互作用指标值为：

$I_5 = 0.288$，$I_6 = 0.268$，$I_7 = 0.444$，$I_{56} = 0.209$，$I_{57} = 0.090$，$I_{67} = 0.155$

根据集函数的默比乌斯表示与沙普利交互作用指标的关系，各准则的默比乌斯表示值为：

$$m_\mu(\{5\}) = 0.139，m_\mu(\{6\}) = 0.086，m_\mu(\{7\}) = 0.322$$

$$m_\mu(\{5, 6\}) = 0.209，m_\mu(\{5, 7\}) = 0.090，m_\mu(\{6, 7\}) = 0.155$$

根据默比乌斯表示与非可加测度的转换关系，可得各准则的 2 序非可加测度值：

$$\mu(\varnothing) = 0，\mu(\{5\}) = 0.139，\mu(\{6\}) = 0.086，\mu(\{7\}) = 0.434$$

$\mu(\{5, 6\}) = 0.434$，$\mu(\{5, 7\}) = 0.550$，$\mu(\{6, 7\}) = 0.563$，$\mu(\{5, 6, 7\}) = 1$

进而可以用肖凯积分来集成舟山智慧产业 B_2 在各年的评价值，见表 10.4。

表 10.4 智慧产业发展各年评价值

年份	2012	2013	2014	2015	2016
肖凯积分值	0.349	0.420	0.527	0.676	0.880

10.4.4 智能公共管理和服务 B_3 评价值计算

网上行政的比重、公共服务支出占政府总支出比例、社区综合服务系统的覆盖率、年末城镇登记失业率经过 6 次二维成对比较，可以获得如下相对重要性矩阵和部分关联信息矩阵：

$$R = \begin{bmatrix} 0.500 & 0.611 & 0.485 & 0.352 \\ 0.389 & 0.500 & 0.460 & 0.531 \\ 0.515 & 0.540 & 0.500 & 0.378 \\ 0.648 & 0.469 & 0.622 & 0.500 \end{bmatrix}$$

$$P = \begin{bmatrix} - & 0.274 & 0.246 & 0.320 \\ 0.274 & - & 0.130 & 0.374 \\ 0.246 & 0.130 & - & 0.118 \\ 0.320 & 0.374 & 0.118 & - \end{bmatrix}$$

求得沙普利重要性和交互作用指标值为：

$$I_8 = 0.235 , I_9 = 0.218 , I_{10} = 0.232 , I_{11} = 0.315$$

$I_{89} = 0.124$, $I_{810} = 0.115$, $I_{811} = 0.176$, $I_{910} = 0.058$, $I_{911} = 0.200$, $I_{1011} = 0.065$

根据集函数的默比乌斯表示与沙普利交互作用指标的关系，各准则的默比乌斯表示值为：

$$m_\mu(\{8\}) = 0.028 , m_\mu(\{9\}) = 0.027 , m_\mu(\{10\}) = 0.113 , m_\mu(\{11\}) = 0.095$$

$$m_\mu(\{8, 9\}) = 0.124 , m_\mu(\{8, 10\}) = 0.115 , m_\mu(\{8, 11\}) = 0.176$$

$$m_\mu(\{9, 10\}) = 0.058 , m_\mu(\{9, 11\}) = 0.200 , m_\mu(\{10, 11\}) = 0.065$$

根据默比乌斯表示与非可加测度的转换关系，可得各准则的 2 序非可加测度值：

$$\mu(\varnothing) = 0 , \mu(\{8\}) = 0.028 , \mu(\{9\}) = 0.027 , \mu(\{10\}) = 0.113 , \mu(\{11\}) = 0.095$$

$$\mu(\{8, 9\}) = 0.179 , \mu(\{8, 10\}) = 0.256 , \mu(\{8, 11\}) = 0.298$$

$$\mu(\{9, 10\}) = 0.198 , \mu(\{9, 11\}) = 0.322 , \mu(\{10, 11\}) = 0.273$$

$$\mu(\{8, 9, 10\}) = 0.465, \quad \mu(\{8, 9, 11\}) = 0.649, \quad \mu(\{8, 10, 11\}) = 0.591$$
$$\mu(\{9, 10, 11\}) = 0.558, \quad \mu(\{8, 9, 10, 11\}) = 1$$

进而可以用肖凯积分来集智能公共管理和服务 B_3 在各年的评价值,见表 10.5。

表 10.5　　　　　　　　　智能公共管理和服务各年评价值

年份	2012	2013	2014	2015	2016
肖凯积分值	0.757	0.789	0.831	0.862	0.893

10.4.5　智慧人文科学素养 B_4 评价值计算

人均可支配收入同比增长率、发明专利授权、高技能人才、省级高新技术企业研究开发中心数量经过 6 次二维成对比较,可以获得如下相对重要性矩阵和部分关联信息矩阵:

$$R = \begin{bmatrix} 0.500 & 0.595 & 0.542 & 0.265 \\ 0.405 & 0.500 & 0.516 & 0.393 \\ 0.458 & 0.484 & 0.500 & 0.444 \\ 0.735 & 0.607 & 0.556 & 0.500 \end{bmatrix}$$

$$P = \begin{bmatrix} - & 0.105 & 0.155 & 0.252 \\ 0.105 & - & 0.391 & 0.323 \\ 0.155 & 0.391 & - & 0.296 \\ 0.252 & 0.323 & 0.296 & - \end{bmatrix}$$

求得沙普利重要性和交互作用指标值为:

$$I_{12} = 0.221, \quad I_{13} = 0.199, \quad I_{14} = 0.215, \quad I_{15} = 0.365$$

$$I_{1213} = 0.044, \quad I_{1214} = 0.067, \quad I_{1215} = 0.148, \quad I_{1314} = 0.162, \quad I_{1315} = 0.182, \quad I_{1415} = 0.172$$

根据集函数的默比乌斯表示与沙普利交互作用指标的关系,各准则的默比乌斯表示值为:

$$m_\mu(\{12\}) = 0.092, \quad m_\mu(\{13\}) = 0.005, \quad m_\mu(\{14\}) = 0.015, \quad m_\mu(\{15\}) = 0.114$$

$$m_\mu(\{12, 13\}) = 0.044, \quad m_\mu(\{12, 14\}) = 0.067, \quad m_\mu(\{12, 15\}) = 0.148$$

$$m_\mu(\{13, 14\}) = 0.162, \quad m_\mu(\{13, 15\}) = 0.182, \quad m_\mu(\{14, 15\}) = 0.172$$

根据默比乌斯表示与非可加测度的转换关系，可得各准则的 2 序非可加测度值：

$\mu(\varnothing)=0$，$\mu(\{12\})=0.092$，$\mu(\{13\})=0.005$，$\mu(\{14\})=0.015$，$\mu(\{15\})=0.114$，$\mu(\{12,13\})=0.143$，$\mu(\{12,14\})=0.286$，$\mu(\{12,15\})=0.245$，$\mu(\{13,14\})=0.201$，$\mu(\{13,15\})=0.278$，$\mu(\{14,15\})=0.275$，$\mu(\{12,13,14\})=0.597$，$\mu(\{12,13,15\})=0.453$，$\mu(\{12,14,15\})=0.592$，$\mu(\{13,14,15\})=0.572$，$\mu(\{12,13,14,15\})=1$

进而可以用肖凯积分来集成智慧人文科学素养 B_4 在各年的评价值，见表 10.6。

表 10.6 智慧人文科学素养各年评价值

年份	2012	2013	2014	2015	2016
肖凯积分值	0.562	0.540	0.681	0.834	0.869

10.4.6　智慧宁波发展能力综合评价 *A* 评价值计算

智能基础设施建设、智慧经济发展、智能公共管理和服务、智慧人文科学素养经过 6 次二维成对比较，可以获得如下相对重要性矩阵和部分关联信息矩阵：

$$R=\begin{bmatrix} 0.500 & 0.580 & 0.605 & 0.427 \\ 0.420 & 0.500 & 0.535 & 0.381 \\ 0.395 & 0.465 & 0.500 & 0.573 \\ 0.573 & 0.619 & 0.427 & 0.500 \end{bmatrix}$$

$$P=\begin{bmatrix} - & 0.386 & 0.461 & 0.145 \\ 0.386 & - & 0.293 & 0.130 \\ 0.461 & 0.293 & - & 0.220 \\ 0.145 & 0.130 & 0.220 & - \end{bmatrix}$$

求得沙普利重要性和交互作用指标值为：

$$I_1=0.276，\ I_2=0.210，\ I_3=0.235，\ I_4=0.279$$

$I_{12} = 0.188$，$I_{13} = 0.232$，$I_{14} = 0.080$，$I_{23} = 0.128$，$I_{24} = 0.064$，$I_{34} = 0.110$

根据集函数的默比乌斯表示与沙普利交互作用指标的关系，各准则的默比乌斯表示值为：

$$m_\mu(\{1\}) = 0.026，m_\mu(\{2\}) = 0.020，m_\mu(\{3\}) = 0，m_\mu(\{4\}) = 0.152$$
$$m_\mu(\{1,2\}) = 0.188，m_\mu(\{1,3\}) = 0.232，m_\mu(\{1,4\}) = 0.080$$
$$m_\mu(\{2,3\}) = 0.128，m_\mu(\{2,4\}) = 0.064，m_\mu(\{3,4\}) = 0.110$$

根据默比乌斯表示与非可加测度的转换关系，可得各准则的 2 序非可加测度值：

$$\mu(\varnothing) = 0，\mu(\{1\}) = 0.026，\mu(\{2\}) = 0.020，\mu(\{3\}) = 0，\mu(\{4\}) = 0.152$$
$$\mu(\{1,2\}) = 0.234，\mu(\{1,3\}) = 0.258，\mu(\{1,4\}) = 0.258$$
$$\mu(\{2,3\}) = 0.148，\mu(\{2,4\}) = 0.236，\mu(\{3,4\}) = 0.262$$
$$\mu(\{1,2,3\}) = 0.594，\mu(\{1,2,4\}) = 0.530，\mu(\{1,3,4\}) = 0.600$$
$$\mu(\{2,3,4\}) = 0.474，\mu(\{1,2,3,4\}) = 1$$

进而可以用肖凯积分来集成智慧宁波发展能力 A 在各年的评价值，见表 10.7。

表 10.7 　　　　　　　　智慧宁波发展能力各年评价值

年份	2012	2013	2014	2015	2016
肖凯积分值	0.442	0.515	0.604	0.711	0.853

10.5　结　　论

通过对宁波的基础设施、经济、公共服务和人文科学 4 个方面评价指标的建立，以及基于 MCCPI 方法计算得出的肖凯积分值，表明智慧宁波建设取得了显著的成就。如表 10.8、图 10.6 所示。

表 10.8　　　　　　　　智慧宁波发展能力指标各年综合评价值

项目	2012 年	2013 年	2014 年	2015 年	2016 年
智慧宁波综合发展能力	0.442	0.515	0.604	0.711	0.853
智能基础设施	0.598	0.657	0.716	0.799	0.904
智慧产业	0.349	0.42	0.527	0.676	0.88
智能公共管理和服务	0.757	0.789	0.831	0.862	0.893
智慧人文科学素养	0.562	0.54	0.681	0.834	0.869

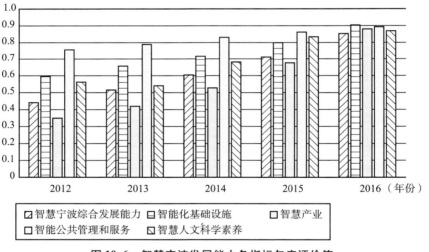

图 10.6　智慧宁波发展能力各指标年度评价值

　　智慧宁波评价指标的构建以及基于 MCCPI 的智慧宁波现状综合评价研究对智慧城市建设中具体项目的规划、城市发展水平、人民生活水平等方面具有重要意义。尽管宁波的智慧城市建设取得了显著的效果，但是在研究中发现以下的四个方面在城市建设中仍然有较大的提升空间：

　　第一，推动智慧产业的建设和发展。由表 10.8 分析可得，智慧产业近几年的平均发展水平低于智能基础设施、智能公共管理和服务和智慧人文科学素养建的平均发展水平。设智慧城市首要任务就是要建立健康合理的城市产业结构的主导力量。智慧产业是指直接运用人的智慧进行研发、创造、生产、管理等活动,形成有形或无形智慧产品以满足社会需要的产业。智慧产业属于第三产业,是工业化和信息化的深度融合,是产业结构优化升级的重要方向,是建设智慧城市的必要支撑。

第二,加强信息化公共管理和服务建设,由图 10.6 分析可得,智能公共管理和服务总体发展水平较高,同时在智慧城市建设中占据相当大的比重。应用现代信息和通信技术,将管理和服务通过网络技术进行集成,以及对政府需要的和拥有的信息资源的开发和管理,来提高政府的工作效率、决策质量、调控能力、廉洁程度、节约政府开支,改进政府的组织结构、业务流程和工作方式,全方位地向社会民众提供优质、规范、透明、符合国际水准的公共管理和服务。

第三,加大对人文科学技术投入力度,发挥科技支撑作用。由表 10.8 分析可得,智慧人文科学素养的肖凯积分值尽管逐年呈上升趋势,相比于智能基础设施、智慧产业增长幅度比较低。科技是第一生产力,人才是发展科技的重要保障。因此应大力培养、引进高水平复合型人才及信息化专业技术人才,着力培养智慧城市建设人才;加大科学技术的投入水平和科技人员的智力投入,建立科研机构支撑平台,提升科研能力。

第四,提升智能化基础设施建设水平。施建设基础设施建设是推进城市化进程必不可少的物质保证,是实现一个城市经济效益、社会效益、环境效益的重要条件,而智慧城市的建设更离不开信息基础设施的配合。因此,在智慧城市建设过程中,应优化现有信息资源,集约化构建信息资源共享平台,加快构建开放统一的公共基础数据库,提升城市信息服务能力;积极推进互联网、电信网、广电网的"三网"融合,并与物联网、无线宽带网相结合,提升网络宽带化、泛在化、融合化、智能化水平和支撑信息化的能力。

第 11 章

基于 MCCPI 的汽车整车业上市公司
绩效的综合评价

上市公司经营绩效的好坏在很大程度上决定了整个市场的资源配置的合理性及有序竞争性，绩效评价在绩效管理体系和整个企业管理中具都有十分重要的作用和地位。正确地选择上市公司绩效评价指标体系及方法，可以保证绩效评价工作的顺利进行，最大限度地反映公司经营绩效，为国家监督、公众投资以及内部管理提供有价值的信息。

汽车产业是我国支柱产业之一，整车上市公司作为汽车产业的领头羊无疑应发挥模范带头作用。对整车上市公司的绩效进行客观、全面、系统的评价就显得尤为必要。公司绩效是企业在其生产经营的一段时间内，在有竞争者的环境中，通过合理配置资源，内部管理，所达到的企业经营效果和财务效益的程度（王红娟，2012）。绩效评价是指运用一定的技术方法，采用特定的指标体系，通过定量或定性对比分析，对业绩和效益做出客观、标准的综合判断，真实反映现时状况，预测未来发展前景的管理控制系统（卢教诚，2008）。

本章基于平衡计分卡的财务、客户、内部流程和学习与成长共 4 个维度设立 13 个二级指标，运用 MCCPI 方法充分考虑指标间的交互作用而进行综合评价。

11.1 文 献 综 述

较早的公司绩效评价指标主要集中在财务方面。20 世纪初，亚历山大·

沃尔在其《信用晴雨表研究》和《财务报表比率分析》论著中选取了 7 个财务比率指标，提出的综合评价企业财务效益的方法，为企业绩效评价的开展提供了新思路。1990 年，克罗斯和林奇提出把企业总体战略与财务信息结合起来的绩效金字塔指标体系。1991 年美国的斯腾·斯图尔特公司提出了经济增加值（economic value added，EVA）作为企业业绩评价指标，得到广泛应用。1997 提出的修正经济增加值（refined economic value added，REVA）指标，进一步发展了经济增加值指标（祝贺，2007）。

单一财务指标逐渐不能满足企业发展要求，非财务指标逐渐被纳入评价指标体系。1992 年美国学者卡罗兰和诺顿创建了绩效评价的平衡计分卡（balance score card，BSC），将财务、市场、内部流程和学习与成长 4 个方面指标进行评价（祝贺，2007）。我国现行的《中央企业综合绩效评价管理暂行办法》，实施细则以投入产出分析为基本方法，对照相应行业评价标准，对企业特定经营期间的盈利能力、资产质量、债务风险、经营增长以及管理状况等进行的综合评判。徐国祥等提出的上市公司绩效评价指标体系，主要是站在控股股东的立场上提出的，作者提出的指标体系主要包括盈利能力、偿债能力资产管理能力、成长能力、股本扩张能力及主营业务鲜明状况 5 个方面（祝贺，2007）。潘和平提出现代企业设置绩效评价指标体系的要求，并据此从财务评价和非财务评价两方面设置企业绩效评价指标体系（潘和平，2006）。张冬（2004）面向循环经济的企业评价指标的特点、原则和层次，提出面向循环经济的企业绩效评价指标体系的结构及其评价方法。王佳（2006）综合平衡计分卡和绩效棱柱 2 种绩效评价体系，提出了从利益相关者角度出发，以扩展的平衡计分卡为框架，建立一个集成利益相关者的满意、利益相关者的贡献、企业经营和企业战略的企业综合绩效评价方法。宋静雅（2008）选取 2006 年 15 家整车上市公司的 9 个财务指标组成评价体系，选用因子分析法对我国汽车产业整车上市公司进行评价。岳金燕和金水英（2011）以战略平衡计分卡的原理结合企业研发部门特征和活动特征来构建一套实用、有效的管理绩效评价体系。曹梦（2015）从财务效益、资产营运、偿债能力和发展能力 4 个方面建立汽车上市公司绩效评价的指标体系。

上述研究对企业绩效评价方法从单一成本指标发展到涉及财务、非财务等多元指标，更精准全面反映企业绩效进行评价及管理应用。但是评价方法大部分是对每个指标单一考核评价或者分别评价再综合，忽略了各准则之间的交互关系对企业绩效的影响。本章引入 MCCPI 评价方法，分析指标之间的交互作用和重要性，通过肖凯积分函数进行集成，从而对我国汽车上市公司的绩效进行综合评价。

11.2　指标体系构建

上市公司经营业绩评价的目标就是揭示上市公司的内在价值，为信息使用者提供决策有用的信息。绩效评价指标可分为财务评价指标和非财务评价指标。其中财务评价指标用于综合评价企业财务会计报表所反映的经营绩效状况，而非财务评价指标用来衡量与企业长远发展有关的因素。财务指标包括股东权益报酬率、资产周转率、流动比率、速动比率以及资产负债率等。非财务指标主要是关于战略管理方面的指标，如发展创新指标、人力资源指标、行业影响指标等等。平衡记分卡，是罗伯特·卡普兰和戴维·诺顿一种全面衡量绩效方法，是一种绩效评价体系，包含财务、客户、内部流程和学习与成长 4 个维度。

本章基于平衡计分卡从财务、客户、学习与成长和内部流程四个方面进行指标的设计，指标设计见表 11.1。

表 11.1　　　　　　　　上市公司经营业绩综合评价指标体系

维度	关键绩效指标	指标公式/定义
财务 A	主营业务利润率 a_1	=（主营业务净利润/主营业务收入）×100%
	总资产净利率 a_2	=净利润/资产平均总额×100%
	应收账款周转率 a_3	=当期销售净收入/平均应收账款余额×100%
	总资产负债率 a_4	=负债总额/资产总额×100%
内部流程 B	重点客户占比 b_1	=重点客户收入金额/收入总金额×100%
	关键员工在职率 b_2	=在职关键员工数/关键员工总数×100%
	生产安全率 b_3	=安全生产次数/生产总次数
	人均净利润 b_4	=全年净利润/全体员工总数

维度	关键绩效指标	指标公式/定义
顾客与市场 C	市场份额占有率 c_1	= 企业销售额/全行业销售额 ×100%
	客户保持度 c_2	= (本年客户总数 − 上年客户总数)/上年客户总数 ×100%
	客户满意度 c_3	= 问卷调查评分
学习与成长 D	研发费用投入占比 d_1	= 研发费用投入/总投入 ×100%
	销售增长率率 d_2	= 增长销售额/本年销售额 ×100%

11.3 评价过程

现选取四家汽车整车业上市公司进行分析，如表 11.2 所示。

表 11.2   **四家汽车整车制造业上市公司情况**   单位：亿元

序号	股票代码	公司简称	交易市场	资产
1	600006	DF 汽车	上海 A 股	186.02
2	600166	FT 汽车	上海 A 股	330.49
3	601633	CC 汽车	上海 A 股	425.69
4	000625	CA 汽车	深圳 A 股	461.18

基于 BSC 从财务、内部流程、顾客与市场、学习与成长 4 个维度选取指标，财务方面选取销售净利率、资产净利率、应收账款周转率、总资产负债率 4 个反应盈利能力，负债能力的关键指标；内部流程方面选取成本费用利润率、关键员工在职率、生产安全率、人均净利润 4 个关键指标；顾客与市场层面选取市场份额占有率、客户保持率、客户满意度 3 个关键指标；学习与成长层面选取研发费用投入占比、销售增长率两个关键指标进行综合评价，具体指标数据如表 11.3 所示。

表 11.3 　　　　　　　　**四家汽车整车制造业上市公司评估指标**

维度	关键绩效指标	DF 汽车	FT 汽车	CC 汽车	CA 汽车
财务 A	主营业务利润率 a_1	9.66	10.26	23.18	15.83
	净资产净利率 a_2	0.36	9.19	26.46	9.32
	应收账款周转率 a_3	5.5	5.5	16.5	16.5
	总资产负债率 a_4	59.61	54.53	49.16	66.63
内部流程 B	成本费用利润率 b_1	1.03	3.94	18.77	4.40
	关键管理者离职数 b_2	3	2	0	0
	生产安全率 b_3	1	1	1	1
	人均净利润 b_4	0.25	8.45	90.31	4.5
顾客与市场 C	市场份额占有率 c_1	15.59	16.40	3.24	10.13
	客户保持度 c_2	8	6	6	10
	客户满意度 c_3	10	5	6	7
学习与成长 D	研发费用投入占比 d_1	3.59	3.86	2.98	4.21
	销售增长率 d_2	17.26	20.66	43.44	10.96

决策者认为：

①主营业务利润率 a_1 稍微重要于净资产净利率 a_2，其间存在较强的负交互作用；

②主营业务利润率 a_1 稍微重要于应收账款周转率 a_3，其间存在较强的正交互作用；

③主营业务利润率 a_1 稍微重要于总资产负债率 a_4，其间存在较强的正交互作用；

④净资产净利率 a_2 非常重要于应收账款周转率 a_3，其间存在稍微的负交互作用；

⑤净资产净利率 a_2 非常重要于总资产负债率 a_4，其间存在较强的负交互作用；

⑥应收账款周转率 a_3 比较不重要于总资产负债率 a_4，其间存在较弱的负交互作用；

⑦成本费用利润率 b_1 非常重要于关键管理者离职数 b_2，其间存在极端强的正交互作用；

⑧成本费用利润率 b_1 非常重要于生产安全率 b_3，其间存在较弱的正交互作用；

⑨成本费用利润率 b_1 稍微重要于人均净利润 b_4，其间存在较弱的负交互作用；

⑩关键管理者离职数 b_2 非常重要于生产安全率 b_3，其间存在稍微弱的负交互作用；

⑪关键管理者离职数 b_2 稍微不重要于人均净利润 b_4，其间存在较强的负交互作用；

⑫生产安全率 b_3 非常不重要于人均净利润 b_4，其间存在稍微强的正交互作用；

⑬市场份额占有率 c_1 非常重要于客户保持度 c_2，其间存在极端强的正交互作用；

⑭市场份额占有率 c_1 非常重要于客户满意度 c_3，其间存在较强的正交互作用；

⑮客户保持度 c_2 稍微重要于客户满意度 c_3，其间存在较强的负交互作用；

⑯研发费用投入占比 d_1 稍微重要于销售增长率 d_2，其间存在极端强的正交互作用；

⑰财务 A 非常重要于内部流程 B，其间存在极端强的正交互作用；

⑱财务 A 非常重要于顾客与市场 C，其间存在较强的正交互作用；

⑲财务 A 非常重要于准则 D，其间存在较强的正交互作用；

⑳内部流程 B 稍微不重要于顾客与市场 C，其间存在稍微的正交互作用；

㉑内部流程 B 稍微重要于学习与成长 D，其间存在较强的正交互作用；

㉒顾客与市场 C 比较重要于学习与成长 D，其间存在较强的正交互作用。

11.3.1 财务 A 指标的 2 序可加测度及评价值计算

第一步，经过 6 次二维成对比较，可以获得如下相对重要性矩阵和部分关联信息矩阵：

$$R = \begin{bmatrix} 0.500 & 0.550 & 0.605 & 0.567 \\ 0.450 & 0.500 & 0.836 & 0.849 \\ 0.395 & 0.164 & 0.500 & 0.278 \\ 0.433 & 0.151 & 0.722 & 0.500 \end{bmatrix}$$

$$P = \begin{bmatrix} - & -0.057 & 0.073 & 0.200 \\ -0.057 & - & -0.069 & -0.107 \\ 0.073 & -0.069 & - & -0.250 \\ 0.200 & -0.107 & -0.250 & - \end{bmatrix}$$

第二步，基于相对重要性矩阵 R 和部分关联信息矩阵 P，可构建如下模型 $LS - II'$：

$$(LS - II'): \min Z_2 = 2\left(0.550 - \frac{I_1}{I_1 + I_2}\right)^2 + 2\left(0.605 - \frac{I_1}{I_1 + I_3}\right)^2$$

$$+ 2\left(0.567 - \frac{I_1}{I_1 + I_4}\right)^2 + 2\left(0.836 - \frac{I_2}{I_2 + I_3}\right)^2$$

$$+ 2\left(0.849 - \frac{I_2}{I_2 + I_4}\right)^2 + 2\left(0.278 - \frac{I_3}{I_3 + I_4}\right)^2$$

$$+ 2\left(-0.057 - \frac{I_{12}}{I_1 + I_2}\right)^2 + 2\left(0.073 - \frac{I_{13}}{I_1 + I_3}\right)^2$$

$$+ 2\left(0.200 - \frac{I_{14}}{I_1 + I_4}\right)^2 + 2\left(-0.069 - \frac{I_{23}}{I_2 + I_3}\right)^2$$

$$+ 2\left(-0.107 - \frac{I_{24}}{I_2 + I_4}\right)^2 + 2\left(-0.250 - \frac{I_{34}}{I_3 + I_4}\right)^2$$

s. t.

$$I_1 + I_2 + I_3 + I_4 = 1$$

$$A(I_1, I_{12}, I_{13}, I_{14})^T \geqslant 0, \quad A(I_2, I_{12}, I_{23}, I_{24})^T \geqslant 0$$

$$A(I_3, I_{13}, I_{23}, I_{34})^T \geqslant 0, \quad A(I_4, I_{14}, I_{24}, I_{34})^T \geqslant 0$$

其中，

$$A = \begin{bmatrix} 1 & \dfrac{1}{2} & \dfrac{1}{2} & \dfrac{1}{2} \\ 1 & \dfrac{1}{2} & \dfrac{1}{2} & -\dfrac{1}{2} \\ 1 & \dfrac{1}{2} & -\dfrac{1}{2} & \dfrac{1}{2} \\ 1 & \dfrac{1}{2} & -\dfrac{1}{2} & -\dfrac{1}{2} \\ 1 & -\dfrac{1}{2} & \dfrac{1}{2} & \dfrac{1}{2} \\ 1 & -\dfrac{1}{2} & \dfrac{1}{2} & -\dfrac{1}{2} \\ 1 & -\dfrac{1}{2} & -\dfrac{1}{2} & \dfrac{1}{2} \\ 1 & -\dfrac{1}{2} & -\dfrac{1}{2} & -\dfrac{1}{2} \end{bmatrix}$$

求得沙普利重要性和交互作用指标值为

$$I_1 = 0.286, \quad I_2 = 0.428, \quad I_3 = 0.104, \quad I_4 = 0.182$$

$$I_{12} = -0.041, \quad I_{13} = 0.029, \quad I_{14} = 0.094, \quad I_{23} = -0.037,$$

$$I_{24} = -0.065, \quad I_{34} = -0.071$$

第三步，根据集函数的默比乌斯表示与沙普利交互作用指标的关系，各准则的默比乌斯表示值为

$$m_\mu(\{1\}) = 0.245, \quad m_\mu(\{2\}) = 0.500, \quad m_\mu(\{3\}) = 0.144, \quad m_\mu(\{4\}) = 0.203$$

$$m_\mu(\{1,2\}) = -0.041, \quad m_\mu(\{1,3\}) = 0.029, \quad m_\mu(\{1,4\}) = 0.094$$

$$m_\mu(\{2,3\}) = -0.037, \quad m_\mu(\{2,4\}) = -0.065, \quad m_\mu(\{3,4\}) = -0.071$$

第四步，根据默比乌斯表示与非可加测度的转换关系，可得各准则的 2 序非可加测度值

$$\mu(\phi) = 0, \quad \mu(\{1\}) = 0.245, \quad \mu(\{2\}) = 0.500,$$

$$\mu(\{3\}) = 0.144, \quad \mu(\{4\}) = 0.203$$

$$\mu(\{1,2\}) = 0.704, \quad \mu(\{1,3\}) = 0.418, \quad \mu(\{1,4\}) = 0.542$$

$$\mu(\{2,3\}) = 0.606, \quad \mu(\{2,4\}) = 0.638, \quad \mu(\{3,4\}) = 0.276$$

$$\mu(\{1,2,3\}) = 0.839, \quad \mu(\{1,2,4\}) = 0.936, \quad \mu(\{1,3,4\}) = 0.644$$

$$\mu(\{2, 3, 4\}) = 0.673, \mu(\{1, 2, 3, 4\}) = 1$$

第五步，用肖凯积分来集成汽车整车行业上市公司各家的评价值，见表 11.4。

表 11.4　　　　　　　　　　　　财务指标各上市公司评价值

企业	DF 汽车	FT 汽车	CC 汽车	CA 汽车
肖凯积分值	0.493	0.591	0.597	0.654

从肖凯积分值来看，CA 汽车上市公司的财务状况较优，CC 汽车、FT 汽车次之，DF 汽车上市企业财务状况较差，需要改善。

11.3.2　内部流程 *B* 指标的 2 序可加测度及评价值计算

经过 6 次二维成对比较，可以获得如下相对重要性矩阵和部分关联信息矩阵：

$$R = \begin{bmatrix} 0.500 & 0.828 & 0.823 & 0.524 \\ 0.172 & 0.500 & 0.778 & 0.413 \\ 0.177 & 0.222 & 0.500 & 0.035 \\ 0.476 & 0.587 & 0.965 & 0.500 \end{bmatrix}$$

$$P = \begin{bmatrix} - & 0.295 & 0.024 & -0.185 \\ 0.295 & - & -0.098 & -0.215 \\ 0.024 & -0.098 & - & 0.014 \\ -0.185 & -0.215 & 0.014 & - \end{bmatrix}$$

求得沙普利重要性和交互作用指标值为

$$I_1 = 0.451, I_2 = 0.163, I_3 = 0.045, I_4 = 0.341$$
$$I_{12} = 0.181, I_{13} = 0.012, I_{14} = -0.147, I_{23} = -0.020,$$
$$I_{24} = -0.108, I_{34} = 0.005$$

根据集函数的默比乌斯表示与沙普利交互作用指标的关系，各准则的默比乌斯表示值为

$$m_\mu(\{1\}) = 0.428, m_\mu(\{2\}) = 0.137, m_\mu(\{3\}) = 0.047, m_\mu(\{4\}) = 0.466$$

$$m_\mu(\{1,2\}) = 0.181, \quad m_\mu(\{1,3\}) = 0.012, \quad m_\mu(\{1,4\}) = -0.147$$
$$m_\mu(\{2,3\}) = -0.020, \quad m_\mu(\{2,4\}) = -0.108, \quad m_\mu(\{3,4\}) = 0.005$$

根据默比乌斯表示与非可加测度的转换关系，可得各准则的 2 序非可加测度值

$$\mu(\phi) = 0, \quad \mu(\{1\}) = 0.428, \quad \mu(\{2\}) = 0.137,$$
$$\mu(\{3\}) = 0.047, \quad \mu(\{4\}) = 0.466$$
$$\mu(\{1,2\}) = 0.746, \quad \mu(\{1,3\}) = 0.487, \quad \mu(\{1,4\}) = 0.747$$
$$\mu(\{2,3\}) = 0.163, \quad \mu(\{2,4\}) = 0.495, \quad \mu(\{3,4\}) = 0.518$$
$$\mu(\{1,2,3\}) = 0.784, \quad \mu(\{1,2,4\}) = 0.957, \quad \mu(\{1,3,4\}) = 0.811$$
$$\mu(\{2,3,4\}) = 0.526, \quad \mu(\{1,2,3,4\}) = 1$$

用肖凯积分来集成汽车整车行业上市公司各家的评价值，见表 11.5。

表 11.5　　　　　　　内部流程指标各上市公司评价值

企业	DF 汽车	FT 汽车	CC 汽车	CA 汽车
肖凯积分值	0.498	0.328	0.652	0.780

从肖凯积分评价值来看，CA 汽车上市公司的内部流程状况较优，CC 汽车次之，DF 汽车再次之，FT 汽车上市企业内部流程状况较差。

11.3.3　顾客与市场 C 指标的 2 序可加测度及评价值计算

经过 3 次二维成对比较，可以获得如下相对重要性矩阵和部分关联信息矩阵：

$$R = \begin{bmatrix} 0.500 & 0.872 & 0.806 \\ 0.128 & 0.500 & 0.504 \\ 0.194 & 0.496 & 0.500 \end{bmatrix}$$

$$P = \begin{bmatrix} - & 0.252 & 0.141 \\ 0.252 & - & -0.286 \\ 0.141 & -0.286 & - \end{bmatrix}$$

求得沙普利重要性和交互作用指标值为

$I_1 = 0.710$，$I_2 = 0.143$，$I_3 = 0.147$　$I_{12} = 0.205$，$I_{13} = 0.121$，$I_{23} = -0.082$
根据集函数的默比乌斯表示与沙普利交互作用指标的关系，各准则的默比乌斯表示值为

$$m_\mu(\{1\}) = 0.547，m_\mu(\{2\}) = 0.082，m_\mu(\{3\}) = 0.128$$
$$m_\mu(\{1, 2\}) = 0.205，m_\mu(\{1, 3\}) = 0.121，m_\mu(\{2, 3\}) = -0.082$$

根据默比乌斯表示与非可加测度的转换关系，可得各准则的 2 序非可加测度值

$$\mu(\phi) = 0，\mu(\{1\}) = 0.547，\mu(\{2\}) = 0.082，\mu(3) = 0.128$$
$$\mu(\{1, 2\}) = 0.834，\mu(\{1, 3\}) = 0.796，$$
$$\mu(\{2, 3\}) = 0.127，\mu(\{1, 2, 3\}) = 1$$

用肖凯积分来集成汽车整车行业上市公司各家的评价值，见表11.6。

表 11.6　　　　　　　　　　顾客与市场指标各上市公司评价值

企业	DF 汽车	FT 汽车	CC 汽车	CA 汽车
肖凯积分值	0.595	0.821	0.783	0.721

从肖凯积分评价值来看，CA 汽车上市公司的内部流程状况较优，CC 汽车次之，DF 汽车再次之，FT 汽车上市企业内部流程状况较差。

11.3.4　学习与成长 D 指标的 2 序可加测度及评价值计算

经过 1 次二维成对比较，可以获得如下相对重要性矩阵和部分关联信息矩阵：

$$R = \begin{bmatrix} 0.500 & 0.608 \\ 0.392 & 0.500 \end{bmatrix}$$
$$P = \begin{bmatrix} - & 0.684 \\ 0.684 & - \end{bmatrix}$$

求得沙普利重要性和交互作用指标值为

$$I_1 = 0.608，I_2 = 0.392，I_{12} = 0.684$$

根据集函数的默比乌斯表示与沙普利交互作用指标的关系，各准则的默比乌

斯表示值为

$$m_\mu(\{1\}) = 0.266, \quad m_\mu(\{2\}) = 0.050, \quad m_\mu(\{1, 2\}) = 0.684$$

根据默比乌斯表示与非可加测度的转换关系，可得各准则的 2 序非可加测度值

$$\mu(\phi) = 0, \quad \mu(\{1\}) = 0.266, \quad \mu(\{2\}) = 0.050, \quad \mu(\{1, 2\}) = 1$$

用肖凯积分来集成汽车整车行业上市公司各家的评价值，见表 11.7。

表 11.7　　　　　　　　　学习与成长指标各上市公司评价值

企业	DF 汽车	FT 汽车	CC 汽车	CA 汽车
肖凯积分值	4.274	4.700	5.003	4.548

从肖凯积分评价值来看，CA 汽车上市公司的学习与成长层面状况较优，CC 汽车次之，FT 汽车再次之，DF 汽车上市企业学习与成长状况较差。

11.3.5　基于 BSC 四个层面指标的综合评价值

经过 6 次二维成对比较，可以获得如下相对重要性矩阵和部分关联信息矩阵：

$$R = \begin{bmatrix} 0.500 & 0.780 & 0.808 & 0.825 \\ 0.220 & 0.500 & 0.455 & 0.517 \\ 0.192 & 0.545 & 0.500 & 0.742 \\ 0.175 & 0.483 & 0.258 & 0.500 \end{bmatrix}$$

$$P = \begin{bmatrix} - & 0.348 & 0.167 & 0.149 \\ 0.348 & - & 0.226 & -0.294 \\ 0.167 & 0.226 & - & 0.159 \\ 0.149 & -0.294 & 0.159 & - \end{bmatrix}$$

求得沙普利重要性和交互作用指标值为

$$I_1 = 0.534, \quad I_2 = 0.163, \quad I_3 = 0.198, \quad I_4 = 0.106$$

$$I_{12} = 0.188, \quad I_{13} = 0.122, \quad I_{14} = 0.093, \quad I_{23} = 0.067, \quad I_{24} = -0.070, \quad I_{34} = 0.048$$

根据集函数的默比乌斯表示与沙普利交互作用指标的关系，各准则的默比乌

斯表示值为

$$m_\mu(\{1\}) = 0.333, \ m_\mu(\{2\}) = 0.071, \ m_\mu(\{3\}) = 0.080, \ m_\mu(\{4\}) = 0.071$$

$$m_\mu(\{1, 2\}) = 0.188, \ m_\mu(\{1, 3\}) = 0.122, \ m_\mu(\{1, 4\}) = 0.093$$

$$m_\mu(\{2, 3\}) = 0.067, \ m_\mu(\{2, 4\}) = -0.070, \ m_\mu(\{3, 4\}) = 0.048$$

根据默比乌斯表示与非可加测度的转换关系，可得各准则的 2 序非可加测度值

$$\mu(\phi) = 0, \ \mu(\{1\}) = 0.333, \ \mu(\{2\}) = 0.071, \ \mu(\{3\}) = 0.080, \ \mu(\{4\}) = 0.071$$

$$\mu(\{1, 2\}) = 0.591, \ \mu(\{1, 3\}) = 0.534, \ \mu(\{1, 4\}) = 0.496$$

$$\mu(\{2, 3\}) = 0.217, \ \mu(\{2, 4\}) = 0.071, \ \mu(\{3, 4\}) = 0.198$$

$$\mu(\{1, 2, 3\}) = 0.860, \ \mu(\{1, 2, 4\}) = 0.685, \ \mu(\{1, 3, 4\}) = 0.746$$

$$\mu(\{2, 3, 4\}) = 0.266, \ \mu(\{1, 2, 3, 4\}) = 1$$

用肖凯积分来集成汽车整车行业上市公司各家的评价值，见表 11.8。

表 11.8　　　　　　　　学习与成长指标各上市公司评价值

企业	DF 汽车	FT 汽车	CC 汽车	CA 汽车
肖凯积分值	0.266	0.257	0.559	0.606
排名	3	4	2	1

从肖凯积分综合评价值来看，CA 汽车上市公司的总体经营状况较优，CC 汽车次之，DF 汽车再次之，FT 汽车上市企业经营状况相对较差。

11.4　结　　论

本章以汽车整车上市公司为例，利用 MCCPI 方法先进行二级指标交互作用下的集成评价，再进行一级指标交互作用下的整体综合评价，有利于促进中国上市公司绩效综合评价水平的提升，推动我国上市公司的健康发展。考虑了交互作用的 MCCPI 评价方法，为其他领域中影响因素较多的综合评价方法提供样板，具有较大的参考价值。客观有效的绩效综合评价是企业获取明确当前定位和确定企业长期持续发展战略的基本条件，也是企业完善治理和

提升的前提。在当今经济全球化、竞争国际化的大背景下，国与国之间、企业与企业之间的竞争实际上演变为制度的竞争，大型公司的竞争。因此，如何改善和提高上市公司绩效综合评价是一个重要的课题，也成为提高资本市场效率关注的焦点。针对以上分析，建议如下：

第一，完善成本管理，提高盈利能力。如表 11.4 所示，四家汽车产业上市公司的总体财务状况表现欠佳。从某种程度上可见，汽车产业的高速发展很大程度上以资源的大量消耗为代价的，表现在财务上就是成本高，盈利少。其根本原因是我国汽车产业上市公司普遍存在的一个现象，即成本管理观念落后，成本管理方法陈旧，价值管理与使用价值管理的结合较差，人力资源浪费严重等。

第二，控制适度规模效率范围。规模效率反映公司实际规模和最优生产规模之间存在的差距，最优规模是控制在一定水平上的规模，所以实际规模并不是越大越好，公司在扩大规模的同时，还要兼顾消费者实际的占有率以及满意度，进而实现规模经济性，提高公司的规模效率，其总攴术效率的值也会得到提高。在四家汽车行业中，FT 汽车的市场份额占有率最高，但是总体绩效排名最低（如表 11.8 所示），说明企业的规模并不是越大越好，只有企业在兼顾经济效益的同时，关注规模效益，才能达到规模经济的目的。

第三，提高自主创新能力和市场销售能力。自主创新能力对于上市公司来说是一项很重要的竞争力，企业要想提高自主创新能力，除了要与国际汽车公司加强合作之外，还要坚持自主创新的原则，进而引进先进的思想和技术。同时汽车应该制定不同的市场营销策略，一方面能够提高汽车的销售额，另一方面还能赚取丰厚利润，增加盈利能力，有利于汽车产品质量的提升，同时从长远来看也有利于汽车厂商的发展。

第 12 章

基于 MCCPI 的自然资源资产
离任审计综合评价

2013 年 11 月，党的十八届三中全会通过的《中共中央关于全面深化改革重大问题的决定》提出"探索编制自然资源资产负债表，对领导干部实行自然资源资产离任审计。"2015 年 11 月 10 日，中共中央办公厅和国务院办公厅印发了《开展领导干部自然资源资产离任审计试点方案》，标志着这项试点正式拉开帷幕。随后，福建省、青海省、湖北省、江苏省宿迁市、浙江省湖州市等地积极开展试点工作。2017 年 6 月，中共中央办公厅和国务院办公厅印发了《领导干部自然资源资产离任审计规定（试行）》，标志着自然资源资产离任审计这项改革任务从党的十八届三中全会以来的多地试点转向全国全面铺开。自然资源资产离任审计强调领导干部的受托责任不仅仅是经济责任，还有资源与环境责任（张宏亮、刘长翠和曹丽娟，2015），是对审计领域的一次重大突破，有利于环境审计与经济责任审计的融合发展（蔡春和毕铭悦，2014），能促进领导干部树立正确的政绩观，贯彻落实绿色发展的理念，加快生态文明建设，从而推动科学发展，最终维护人民群众根本利益。

12.1 文 献 综 述

学术界尚未对如何定义自然资源资产离任审计达成统一意见。刘明辉和孙冀萍（2016）把自然资源资产离任审计定义为"审计机关按照相关法律、

法规等标准，获取和评价审计证据，对党政主要领导干部受托自然资源资产
管理和生态环境保护责任的履行情况进行监督、评价和鉴证，并将审计结果
传达给预期使用者的系统化过程"。安徽省审计厅课题组（2014）指出自然
资源资产离任审计是由国家审计机关开展的，在领导干部任期届满时，对其
任期内的自然资源责任的履行情况进行的审计，审计重点是自然资源的开发
利用和保护情况。陈献东（2014）指出审计机关、内审机构、中介组织和社
会公众均可通过不同的方式成为自然资源资产离任审计的审计主体。蔡春和
毕铭悦（2014）指出自然资源资产离任审计是一个新兴的交叉学科研究领
域，是环境审计与经济责任审计深度融合的产物，是一项具有中国特色的自
然资源资产监管制度。林忠华（2014）指出领导干部自然资源资产离任审计
是一种特殊的经济责任审计，也是一种特殊的资源环境审计。本章对自然资
源资产离任审计的定义主要参考刘明辉和孙冀萍两位学者的定义，将其定义
为"国家审计机关按照相关法律法规的规定，通过获取和评价审计证据，监
督和鉴证领导干部对自然资源资产管理和生态环境保护责任的履行情况"。

　　学者们探讨了如何构架领导干部自然资源离任审计的评价指标体系。张
宏亮、刘长翠和曹丽娟（2015）设计了由 3 项主指标和 9 项副指标相结合的
指标体系，主指标基本上普遍适用，而副指标可根据需要增减或修订。刘宝
财（2016）从全面考虑党中央、国务院、审计署等有关部门对实施自然资源
资产责任审计有关要求规定出发，建立了自然资源资产财政财务评价指标、
自然资源资产政策法规执行评价指标和自然资源资产管理情况评价指标等三
个方面的 12 项指标体系。其他学者提出的自然资源的相关评价指标体系可为
构建自然资源离任审计评价指标体系提供参考。陈波（2015）在构建自然资
源资产的绩效评价指标体系时，把自然资源分成土地资源、水资源、大气资
源、森林资源、草原资源、海洋资源、矿产资源和野生动植物资源等八类，
并为每一类分别设置了绩效评价指标。徐泓和曲婧（2012）构建了自然资源
绩效审计评价的指标体系，建立了自然资源政策、资金、开发保护、使用自
然资源、收益分配等五大类的 31 项指标。崔国发、邢韶华、姬文元和郭宁
（2011）提出了森林资源可持续状况的评价指标体系，包括森林资源质量状
况、森林资源利用状况和森林受干扰状况 3 个方面共 28 项评价指标。孔黎明
（2011）从评测自然资源和生态环境的标准出发，设计制定了上海市自然资

源和生态环境统计监测指标体系，主要由生态效益、生态环境、生态保护和生态进步四个方面共 28 项指标构成。黄溶冰（2016）基于压力（P）－状态（S）－响应（R）模型，本着数据可取得、可核查、关注国计民生、回应社会关切以及定性与定量相结合的原则，分析了不同自然资源的特点，设计了自然资源资产离任审计的评价指标体系。

国内学者对离任审计的评价方法也进行了探索。张宏亮、刘长翠和曹丽娟（2015）设计了基于期初比较法和层次分析法的自然资源资产离任审计实施路径。孔黎明（2011）在进行上海自然资源和生态环境统计测评时，综合考虑各指标的主观性与客观性，采用层次分析法与熵值法相结合的方式对各指标权重进行综合赋值。鲁小波和陈晓颖（2010）采用层次分析法方法建立了森林类自然保护区生态旅游评价模型。李博英和尹海涛（2016）把模糊综合评价理论方法运用在领导干部自然资源资产离任审计中。综上所述，在进行自然资源的相关评价时，层次分析法是学术界较为普遍接受的一种方法，但层次分析法是基于各个评价指标之间具有独立性，没有考虑指标之间的交互作用。事实上，指标间一般会相互影响。因此本章选择基于 MCCPI 和肖凯积分的非可加测度分析方法替代普遍使用的加权平均法重新对离任审计评价指标进行综合评价，生成综合评价值。

12.2　指标体系构建

本章将领导干部自然资源资产离任审计评价指标体系分为自然资源保护、自然资源利用和生态环境改善共 3 个部分。运用 MCCPI 分析方法，考虑指标之间的相对重要性和交互作用确定权重。其中，自然资源保护部分包括耕地总量、基本农田面积保有率、森林覆盖率和县城以上集中式饮用水源地水质达标率 4 个基础指标；自然资源利用部分包括万元 GDP 能耗、单位建设用地 GDP、单位建设用地财政收入和单位 GDP 用水量 4 个基础指标；生态环境改善部分包括空气质量达到优良天数比率、PM2.5 浓度日均值超标率、市控以上断面水质优良率和城市区域环境噪声 4 个基础指标。具体基于某市的领导干部自然资源资产离任审计评价指标见表 12.1。

表 12.1　　基于某市的领导干部自然资源资产离任审计评价指标

总指标（A）	一级指标（B）	二级指标（C）
领导干部自然资源资产管理保护能力指标 A	自然资源保护 B_1	耕地总量 C_1
		基本农田面积保有率 C_2
		森林覆盖率 C_3
		县城以上集中式饮用水源地水质达标率 C_4
	自然资源利用 B_2	万元 GDP 能耗（逆指标）C_5
		单位建设用地 GDP C_6
		单位建设用地财政收入 C_7
		单位 GDP 用水量（逆指标）C_8
	生态环境改善 B_3	空气质量达到优良天数比率 C_9
		PM2.5 浓度日均值超标率（逆指标）C_{10}
		市控以上断面水质优良率 C_{11}
		城市区域环境噪声（逆指标）C_{12}

（1）耕地总量 C_1：指耕作层未被破坏的所有土地。

（2）基本农田面积保有率 C_2：指全部耕地面积中基本农田面积的比重，其中全部耕地面积包括可调整耕地。可调整耕地是指除生态退耕以外，因农业结构调整原因，将耕地改为园地、林地、草地和坑塘水面，且耕作层未被破坏的土地，具体包括：可调整果园、可调整茶园、可调整其他园地、可调整有林地、可调整其他林地（耕地改为未成林地、苗圃）、可调整人工牧草地和可调整坑塘水面。计算公式：基本农田面积÷耕地总量×100%。

（3）森林覆盖率 C_3：指森林面积占国土总面积的比重。是反映一个地区的国土绿化状况、自然生态空间容量和绿色生态资源质量的重要指标。计算公式：森林面积÷国土总面积×100%。

（4）县城以上集中式饮用水源地水质达标率 C_4：指用于进入县城以上输水管网的饮用水水源，从集中式饮用水水源地取得的水量中，其水源水质达到《地表水环境质量标准 GB3838－2002》Ⅲ类标准的水量占取水总量的百分比。

（5）万元 GDP 能耗 C_5：反映一个地区经济活动中对能源的节约利用程

度，反映经济结构和能源利用效率的变化，体现经济发展的可持续性。此为逆指标（值越小越好）。

（6）单位建设用地 GDP C_6：指一个地区单位建设用地所创造的 GDP，用于衡量一个地区土地资源利用水平的高低。建设用地是指建造建筑物、构筑物的土地，包括商业、工矿、仓储、公用设施、公共建筑、住宅、交通、水利设施、特殊用地等。

（7）单位建设用地财政收入 C_7：指一个地区单位建设用地所创造的财政收入，用于衡量一个地区土地资源利用水平的高低。

（8）单位 GDP 用水量 C_8：指一个地区创造单位 GDP 所需的用水量，用于衡量一个地区水资源利用水平的高低。

（9）空气质量达到优良天数比率 C_9：指一个地区空气质量指数（AQI）达到优良的天数占全年天数的比例。计算公式：空气质量优良天数÷全年天数×100%。

（10）PM2.5 浓度日均值超标率 C_{10}：PM2.5 浓度指直径小于或等于 2.5 微米的尘埃或飘尘在环境空气中的浓度。PM2.5 超标天数占全年天数的比例。计算公式：PM2.5 超标天数÷全年天数×100%。

（11）市控以上断面水质优良率 C_{11}：指为监视和测定水质状况而在水体中设置的国控、省控和市控的采样断面。

（12）城市区域环境噪声 C_{12}：指城市建成区内经认证的环境噪声网格监测的等效声级算术平均值。

12.3 评价过程

12.3.1 数据来源

本章基于已构建的领导干部自然资源资产离任审计评价指标体系对 A 市的领导干部自然资源资产管理保护情况进行综合评价。指标数据主要来源 A 市的水资源公报、环境状况公报和国土资源简报，部分数据来源 A 市国土资源局、林业局、农业局、水利局以及 A 市政府官网的历年统计信息。具体数据见表 12.2。

表 12.2　基于 A 市的领导干部自然资源资产离任审计评价指标数据

总指标（A）	一级指标（B）	二级指标（C）	单位	2013 年	2014 年	2015 年
领导干部自然资源资产管理保护能力指标 A	自然资源保护 B_1	耕地总量 C_1	万亩	355.13	354.58	356.29
		基本农田面积保有率 C_2	%	84.52	84.52	84.61
		森林覆盖率 C_3	%	48.67	48.78	48.78
		县城以上集中式饮用水源地水质达标率 C_4	%	97.00	97.10	97.30
	自然资源利用 B_2	万元 GDP 能耗（逆指标）C_5	吨标准煤/万元	0.654	0.616	0.500
		单位建设用地 GDP C_6	亿元/平方公里	4.38	4.64	5.2
		单位建设用地财政收入 C_7	亿元/平方公里	1.5	1.63	1.7
		单位 GDP 用水量（逆指标）C_8	立方米/万元	31	30	29
	生态环境改善 B_3	空气质量达到优良天数比率 C_9	%	75.30	83.00	82.70
		PM2.5 浓度日均值超标率（逆指标）C_{10}	微克/立方米	19.70	13.40	11.00
		市控以上断面水质优良率 C_{11}	%	36.30	33.80	45.00
		城市区域环境噪声（逆指标）C_{12}	分贝	59.3	58.2	57.1

　　由于数据大小差异较大，且存在逆指标，为方便计算分析，将表 12.2 数据按一定规则标准化为 0.6~1 之间，标准化结果见表 12.3。

表 12.3 **标准化后的基于 A 市的领导干部自然资源**
资产离任审计评价指标数据

总指标（A）	一级指标（B）	二级指标（C）	2013 年	2014 年	2015 年
领导干部自然资源资产管理保护能力指标 A	自然资源保护 B_1	耕地总量 C_1	0.805	0.783	0.852
		基本农田面积保有率 C_2	0.845	0.845	0.846
		森林覆盖率 C_3	0.827	0.973	0.973
		县城以上集中式饮用水源地水质达标率 C_4	0.97	0.971	0.973
	自然资源利用 B_2	万元 GDP 能耗（逆指标）C_5	0.673	0.734	0.92
		单位建设用地 GDP C_6	0.701	0.771	0.92
		单位建设用地财政收入 C_7	0.8	0.852	0.88
		单位 GDP 用水量（逆指标）C_8	0.733	0.8	0.867
	生态环境改善 B_3	空气质量达到优良天数比率 C_9	0.753	0.83	0.827
		PM2.5 浓度日均值超标率（逆指标）C_{10}	0.612	0.864	0.96
		市控以上断面水质优良率 C_{11}	0.726	0.676	0.9
		城市区域环境噪声（逆指标）C_{12}	0.656	0.744	0.832

注：标准化是将逆向指标转化为正向指标，将不在 0.6～1 范围内的数据，转化到 0.6～1 区间内。

12.3.2 MCCPI 偏好信息的获得

经过专家评审小组评审，得出指标间的重要性关系与交互作用关系。具体见图 12.1～图 12.4。

12.3.3 非可加测度和评价值的计算

12.3.3.1 自然资源保护 B_1 的评价值计算

经 6 次二维成对比较，可获得如下相对重要性矩阵和部分关联信息矩阵：

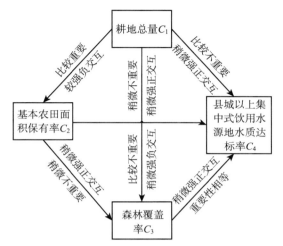

图 12.1 自然资源保护 B_1 偏好信息

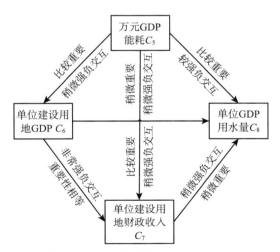

图 12.2 自然资源利用 B_2 偏好信息

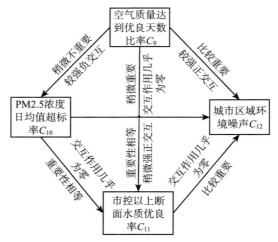

图 12.3　生态环境改善 B_3 偏好信息

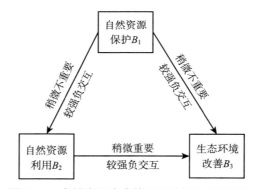

图 12.4　自然资源资产管理保护能力偏好信息

$$R = \begin{bmatrix} 0.500 & 0.727 & 0.264 & 0.365 \\ 0.273 & 0.500 & 0.429 & 0.439 \\ 0.736 & 0.571 & 0.500 & 0.500 \\ 0.635 & 0.561 & 0.500 & 0.500 \end{bmatrix}$$

$$P = \begin{bmatrix} - & -0.176 & -0.103 & 0.169 \\ -0.176 & - & 0.149 & 0.183 \\ -0.103 & 0.149 & - & 0.231 \\ 0.169 & 0.183 & 0.231 & - \end{bmatrix}$$

基于相对重要性矩阵 R 和部分关联信息矩阵 P，可构建如下模型 $LS - \text{II}$：

$$(LS - \text{II}'): \quad \min Z_2 = 2\left(0.727 - \frac{I_1}{I_1 + I_2}\right)^2 + 2\left(0.264 - \frac{I_1}{I_1 + I_3}\right)^2$$

$$+ 2\left(0.365 - \frac{I_1}{I_1 + I_4}\right)^2 + 2\left(0.429 - \frac{I_2}{I_2 + I_3}\right)^2$$

$$+ 2\left(0.439 - \frac{I_2}{I_2 + I_4}\right)^2 + 2\left(0.500 - \frac{I_3}{I_3 + I_4}\right)^2$$

$$+ 2\left(-0.176 - \frac{I_{12}}{I_1 + I_2}\right)^2 + 2\left(-0.103 - \frac{I_{13}}{I_1 + I_3}\right)^2$$

$$+ 2\left(0.169 - \frac{I_{14}}{I_1 + I_4}\right)^2 + 2\left(0.149 - \frac{I_{23}}{I_2 + I_3}\right)^2$$

$$+ 2\left(0.183 - \frac{I_{24}}{I_2 + I_4}\right)^2 + 2\left(0.231 - \frac{I_{34}}{I_3 + I_4}\right)^2$$

s. t.

$$I_1 + I_2 + I_3 + I_4 = 1$$

$$A(I_1, I_{12}, I_{13}, I_{14})^T \geqslant 0, \quad A(I_2, I_{12}, I_{23}, I_{24})^T \geqslant 0$$

$$A(I_3, I_{13}, I_{23}, I_{34})^T \geqslant 0, \quad A(I_4, I_{14}, I_{24}, I_{34})^T \geqslant 0$$

其中，

$$A = \begin{bmatrix} 1 & \dfrac{1}{2} & \dfrac{1}{2} & \dfrac{1}{2} \\ 1 & \dfrac{1}{2} & \dfrac{1}{2} & -\dfrac{1}{2} \\ 1 & \dfrac{1}{2} & -\dfrac{1}{2} & \dfrac{1}{2} \\ 1 & \dfrac{1}{2} & -\dfrac{1}{2} & -\dfrac{1}{2} \\ 1 & -\dfrac{1}{2} & \dfrac{1}{2} & \dfrac{1}{2} \\ 1 & -\dfrac{1}{2} & \dfrac{1}{2} & -\dfrac{1}{2} \\ 1 & -\dfrac{1}{2} & -\dfrac{1}{2} & \dfrac{1}{2} \\ 1 & -\dfrac{1}{2} & -\dfrac{1}{2} & -\dfrac{1}{2} \end{bmatrix}$$

求得沙普利重要性和交互作用指标值为：
$$I_1 = 0.209, I_2 = 0.164, I_3 = 0.332, I_4 = 0.296$$
$$I_{12} = -0.066, I_{13} = -0.056, I_{14} = 0.085, I_{23} = 0.074, I_{24} = 0.084, I_{34} = 0.145$$
根据集函数的默比乌斯表示与沙普利交互作用指标的关系，各准则的默比乌斯表示值为
$$m_\mu(\{1\}) = 0.228, m_\mu(\{2\}) = 0.118, m_\mu(\{3\}) = 0.251, m_\mu(\{4\}) = 0.139$$
$$m_\mu(\{1, 2\}) = -0.066, m_\mu(\{1, 3\}) = -0.056, m_\mu(\{1, 4\}) = 0.085$$
$$m_\mu(\{2, 3\}) = 0.074, m_\mu(\{2, 4\}) = 0.084, m_\mu(\{3, 4\}) = 0.145$$
根据默比乌斯表示与非可加测度的转换关系，可得各准则的 2 序非可加测度值
$$\mu(\phi) = 0, \mu(\{1\}) = 0.228, \mu(\{2\}) = 0.118,$$
$$\mu(\{3\}) = 0.251, \mu(\{4\}) = 0.139$$
$$\mu(\{1, 2\}) = 0.280, \mu(\{1, 3\}) = 0.422, \mu(\{1, 4\}) = 0.452$$
$$\mu(\{2, 3\}) = 0.443, \mu(\{2, 4\}) = 0.341, \mu(\{3, 4\}) = 0.535$$
$$\mu(\{1, 2, 3\}) = 0.548, \mu(\{1, 2, 4\}) = 0.588, \mu(\{1, 3, 4\}) = 0.791$$
$$\mu(\{2, 3, 4\}) = 0.811, \mu(\{1, 2, 3, 4\}) = 1$$
进而可以用肖凯积分来集成自然资源保护 B_1 在各年的评价值，见表 12.4。

表 12.4　　　　　　　　　**A 市自然资源保护模块各年评价值**

年份	2013	2014	2015
肖凯积分值	0.847	0.902	0.916

由表 12.4 可知，A 市 2013 ~ 2015 年自然资源保护方面的综合评价值分别为 0.847、0.902、0.916，明显呈现逐年递增的趋势，说明 A 市领导干部在自然资源保护方面发挥了较大的作用。2013 ~ 2014 年，综合评价值增加幅度较大，说明 A 市领导干部在 2014 年的自然资源保护工作方面绩效较好。

12.3.3.2　自然资源利用 B_2 评价值计算

经过 6 次二维成对比较，可以获得如下相对重要性矩阵和部分关联信息矩阵：

$$R = \begin{bmatrix} 0.500 & 0.717 & 0.625 & 0.680 \\ 0.283 & 0.500 & 0.500 & 0.572 \\ 0.375 & 0.500 & 0.500 & 0.509 \\ 0.320 & 0.428 & 0.491 & 0.500 \end{bmatrix}$$

$$P = \begin{bmatrix} - & -0.053 & -0.138 & -0.213 \\ -0.053 & - & -0.633 & -0.050 \\ -0.138 & -0.633 & - & -0.067 \\ -0.213 & -0.050 & -0.067 & - \end{bmatrix}$$

求得沙普利重要性和交互作用指标值为

$$I_5 = 0.408, \quad I_6 = 0.204, \quad I_7 = 0.208, \quad I_8 = 0.180$$

$$I_{56} = -0.032, \quad I_{57} = -0.085, \quad I_{58} = -0.125, \quad I_{67} = -0.261,$$

$$I_{68} = -0.019, \quad I_{78} = -0.026$$

根据集函数的默比乌斯表示与沙普利交互作用指标的关系，各准则的默比乌斯表示值为

$$m_\mu(\{1\}) = 0.529, \quad m_\mu(\{2\}) = 0.360, \quad m_\mu(\{3\}) = 0.394, \quad m_\mu(\{4\}) = 0.265$$

$$m_\mu(\{1, 2\}) = -0.032, \quad m_\mu(\{1, 3\}) = -0.085, \quad m_\mu(\{1, 4\}) = -0.125$$

$$m_\mu(\{2, 3\}) = -0.261, \quad m_\mu(\{2, 4\}) = -0.019, \quad m_\mu(\{3, 4\}) = -0.026$$

根据默比乌斯表示与非可加测度的转换关系，可得各准则的 2 序非可加测度值

$$\mu(\phi) = 0, \quad \mu(\{1\}) = 0.529, \quad \mu(\{2\}) = 0.360,$$

$$\mu(\{3\}) = 0.394, \quad \mu(\{4\}) = 0.265$$

$$\mu(\{1, 2\}) = 0.857, \quad \mu(\{1, 3\}) = 0.838, \quad \mu(\{1, 4\}) = 0.669$$

$$\mu(\{2, 3\}) = 0.493, \quad \mu(\{2, 4\}) = 0.606, \quad \mu(\{3, 4\}) = 0.633$$

$$\mu(\{1, 2, 3\}) = 0.905, \quad \mu(\{1, 2, 4\}) = 0.978, \quad \mu(\{1, 3, 4\}) = 0.952$$

$$\mu(\{2, 3, 4\}) = 0.713, \quad \mu(\{1, 2, 3, 4\}) = 1$$

进而可以用肖凯积分来集成自然资源利用 B_2 在各年的评价值，见表 12.5。

表 12.5　　　　　　　　A 市自然资源利用模块各年评价值

年份	2013	2014	2015
肖凯积分值	0.740	0.799	0.913

由表 4 – 4 可知，A 市 2013 ~ 2015 年自然资源利用方面的综合评价值分别为 0.740、0.799 和 0.913，明显呈现逐年递增的趋势，且与 2014 年相比，2015 年的自然资源利用综合评价值增长幅度较大，说明 A 市领导干部在自然资源利用方面表现出色，在 2015 年度自然资源利用绩效尤为突出。

12.3.3.3 生态环境改善 B_3 评价值计算

经过 6 次二维成对比较，可以获得如下相对重要性矩阵和部分关联信息矩阵：

$$R = \begin{bmatrix} 0.500 & 0.469 & 0.500 & 0.664 \\ 0.531 & 0.500 & 0.500 & 0.516 \\ 0.500 & 0.500 & 0.500 & 0.745 \\ 0.336 & 0.484 & 0.255 & 0.500 \end{bmatrix}$$

$$P = \begin{bmatrix} - & -0.431 & 0.078 & 0.309 \\ -0.431 & - & 0.038 & 0.004 \\ 0.078 & 0.038 & - & -0.016 \\ 0.309 & 0.004 & -0.016 & - \end{bmatrix}$$

求得沙普利重要性和交互作用指标值为：

$$I_9 = 0.277,\ I_{10} = 0.256,\ I_{11} = 0.309,\ I_{12} = 0.157$$
$$I_{910} = -0.230,\ I_{911} = 0.046,\ I_{912} = 0.134,\ I_{1011} = 0.021,$$
$$I_{1012} = 0.002,\ I_{1112} = -0.007$$

根据集函数的默比乌斯表示与沙普利交互作用指标的关系，各准则的默比乌斯表示值为

$$m_\mu(\{1\}) = 0.302,\ m_\mu(\{2\}) = 0.360,\ m_\mu(\{3\}) = 0.279,\ m_\mu(\{4\}) = 0.093$$
$$m_\mu(\{1,2\}) = -0.230,\ m_\mu(\{1,3\}) = 0.046,\ m_\mu(\{1,4\}) = 0.134$$
$$m_\mu(\{2,3\}) = 0.021,\ m_\mu(\{2,4\}) = 0.002,\ m_\mu(\{3,4\}) = -0.007$$

根据默比乌斯表示与非可加测度的转换关系，可得各准则的 2 序非可加测度值

$$\mu(\phi) = 0,\ \mu(\{1\}) = 0.302,\ \mu(\{2\}) = 0.360,$$
$$\mu(\{3\}) = 0.279,\ \mu(\{4\}) = 0.093$$
$$\mu(\{1,2\}) = 0.432,\ \mu(\{1,3\}) = 0.627,\ \mu(\{1,4\}) = 0.529$$
$$\mu(\{2,3\}) = 0.660,\ \mu(\{2,4\}) = 0.454,\ \mu(\{3,4\}) = 0.365$$

$$\mu(\{1, 2, 3\}) = 0.778, \ \mu(\{1, 2, 4\}) = 0.660, \ \mu(\{1, 3, 4\}) = 0.847$$
$$\mu(\{2, 3, 4\}) = 0.747, \ \mu(\{1, 2, 3, 4\}) = 0.999$$

进而可以用肖凯积分来集成 A 市生态环境改善模块 B_3 在各年的评价值，见表 12.6。

表 12.6　　　　　　　　　**A 市生态环境改善模块各年评价值**

年份	2013	2014	2015
肖凯积分值	0.701	0.770	0.896

由表 12.6 可知，A 市 2013 ~ 2015 年生态环境改善方面的综合评价值分别为 0.701、0.770 和 0.896，明显呈现逐年递增的趋势，且 2015 年的生态环境改善综合评价值增长幅度较大，说明 A 市领导干部在 2015 年生态环境改善方面政绩突出，相比于前两年，生态环境得到了较为明显的改善。

12.3.3.4　领导干部自然资源资产管理保护能力 A 评价值计算

经过 3 次二维成对比较，可以获得如下相对重要性矩阵和部分关联信息矩阵：

$$R = \begin{bmatrix} 0.500 & 0.447 & 0.411 \\ 0.553 & 0.500 & 0.612 \\ 0.589 & 0.388 & 0.500 \end{bmatrix}$$

$$P = \begin{bmatrix} - & -0.402 & -0.330 \\ -0.402 & - & -0.214 \\ -0.330 & -0.214 & - \end{bmatrix}$$

求得沙普利重要性和交互作用指标值为：

$$I_1 = 0.271, \ I_2 = 0.411, \ I_3 = 0.319$$
$$I_{12} = -0.274, \ I_{13} = -0.194, \ I_{23} = -0.156$$

根据集函数的默比乌斯表示与沙普利交互作用指标的关系，各准则的默比乌斯表示值为

$$m_\mu(\{1\}) = 0.505, \ m_\mu(\{2\}) = 0.626, \ m_\mu(\{3\}) = 0.494$$

$$m_\mu(\{1, 2\}) = -0.274, \ m_\mu(\{1, 3\}) = -0.194, \ m_\mu(\{2, 3\}) = -0.156$$

根据默比乌斯表示与非可加测度的转换关系，可得各准则的 2 序非可加测

度值：
$$\mu(\phi) = 0, \ \mu(\{1\}) = 0.505, \ \mu(\{2\}) = 0.626, \ \mu(3) = 0.494$$
$$\mu(\{1, 2\}) = 0.857, \ \mu(\{1, 3\}) = 0.805,$$
$$\mu(\{2, 3\}) = 0.964, \ \mu(\{1, 2, 3\}) = 1$$

进而可以用肖凯积分来领导干部自然资源资产管理保护能力指标 A 在各年的评价值，见表 12.7。

表 12.7　　　　　　领导干部自然资源资产管理保护能力各年评价值

年份	2013	2014	2015
肖凯积分值	0.789	0.848	0.913

由表 12.7 可知，A 市 2013~2015 年领导干部自然资源资产管理保护能力的综合评价值分别为 0.789、0.848 和 0.913，明显呈现且稳定的逐年递增趋势，连续 3 年领导干部自然资源资产管理保护能力综合评价值增长幅度均较大，说明 A 市领导干部较为注重自然资源资产管理保护，且自然资源资产管理保护的效果明显，说明 A 市领导干部自然资源资产离任审计综合评价结果较好。

12.4　结　　论

本章根据自然资源保护、自然资源利用和生态环境改善三个方面构建领导干部自然资源资产离任审计评价指标体系，参考专家评审小组评审意见，确定指标间的重要性关系与交互作用关系，以 A 市为例，根据 A 市领导干部自然资源资产管理保护相关数据，基于 MCCPI 和肖凯积分的非可加测度分析方法替代普遍使用的加权平均法对离任审计评价指标进行综合评价，生成综合评价值。由于考虑了指标间的重要性关系与交互作用，A 市领导干部自然资源资产离任审计综合评价结果更贴近实际，可供各地区进行领导干部自然资源资产离任审计评价时参考。

| 第 13 章 |
基于 MCCPI 的 A 区农村
金融效率综合评价

　　农村金融效率的高低决定着其自身发挥作用力的强弱和成本大小，在很大程度上反映了农村金融对经济发展的促进作用，直接影响着农村生产性资金流动的规模和方向，以及现代农业的发展。

　　金融是现代经济的核心，农村经济发展离不开金融的支持。因此，农村金融效率的状况在很大程度上决定着整个农村经济发展的效率，需要一个效率评价体系，用于检验和指导农村金融对农村经济的发展。王进和柯常松（2007）在研究国内试点省份经验的基础上，提出建设新型农村金融机构的相关政策建议。黄学华（2006）回顾了农村金融发展的基本概况，分析了其存在的突出矛盾和问题，提出从六个方面着力改善农村金融服务的有效对策。韩心灵（2011）对农村金融发展进行研究，指出发展农村金融对解决安徽的"三农"问题至关重要。张亨明（2015）总结了金融综合改革特征及成效，指出改革有利助推地方经济发展并同步带动农村扶贫开发，有效促进农村居民增收，但农村地区经济落后，农村金融改革依然存在问题。

　　本章构建了宏观金融效率、微观金融效率和金融市场效率为指标的评价体系，运用 MCCPI 方法对 A 区农村金融效率进行综合评价。研究发现 A 区金融效率呈现逐年增高的趋势，而且宏观金融效率中储蓄向投资转化效率和货币政策效率评价时占权重较大，微观金融效率中金融机构盈利能力对其影响较大，金融市场效率中金融市场发展规模较重要。

13.1　文 献 综 述

通常，金融运行过程中产生的成本收益比定义为金融运行效率，金融资金投入社会生产中的有效程度定义为金融配置效率（Robinson & Wrightsman，1975）。王广谦（1999）从金融对经济的作用中抽象出金融效率体现的是金融运作能力的强弱，将金融效率分解为金融机构效率、金融市场效率和金融宏观效率三个方面。金融机构的效率可定义为微观金融效率，一般将整体金融体系的效率定义为宏观金融效率（Bain，1981）。杨德勇（1999）认为，金融效率是指一国金融整体在国民经济运行中所发挥的效率，即把金融要素的投入与国民经济运行的结果进行比较，应分解为宏观效率、微观效率和市场效率三个方面。谷慎和李成（2006）通过对中国农村金融效率进行统计检验，发现中国农村金融资源配置效率较低，不利于金融支持经济增长作用的发挥。

学者对于农村金融效率的指标体系进行了研究。沈军（2006）从三个层次来定义金融效率，分别是微观层面的金融效率，金融适应率以及金融渗透率。辛念军（2006）以直接金融和间接金融的视角，研究我国金融的动员效率以及配置效率。谷慎（2006）认为农村金融效率就是农村金融资源配置效率，提出了分析资源配置效率的指标：农村金融资源供求状况、农村金融商品（资产）的种类和结构、农村金融资源结构、农村金融中介机构的中介能力（存贷比）、农村金融机构的不良贷款比率。冯永琦和严萍（2015）从金融生态环境的角度分析农村金融效率，以科学性、全面性、可度量性、可操作性和可比性为原则构建了宏观微观和金融市场效率下的农村金融效率评价指标体系。周国富和胡慧敏（2007）认为金融效率主要是金融资源的配置状态，包括宏观金融效率（金融资源的配置效率）和微观金融效率（金融产业本身的投入产出率）两个方面，并根据科学性、全面性、可操作性以及可比性为原则构建了宏观微观共 16 个指标的金融效率评价指标体系，从定性的角度反映我国的金融效率。吴庆田和陈伟（2010）依据杨德勇对金融效率的层次划分并结合金融部门在经济中的作用和农村金融的特点，设计了 12 个维度共 20 个指标的农村金融效率评价体系。

对于农村金融效率的研究方法，向琳和郭斯华（2013）采用随机前沿方法（SFA）对中国各地区的农村金融效率作整体的评价和比较，发现各地区发展有明显差异。黎翠梅和曹建珍（2012）从农村金融储蓄动员效率、储蓄投资转换效率和投资投向效率对我国农村金融效率区域差异进行动态描述，并运用因子分析法对其进行综合评价，同样发现各地区差异明显。张珩、罗剑朝和李琪（2012）基于多元统计方法，运用因子分析和聚类分析方法对微观金融效率下的农村金融机构的运营效率进行研究，认为运营效率与抗风险能力、盈利能力和支农能力有关。李季刚和向琳（2010）基于数据包络分析（data envelope analyse，DEA）方法构建了投入产出指标分析了宏观金融效率下的农村金融资源配置效率。温红梅、姚风阁和常晶（2014）运用四阶段DEA 方法对我国县级市县城的投入产出指标及外部环境因素共 30015 个数据进行实证分析，研究发现我国农村金融效率整体水平处于较低状态，农村金融存在大量的投入冗余，同时农村金融效率受到外部环境的显著性影响。王雄、吴庆田（2012）按照金融生态系统在经济中的作用并结合农村金融的特点，基于吴庆田和陈伟的农村金融效率综合评价指标体系，采用多层次模糊综合评价法对我国农村金融效率进行评价，大大提高农村金融效率评价结果的科学性和可信度。

13.2　指标体系构建

综合上述对于金融效率及农村金融效率的评价指标体系，本章确定如下评价指标体系，如表 13.1 所示。

表 13.1　　　　　农村区域金融效率综合评价指标体系

一级指标	二级指标	三级指标
宏观金融效率 A_1	储蓄动员力 B_1	农村存款储蓄率 C_1
	储蓄向投资转化效率 B_2	储蓄投资转化率 C_2
		农村存贷比 C_3
		金融机构存贷利差 C_4

续表

一级指标	二级指标	三级指标
宏观金融 效率 A_1	投资效率 B_3	资本边际生产率 C_5
		固定资产投资增长率 C_6
	货币政策效率 B_4	人均农村 GDP C_7
		农村居民消费价格指数 C_8
微观金融 效率 A_2	金融机构抗风险能力 B_5	资本充足率 C_9
		不良贷款率 C_{10}
	金融机构流动性 B_6	银行备付金比例 C_{11}
	金融机构盈利能力 B_7	净资产收益率 C_{12}
		人均利润 C_{13}
金融市场 效率 A_3	金融市场发展规模 B_8	农村直接融资额/农村 GDP C_{14}
		农村直接融资额/农村贷款 C_{15}
	农村金融市场化程度 B_9	农业上市公司数/农业企业总量 C_{16}
		农村直接融资额/农村人口总数 C_{17}
	金融市场结构 B_{10}	农业上市公司总资产/农村金融机构总资产 C_{17}

指标解释：农村存款储蓄率是农村储蓄额与农村 GDP 的比；储蓄投资转化率是投资额与储蓄额的比值；农村存贷比为贷款总额/存款总额；金融机构存贷利差是贷款利率与存款利率的差；资本边际生产率反映单位资本变动带来的产量变化；固定资产投资增长率是固定资产投资增长额与年初固定资产总额的比；人均农村 GDP 即 GDP 总额与农村总人口数量的比；农村居民消费价格指数是反映一般购买的消费商品价格变动的宏观经济指标；资本充足率为资本/风险资产；不良贷款率是不良贷款/总贷款余额；银行备付金比例是备付金总额/存款总额；净资产收益率是金融机构净利润与净资产的比值；人均利润即金融机构利润与员工数的比值；金融市场发展规模分别通过农村获得的直接融资额与农村 GDP 及总贷款额的比值来反映；农村金融市场化程度分别通过上市公司数占企业总数的比例和农村单位人口直接融资额来反映；金融市场结构由农村上市公司总资产和金融机构总资产的比例关系反映。

13.3 评价过程

13.3.1 数据来源

本节运用构建的三级 18 个指标的,以该区农村商业银行和国家统计局的数据,对该区 2012~2014 年的农村金融效率进行评价(标准化数据见表 13.2)。

表 13.2　　　　　　　　　　　各指标具体值

三级指标	2012 年	2013 年	2014 年
农村存款储蓄率 C_1	14	15	17
储蓄投资转化率 C_2	12	13	16
农村存贷比 C_3	58	59	65
金融机构存贷利差 C_4	30	30	28
资本边际生产率 C_5	45	9	8
固定资产投资增长率 C_6	48	27	39
人均农村 GDP C_7	68	75	77
农村居民消费价格指数 C_8	10.2	10.3	10.1
资本充足率 C_9	23	16	14
不良贷款率 C_{10}	8.3	15.6	17.1
银行备付金比例 C_{11}	2.8	3.2	3.6
净资产收益率 C_{12}	12	10	13
人均利润 C_{13}	30	32	35
农村直接融资额/农村 GDP C_{14}	9	10	15
农村直接融资额/农村贷款 C_{15}	37	36	46
农业上市公司数/农业企业总量 C_{16}	10	12	13
农村直接融资额/农村人口总数 C_{17}	6	8	11
农业上市公司总资产/ 农村金融机构总资产 C_{18}	10	11	12

13. 3. 2　MCCPI 偏好信息的获得

经过专家评审小组评审，得出指标间的重要性关系与交互作用关系。

（1）一级指标间的关系。宏观金融效率 A_1 与微观金融效率 A_2 同样重要，两者存在较强正交互作用；宏观金融效率 A_1 与金融市场效率 A_3 同样重要，两者存在较强正交互作用；微观金融效率 A_2 与金融市场效率 A_3 同样重要，两者存在较强正交互作用。

（2）宏观金融效率 A_1 的二级指标间的关系。储蓄动员力 B_1 比较不重要于储蓄向投资转化效率 B_2，两者存在较强正交互作用；储蓄动员力 B_1 比较不重要于投资效率 B_3，两者存在稍微强正交互作用；储蓄动员力 B_1 与货币政策效率 B_4 同样重要，两者存在较强正交互作用；储蓄向投资转化效率 B_2 与投资效率 B_3 同样重要，两者存在较强正交互作用；储蓄向投资转化效率 B_2 与货币政策效率 B_4 同样重要，两者存在较强正交互作用；投资效率 B_3 与货币政策效率 B_4 同样重要，两者存在较强正交互作用。

（3）微观金融效率 A_2 的二级指标间的关系。金融机构抗风险能力 B_5 与金融机构流动性 B_6 同样重要，两者存在较强正交互作用；金融机构抗风险能力 B_5 稍微不重要于金融机构盈利能力 B_7，两者存在较强正交互作用；金融机构流动性 B_6 稍微不重要于金融机构盈利能力 B_7，两者存在较强正交互作用。

（4）金融市场效率 A_3 的二级指标间的关系。金融市场发展规模 B_8 稍微不重要于农村金融市场化程度 B_9，两者存在较强正交互作用；金融市场发展规模 B_8 与金融市场结构 B_{10} 同样重要，两者存在稍微强正交互作用；农村金融市场化程度 B_9 比较重要于金融市场结构 B_{10}，两者存在较强正交互作用。

（5）储蓄向投资转化效率 B_2 的三级指标间的关系。储蓄投资转化率 C_2 比较重要于农村存贷比 C_3，两者存在较强正交互作用；储蓄投资转化率 C_2 比较重要于金融机构存贷利差 C_4，两者存在非常强负交互作用；农村存贷比 C_3 与金融机构存贷利差 C_4 同样重要，两者存在非常强负交互作用。

（6）投资效率 B_3 的三级指标间的关系。资本边际生产率 C_5 比较不重要于固定资产投资增长率 C_6，两者存在非常强正交互作用。

（7）货币政策效率 B_4 的三级指标间的关系。人均农村 GDP C_7 稍微重要于农村居民消费价格指数 C_8，两者存在较强正交互作用。

（8）金融机构抗风险能力 B_5 的三级指标间的关系。资本充足率 C_9 与不良贷款率 C_{10} 同样重要，两者存在较强正交互作用。

（9）金融机构盈利能力 B_7 的三级指标间的关系。净资产收益率 C_{12} 比较重要于人均利润 C_{13}，两者存在非常强正交互作用。

（10）金融市场发展规模 B_8 的三级指标间的关系。农村直接融资额/农村 GDP C_{14} 稍微重要于农村直接融资额/农村贷款 C_{15}，两者存在较强正交互作用。

（11）农村金融市场化程度 B_9 的三级指标间的关系。农业上市公司数/农业企业总量 C_{16} 与农村直接融资额/农村人口总数 C_{17} 同样重要，两者存在较强正交互作用。

13.3.3　非可加测度和评价值的计算

由于篇幅限制，对一级指标和总指标评价给出过程，二级指标值仅给出计算结果。

13.3.3.1　宏观金融效率的评价值计算

本级指标所涉及的二级指标综合评价值见表 13.3、表 13.4、表 13.5。

表 13.3　　　　　　　储蓄向投资转化效率指标各年评价值

年份	2012	2013	2014
肖凯积分值	30.087	30.914	34.026

表 13.4　　　　　　　　投资效率指标各年评价值

年份	2012	2013	2014
肖凯积分值	46.184	16.101	20.230

表 13.5   货币政策效率各年评价值

年份	2012	2013	2014
肖凯积分值	29.332	31.716	32.244

根据上述的指标计算结果，计算宏观金融效率评价值。经过 6 次二维成对比较，可以获得如下相对重要性矩阵和部分关联信息矩阵：

$$R = \begin{bmatrix} 0.500 & 0.356 & 0.349 & 0.5 \\ 0.644 & 0.500 & 0.5 & 0.5 \\ 0.651 & 0.5 & 0.500 & 0.5 \\ 0.5 & 0.5 & 0.5 & 0.500 \end{bmatrix}$$

$$P = \begin{bmatrix} - & 0.343 & 0.121 & 0.493 \\ 0.343 & - & 0.488 & 0.473 \\ 0.121 & 0.488 & - & 0.446 \\ 0.493 & 0.473 & 0.446 & - \end{bmatrix}$$

基于相对重要性矩阵 R 和部分关联信息矩阵 P，可构建如下模型 $LS-\mathrm{II}$：

$$(LS-\mathrm{II}'):\ \min Z_2 = 2\left(0.356 - \frac{I_1}{I_1+I_2}\right)^2 + 2\left(0.349 - \frac{I_1}{I_1+I_3}\right)^2$$

$$+ 2\left(0.5 - \frac{I_1}{I_1+I_4}\right)^2 + 2\left(0.5 - \frac{I_2}{I_2+I_3}\right)^2$$

$$+ 2\left(0.5 - \frac{I_2}{I_2+I_4}\right)^2 + 2\left(0.5 - \frac{I_3}{I_3+I_4}\right)^2$$

$$+ 2\left(0.343 - \frac{I_{12}}{I_1+I_2}\right)^2 + 2\left(0.121 - \frac{I_{13}}{I_1+I_3}\right)^2$$

$$+ 2\left(0.493 - \frac{I_{14}}{I_1+I_4}\right)^2 + 2\left(0.488 - \frac{I_{23}}{I_2+I_3}\right)^2$$

$$+ 2\left(0.473 - \frac{I_{24}}{I_2+I_4}\right)^2 + 2\left(0.446 - \frac{I_{34}}{I_3+I_4}\right)^2$$

s. t.

$$I_1 + I_2 + I_3 + I_4 = 1$$

$$A(I_1,\ I_{12},\ I_{13},\ I_{14})^T \geqslant 0,\ A(I_2,\ I_{12},\ I_{23},\ I_{24})^T \geqslant 0$$

$$A(I_3, I_{13}, I_{23}, I_{34})^T \geqslant 0, \quad A(I_4, I_{14}, I_{24}, I_{34})^T \geqslant 0$$

其中，

$$
A = \begin{bmatrix}
1 & \frac{1}{2} & \frac{1}{2} & \frac{1}{2} \\
1 & \frac{1}{2} & \frac{1}{2} & -\frac{1}{2} \\
1 & \frac{1}{2} & -\frac{1}{2} & \frac{1}{2} \\
1 & \frac{1}{2} & -\frac{1}{2} & -\frac{1}{2} \\
1 & -\frac{1}{2} & \frac{1}{2} & \frac{1}{2} \\
1 & -\frac{1}{2} & \frac{1}{2} & -\frac{1}{2} \\
1 & -\frac{1}{2} & -\frac{1}{2} & \frac{1}{2} \\
1 & -\frac{1}{2} & -\frac{1}{2} & -\frac{1}{2}
\end{bmatrix}
$$

求得沙普利重要性和交互作用指标值为

$$I_1 = 0.178, \quad I_2 = 0.283, \quad I_3 = 0.258, \quad I_4 = 0.281$$

$$I_{12} = 0.132, \quad I_{13} = 0.044, \quad I_{14} = 0.180, \quad I_{23} = 0.243, \quad I_{24} = 0.190, \quad I_{34} = 0.191$$

根据默比乌斯表示与沙普利交互作用指标的关系，各准则的默比乌斯表示值为

$$m_\mu(\{1\}) = 0, \quad m_\mu(\{2\}) = 0.001, \quad m_\mu(\{3\}) = 0.019, \quad m_\mu(\{4\}) = 0.001$$

$$m_\mu(\{1, 2\}) = 0.132, \quad m_\mu(\{1, 3\}) = 0.044, \quad m_\mu(\{1, 4\}) = 0.180$$

$$m_\mu(\{2, 3\}) = 0.243, \quad m_\mu(\{2, 4\}) = 0.190, \quad m_\mu(\{3, 4\}) = 0.191$$

根据默比乌斯表示与非可加测度的转换关系，可得各准则的 2 序非可加测度值

$$\mu(\phi) = 0, \quad \mu(\{1\}) = 0, \quad \mu(\{2\}) = 0.001, \quad \mu(\{3\}) = 0.019, \quad \mu(\{4\}) = 0.001$$

$$\mu(\{1, 2\}) = 0.133, \quad \mu(\{1, 3\}) = 0.063, \quad \mu(\{1, 4\}) = 0.181$$

$$\mu(\{2, 3\}) = 0.263, \quad \mu(\{2, 4\}) = 0.191, \quad \mu(\{3, 4\}) = 0.211$$

$$\mu(\{1, 2, 3\}) = 0.439, \quad \mu(\{1, 2, 4\}) = 0.503, \quad \mu(\{1, 3, 4\}) = 0.435$$

$$\mu(\{2, 3, 4\}) = 0.644, \ \mu(\{1, 2, 3, 4\}) = 1$$

进而可以用肖凯积分来集成宏观金融效率在各年的评价值，见表 13.6。

表 13.6 宏观金融效率各年度评价值

年份	2012	2013	2014
肖凯积分值	24.378	18.539	21.376

13.3.3.2 微观金融效率评价值计算

本级指标所涉及的二级指标综合评价值见表 13.7、表 13.8。

表 13.7 金融机构抗风险能力指标各年度评价值

年份	2012	2013	2014
肖凯积分值	12.614	15.717	14.910

表 13.8 金融机构盈利能力指标各年度评价值

年份	2012	2013	2014
肖凯积分值	15.366	14.114	17.114

根据指标计算结果，得到微观金融效率指标计算的基础数据。经过 3 次二维成对比较，可以获得如下相对重要性矩阵和部分关联信息矩阵：

$$R = \begin{bmatrix} 0.500 & 0.500 & 0.393 \\ 0.500 & 0.500 & 0.465 \\ 0.607 & 0.535 & 0.500 \end{bmatrix}$$

$$P = \begin{bmatrix} - & 0.319 & 0.213 \\ 0.319 & - & 0.271 \\ 0.213 & 0.271 & - \end{bmatrix}$$

求得沙普利重要性和交互作用指标值为：

$$I_1 = 0.286，I_2 = 0.315，I_3 = 0.399$$
$$I_{12} = 0.192，I_{13} = 0.146，I_{23} = 0.193$$

根据默比乌斯表示与沙普利交互作用指标的关系，各准则的默比乌斯表示值为：

$$m_\mu(\{1\}) = 0.117，m_\mu(\{2\}) = 0.123，m_\mu(\{3\}) = 0.230$$
$$m_\mu(\{1，2\}) = 0.192，m_\mu(\{1，3\}) = 0.146，m_\mu(\{2，3\}) = 0.193$$

根据默比乌斯表示与非可加测度的转换关系，可得各准则的 2 序非可加测度值：

$$\mu(\phi) = 0，\mu(\{1\}) = 0.117，\mu(\{2\}) = 0.123，\mu(3) = 0.230$$
$$\mu(\{1，2\}) = 0.432，\mu(\{1，3\}) = 0.493，\mu(\{2，3\}) = 0.545，$$
$$\mu(\{1，2，3\}) = 1$$

进而可以用肖凯积分来集成微观金融效率指标在各年的评价值，见表 13.9。

表 13.9　　　　　　　　微观金融效率指标的各年度评价值

年份	2012	2013	2014
肖凯积分值	8.265	8.763	9.676

13.3.3.3　金融市场效率指标评价值计算

本级指标所涉及的二级指标综合评价值见表 13.10、表 13.11。

表 13.10　　　　　　　金融市场发展规模指标各年度评价值

年份	2012	2013	2014
肖凯积分值	16.252	16.734	23.029

表 13.11　　　　　　农村金融市场化程度指标各年度评价值

年份	2012	2013	2014
肖凯积分值	7.092	9.092	11.546

根据指标计算结果，得到金融市场效率指标计算的基础数据。经过 3 次

二维成对比较，可以获得如下相对重要性矩阵和部分关联信息矩阵：

$$R = \begin{bmatrix} 0.500 & 0.38 & 0.5 \\ 0.62 & 0.500 & 0.7 \\ 0.5 & 0.3 & 0.500 \end{bmatrix}$$

$$P = \begin{bmatrix} - & 0.346 & 0.2 \\ 0.346 & - & 0.287 \\ 0.2 & 0.287 & - \end{bmatrix}$$

求得沙普利重要性和交互作用指标值为

$$I_1 = 0.267,\ I_2 = 0.492,\ I_3 = 0.241$$
$$I_{12} = 0.263,\ I_{13} = 0.102,\ I_{23} = 0.210$$

根据默比乌斯表示与沙普利交互作用指标的关系，各准则的默比乌斯表示值为

$$m_\mu(\{1\}) = 0.085,\ m_\mu(\{2\}) = 0.256,\ m_\mu(\{3\}) = 0.085$$
$$m_\mu(\{1,\ 2\}) = 0.263,\ m_\mu(\{1,\ 3\}) = 0.102,\ m_\mu(\{2,\ 3\}) = 0.210$$

根据默比乌斯表示与非可加测度的转换关系，可得各准则的 2 序非可加测度值

$$\mu(\phi) = 0,\ \mu(\{1\}) = 0.085,\ \mu(\{2\}) = 0.256,\ \mu(3) = 0.085$$
$$\mu(\{1,\ 2\}) = 0.603,\ \mu(\{1,\ 3\}) = 0.272,$$
$$\mu(\{2,\ 3\}) = 0.551,\ \mu(\{1,\ 2,\ 3\}) = 1$$

进而可以用肖凯积分来集成金融市场效率指标在各年的评价值，见表 13.12。

表 13.12　　　　　　　金融市场效率指标的各年度评价值

年份	2012	2013	2014
肖凯积分值	8.410	10.095	12.601

13.3.3.4　整体综合评价值的计算

经过 3 次二维成对比较，可以获得如下相对重要性矩阵和部分关联信息矩阵：

$$R = \begin{bmatrix} 0.500 & 0.500 & 0.500 \\ 0.500 & 0.500 & 0.500 \\ 0.500 & 0.500 & 0.500 \end{bmatrix}$$

$$P = \begin{bmatrix} - & 0.267 & 0.376 \\ 0.267 & - & 0.328 \\ 0.376 & 0.328 & - \end{bmatrix}$$

求得沙普利重要性和交互作用指标值为

$I_1 = 0.333$，$I_2 = 0.333$，$I_3 = 0.333$，$I_{12} = 0.178$，$I_{13} = 0.251$，$I_{23} = 0.219$

根据默比乌斯表示与沙普利交互作用指标的关系，各准则的默比乌斯表示值为

$$m_\mu(\{1\}) = 0.119, \quad m_\mu(\{2\}) = 0.135, \quad m_\mu(\{3\}) = 0.098$$

$$m_\mu(\{1, 2\}) = 0.178, \quad m_\mu(\{1, 3\}) = 0.251, \quad m_\mu(\{2, 3\}) = 0.219$$

根据默比乌斯表示与非可加测度的转换关系，可得各准则的 2 序非可加测度值

$$\mu(\phi) = 0, \quad \mu(\{1\}) = 0.119, \quad \mu(\{2\}) = 0.135, \quad \mu(3) = 0.098$$

$$\mu(\{1, 2\}) = 0.431, \quad \mu(\{1, 3\}) = 0.468,$$

$$\mu(\{2, 3\}) = 0.452, \quad \mu(\{1, 2, 3\}) = 1$$

进而可以用肖凯积分来集成总评价指标在各年的评价值，见表 13.13。

表 13.13　　　　　　　　　农村金融效率各年评价值

年份	2012	2013	2014
肖凯积分值	10.217	10.378	12.074

13.4　结　　论

　　本章以 A 区农村金融效率评价为例对构建的农村金融效率的评价指标及考虑交互作用的评价方法的应用，可以得出该区农村金融效率是逐年提高的趋势，而且宏观金融效率中储蓄向投资转化效率和货币政策效率评价时占权重较大；微观金融效率中金融机构盈利能力对其影响较大；金融市场效率中

金融市场发展规模较重要。通过上的定性和定量分析找到了影响该区农村金融效率的主要因素所在，根据不同的影响因素，从不同的视角提出如何提高农村金融效率水平的意见和措施。要提高农村金融效率，有如下几点建议：

第一，深化农村金融机构改革。农村金融机构是连接农村金融和农村经济的纽带，是进行资金分配的关键所在，农村金融机构的深化改革也成为提高农村金融效率的关键。金融机构抗风险能力、金融机构流动性和金融机构盈利能力 2012～2014 年的肖凯积分值总体呈现下降趋势，因此，需通过强化农村金融机构的支农职责、加强农村金融产品的创新力度以及鼓励发展农村金融机构的小额信贷等措施来深化农村金融机构改革。

第二，强化金融市场效率的提高。由表 13.13 分析可得，提高金融市场效率是保证农村金融高效运行的核心要素。因此，要进行投资机构的多元化。任何一个或者一类金融机构都不可能完成所有的功能，组织结构的多样性和金融产品丰富才能实现所有的功能。促进金融机构主动改进服务，提高产品的服务质量。要打破国有商业银行的垄断地位，只有打破垄断地位才能提高市场的效率。

第三，开拓农村金融消费市场来降低储蓄率。农村金融消费市场是一块大蛋糕，到目前为止开发的相对比较少，农民的金融消费水平需要跟上经济发展的水平。如表 13.6 所示，A 区的宏观金融效率中储蓄向投资转化效率过高，这是制约其农村金融效率的重要因素。因此，降低农村地区的储蓄率，开发农村地区的金融市场或许是提高农村金融效率的重要环节之一。

第 14 章
基于 MCCPI 的共享单车
企业竞争力评价

    中共十八届五中全会公报首次提出了"分享经济"，2015 年 9 月李克强总理在夏季达沃斯论坛提出通过分享、协作的方式搞创新创业，大力发展我国的分享经济。共享经济作为互联网下的"新经济""新商业"形态，其发展时间不长，但发展速度和规模很快，2016 年中国"共享经济"市场规模达39450 亿元，增长率为 76.4%，未来几年我国分享经济仍将保持年均 40% 左右的高速增长，到 2020 年分享经济交易规模占 GDP 比重将达到 10% 以上。共享单车是一个典型"互联网＋"式创新，它把移动互联网加在传统的公共自行车上，摆脱了传统停车桩的限制。共享单车便利廉价，深受市民欢迎，其创新的商业模式加之倡导的"绿色出行"理念是社会发展大势所趋，一时之间众多资本涌入，激烈的"车轮大战"已经打响。

    共享单车作为互联网经济下的新产物，方便了大众的出行，践行了低碳环保、绿色健康的发展理念。是共享经济下的典型代表，发展中虽然面临着诸多困难，但从总体来说是具有光明的发展前景。共享经济时代的到来催生了共享单车产业的发展，伴随着共享单车企业竞争的白热化，如何寻找产业竞争力使企业能够可持续发展是其迫切需要解决的问题。本章通过企业竞争力理论知识结合共享单车行业特点构建了共享单车竞争力评价体系，并利用多准则偏好信息（MCCPI）对梳理的指标设定了肖凯积分值，最后选定当下最具代表性的 R 公司、S 公司和 T 单车进行竞争力评价的实证研究。

14.1 引　　言

2016 年 4 月以来，共享单车大量出现在国内各大城市，基于互联网的共享单车具有便捷、经济、环保等特点。截至 2017 年 7 月，全国共有互联网租赁自行车运营企业近 70 家，累计投放车辆超过 1600 万辆，注册人数超过 1.3 亿人次，累计服务超过 15 亿人次（李敏连，2017）。截至 2017 年 6 月，中国共享单车用户规模达 1.06 亿，占全国网民 14.11%（朱萍、朱亚成和董雨薇等，2017）。共享单车作为短途出行工具，有效地解决了最后一公里以及最先一公里的问题。但在运营过程中也出现了各种问题，流量争夺、用户活跃度的持续减退、发展模式的单一等问题正在成为困扰共享单车发展的主要问题。因此，大量的共享单车企业濒临倒闭，现在在共享单车市场上还能生活得很好的参与者们多半有自己在某个环节或某些方面的独特优势。我国的共享单车竞争力评价体系机制相对来说较欠缺，建立完善的评价体系需要进行更深入的分析和探索（王佳和马阿佳，2017）。由此不得不提到，共享单车作为一种结合互联网的新形态，对信息技术运用的要求较高，如何将用户、企业、单车的维护和使用整理成一套有序且有效的评价体系，需要对共享单车的多个层面联合评价来实现。

基于以上问题，本章开展共享单车的竞争力研究，从企业角度出发，基于共享单车分析现阶段需要重点改进的要素，为企业提升共享单车的竞争力提供参考依据并提出相应的建议。本章构建具有代表性 3 个二级指标和 9 个三级指标以此为基础，基于 MCCPI 方法进行综合竞争力的评价。从重要性以及交互作用 2 个维度，通过沙普利交互作用指标值对指标间相互关系进行数值上的度量；利用肖凯积分集成各准则的 2 序非可加测度值，生成综合评价值。最后，结合评价结果和各平台目前的实际发展情况，进行深入分析，找出平台在发展中的不足和存在的问题，提出了有针对性的、切实可行的优化和发展策略，对提高共享单车企业在未来发展的竞争力水平有一定的借鉴和指导作用。

14.2 文 献 综 述

关于企业竞争力方面，企业竞争力是指在竞争性市场中，一个企业所具有的、能够持续的比其他企业更有效的向市场消费者包括生产性消费者提供产品或服务，并获得盈利和自身发展的综合素质。企业竞争力能力的强弱，直接决定了企业在全行业的处境。企业的竞争力是由企业本身的能力决定的，市场外部结构则是企业能力演化的自然结果，企业的本质是一个能力体系，积累、保持和运用能力的过程，而开拓产品市场是企业长期竞争优势的决定性因素。学术界目前从两个角度研究竞争力问题：企业的外部市场结构和企业的能力（王建华和王方华，2003）。企业竞争力分为表层、支持平台和核心的竞争力 3 个方面，企业竞争力的高低直接决定着企业在激烈的商战中是兴旺还是衰败（张进财和左小德，2013）。全春光等（2007）从企业竞争力的构成要素出发，构建了基于 TQCSE 的企业竞争力模型并运用单元技术，提高企业在 TQCSE 五个方面的能力，发现薄弱环节，运用制约理论，重点发展。通过逐步提升系统管理技术、供应链管理技术，最终全面提高企业竞争力（全春光、邹安全和程晓娟，2007）。张海涛、高玲和高得胜（2007）认为，信息技术应用于现代企业管理的方方面面，建立信息网络，有利于整合企业资源，优化产业升级。只有充分运用信息网络的优势，才能从根本上提高企业竞争力（郑杰中，2017）。

关于共享单车指标构建方面，针对共享单车企业价值链运转和运营均存在诸多问题，郑杰中（2017）以摩拜为例从市场地位、用户体验、车体设计、GPS 定位的智能锁、运行维护 5 个方面分析共享单车的竞争力。丁骞莽（2017）通过对共享单车市场竞争力的外部因素以及内部成因深入研究，建立了 3 个二级指标和 7 个三级指标共享单车核心竞争力评价指标体系结构。企业文化力、学习力和创新力是企业核心竞争力三大构成要素，曾岳洋（2017）从企业内部环境控制和优化、企业外部环境控制和优化、产品外观设计能力、产品功能设计能力 4 个方面构建 9 个二级指标对企业共享单车的竞争力情况进行分析。在大数据时代，共享单车企业想要提高竞争力，保持其业内的领先地位，应该及时挖掘影响顾客满意度的重要因素并加以改进。宋明蕊（2017）从消费者角度出发，构建 4 个一级指标和 15 个二级指标的评价指标体系对消费者满意度进行评估。吴自豪、朱家明和李均红等（2018）选取摩拜、ofo、小鸣、小蓝、哈罗和永安行 6 个共享单车品牌为研究对象，针对共享单车核心竞争力的研究以及市场格局变化的预测，构建 4 个二级指标和 10 个三级指标的评价指标体系，使用灰色预测方法预测共享单车的市场格局。黄云、陈茹丽和高任飞（2018）针对共享单车品牌竞争问题，建立了共享单车品牌竞争力模糊综合评价模型。评价指标体系包括车身情况、使用情况和品牌发展情况 3 个一级评价指标和 9 个二级指标，对四大共享单车公司的综合竞争力进行比较。

14.3　指标体系构建

结合共享单车企业核心竞争力评价的自身特点，本章提出的评价原则有：第一，全面性原则。设计的指标应当有描述当下的评价，也有反映未来发展的趋势。第二，有效性原则。能够真实、准确描述共享单车企业状态。第三，科学性原则。评价指标选择具有一定科学理论依据，由于关于共享单车企业核心竞争力研究较少，但是可以借鉴同类型和成熟的同类评价方法。第四，可行性原则。共享单车企业属于新型企业，独一无二的特点，此时评价体系指标应当能够真实采集，能够为公司企业、政府制定相关措施和政策提供依据。具体指标见表 14.1。

表 14.1　　　　　　　　　**2017 年三家共享单车企业指标**

一级指标	二级指标	三级指标	备注
共享单车企业竞争力 A	产品设计 B_1	骑行轻便程度 C_1	等级 1~5
		车辆整体辨识度 C_2	等级 1~5
		APP 使用便捷度 C_3	等级 1~5

续表

一级指标	二级指标	三级指标	备注
共享单车企业竞争力 A	企业运营能力 B_2	单车投放量 C_4	万台
		市场占有率 C_5	%
		平台用户使用率 C_6	%
	消费者认可度 B_3	人均单次骑行时长 C_7	分钟
		用户满意度 C_8	等级 $1 \sim 10$
		品牌用户知名度 C_9	%

（1）产品层面。共享单车的外观设计有辨识度，吸引眼球、符合大众审美；功能，从满足消费者需求角度出发，共享单车功能应该包括共享单车使用途径的方便程度、单车质量、性价比和单车轻骑程度等。

（2）企业层面。市场占有率表明了共享单车企业的销售量在市场同类单车中所占的比重，很大程度上反映了共享单车企业的竞争地位和盈利能力。单车投放量与企业的融资能力、运营能力有关，间接反映企业的竞争实力。平台用户使用率反映了，企业为了吸引用户通过精细化运营和体验升级，切实解决用户的出行痛点的能力。

（3）消费者层面。竞争力的核心是扩大有效的消费人群，提供消费者满意的单车及其服务，加大共享单车企业的品牌效应。人均单次骑行时长包含更大范围的数据信息，品牌知名度和用户满意度消费者的对共享单车企业的认可情况。

资料来源于《2017 年中国共享单车行业研究报告》和《2017Q1 中国共享单车市场研究报告》；部分资料来源用户问卷调查；统计时间为 2016 年 12 月至 2017 年 6 月。具体指标数值见表 14.2。

表 14.2　　　　　　　2017 年三家共享单车企业指标数值

二级指标	三级指标	R 公司	S 公司	T 公司
产品设计 B_1	骑行轻便程度 C_1	4.3	4.1	4.0
	车辆整体辨识度 C_2	4.8	4.0	3.9
	APP 使用便捷度 C_3	4.2	3.8	3.7

续表

二级指标	三级指标	R 公司	S 公司	T 公司
企业运营能力 B_2	单车投放量 C_4	80	50	30
	市场占有率 C_5	51.2	40.1	1.2
	平台用户使用率 C_6	61.9	52.1	18.9
消费者认可度 B_3	人均单次骑行时长 C_7	13.8	14.4	13.2
	用户满意度 C_8	9.4	8.7	7.8
	品牌用户知名度 C_9	43.5	44.6	12.8

14.4　评价过程

14.4.1　MCCPI 偏好信息的获得

14.4.1.1　产品设计 B_1 的偏好信息

骑行轻便程度 C_1 稍微重要于车辆整体辨识度 C_2，两者存在稍微强的正交互作用；骑行轻便程度 C_1 稍微重要于 APP 使用便捷度 C_3，两者存在稍微强的正交互作用；车辆整体辨识度 C_2 比较重要于 APP 使用便捷度 C_3，两者存在稍微强的正交互作用。详见图 14.1。

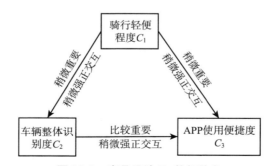

图 14.1　产品设计 B_1 偏好信息

14.4.1.2 企业运营能力 B_2 的偏好信息

单车投放量 C_4 稍微不重要于市场占有率 C_5，两者存在稍微强的正交互作用；单车投放量 C_4 稍微不重要于平台用户使用率 C_6，两者存在较强的正交互作用；市场占有率 C_5 比较重要于平台用户使用率 C_6，两者存在比较强的正交互作用。详见图 14.2。

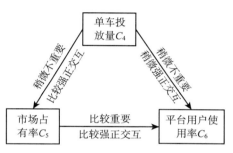

图 14.2 企业运营能力 B_2 偏好信息

14.4.1.3 消费者认可度 B_3 的偏好信息

人均单次骑行时长 C_7 稍微不重要于用户满意度 C_8，两者存在稍微强的正交互作用；人均单次骑行时长 C_7 稍微不重要于品牌用户知名度 C_9，两者存在稍微强的正交互作用；用户满意度 C_8 比较重要于品牌用户知名度 C_9，两者存在比较强的正交互作用。详见图 14.3。

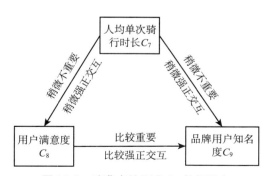

图 14.3 消费者认可度 B_3 偏好信息

14.4.1.4　共享单车企业竞争力 A 的偏好信息

产品设计 B_1 比较不重要于企业运营能力 B_2，两者存在稍微强的正交互作用；产品设计 B_1 稍微不重要于消费者认可度 B_3，两者存在稍微强的正交互作用；企业运营能力 B_2 稍微重要于消费者认可度 B_3，两者存在比较强的正交互作用。详见图 14.4。

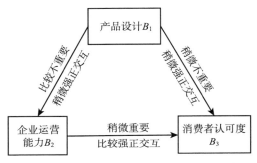

图 14.4　共享单车企业竞争力 A 偏好信息

14.4.2　二级指标评价值的计算

第一步，对净资产收益率、提供就业率、营运模式社会影响力以及平台上商家的数量，进行 3 次二维成对比较，可以获得如下相对重要性矩阵和部分关联信息矩阵：

$$R = \begin{bmatrix} 0.500 & 0.518 & 0.507 \\ 0.482 & 0.500 & 0.689 \\ 0.493 & 0.311 & 0.500 \end{bmatrix}$$

$$P = \begin{bmatrix} - & 0.132 & 0.143 \\ 0.132 & - & 0.089 \\ 0.143 & 0.089 & - \end{bmatrix}$$

第二步，基于相对重要性矩阵 R 和部分关联信息矩阵 P，可构建如下模型 $LS - \text{II}'$：

$$(LS - \text{II}'):\ \min Z_2 = 2\left(0.518 - \frac{I_1}{I_1 + I_2}\right)^2 + 2\left(0.507 - \frac{I_1}{I_1 + I_3}\right)^2$$

$$+ 2\left(0.689 - \frac{I_2}{I_2 + I_3}\right)^2 + 2\left(0.132 - \frac{I_{12}}{I_1 + I_2}\right)^2$$

$$+ 2\left(0.143 - \frac{I_{13}}{I_1 + I_3}\right)^2 + 2\left(0.089 - \frac{I_{23}}{I_2 + I_3}\right)^2$$

s. t.

$$I_1 + I_2 + I_3 = 1, \ A(I_1, \ I_{12}, \ I_{13})^T \geqslant 0,$$

$$A(I_2, \ I_{12}, \ I_{23})^T \geqslant 0, \ A(I_3, \ I_{13}, \ I_{23})^T \geqslant 0$$

其中，

$$A = \begin{bmatrix} 1 & \dfrac{1}{2} & \dfrac{1}{2} \\[2ex] 1 & -\dfrac{1}{2} & \dfrac{1}{2} \\[2ex] 1 & \dfrac{1}{2} & -\dfrac{1}{2} \\[2ex] 1 & -\dfrac{1}{2} & -\dfrac{1}{2} \end{bmatrix}$$

求得产品设计 B_1 组的沙普利重要性和交互作用指标值为

$$I_1 = 0.338, \ I_2 = 0.410, \ I_3 = 0.252$$

$$I_{12} = 0.099, \ I_{13} = 0.084, \ I_{23} = 0.059$$

第三步，根据集函数的默比乌斯表示与沙普利交互作用指标的关系，产品设计 B_1 的默比乌斯表示值为

$$m_\mu(\{1\}) = 0.247, \ m_\mu(\{2\}) = 0.331, \ m_\mu(\{3\}) = 0.181$$

$$m_\mu(\{1, \ 2\}) = 0.099, \ m_\mu(\{1, \ 3\}) = 0.084, \ m_\mu(\{2, \ 3\}) = 0.059$$

第四步，根据默比乌斯表示与非可加测度的转换关系，可得产品设计 B_1 的 2 序非可加测度值

$$\mu(\phi) = 0, \ \mu(\{1\}) = 0.247, \ \mu(\{2\}) = 0.331, \ \mu(3) = 0.181$$

$$\mu(\{1, \ 2\}) = 0.677, \ \mu(\{1, \ 3\}) = 0.511,$$

$$\mu(\{2, \ 3\}) = 0.571, \ \mu(\{1, \ 2, \ 3\}) = 1$$

得到测度后，进而可以用肖凯积分来集成运营能力 B_1 在各年的评价值，见表 14.3。

表 14.3	产品设计 B_1 的评价值		
名称	R 企业	S 企业	T 企业
肖凯积分值	4.433	3.960	3.860

同理可得，企业运营能力 B_2 指标和消费者认可度 B_3 指标的肖凯积分值，见表 14.4、表 14.5。

表 14.4	企业运营能力 B_2 的评价值		
名称	R 企业	S 企业	T 企业
肖凯积分值	5.610	4.380	0.810

表 14.5	消费者认可度 B_3 的评价值		
名称	R 企业	S 企业	T 企业
肖凯积分值	4.397	4.293	2.852

14.4.3 一级指标评价值的计算

计算出各二级指标评价值之后也可以用同样的方法得到共享单车企业竞争力 A 评价值：

第一步，经过 3 次二维成对比较，根据细化菱形成对比较法，得到相对重要性矩阵和部分关联信息矩阵：

$$R = \begin{bmatrix} 0.500 & 0.325 & 0.493 \\ 0.675 & 0.500 & 0.554 \\ 0.507 & 0.446 & 0.500 \end{bmatrix}$$

$$P = \begin{bmatrix} - & 0.074 & 0.077 \\ 0.074 & - & 0.154 \\ 0.077 & 0.154 & - \end{bmatrix}$$

第二步，构建如下模型 $LS - \mathrm{II}'$：

$$(LS - \mathrm{II}'): \ \min Z_2 = 2\left(0.325 - \frac{I_1}{I_1 + I_2}\right)^2 + 2\left(0.493 - \frac{I_1}{I_1 + I_3}\right)^2$$

$$+2\left(0.554-\frac{I_2}{I_2+I_3}\right)^2+2\left(0.074-\frac{I_{12}}{I_1+I_2}\right)^2$$

$$+2\left(0.077-\frac{I_{13}}{I_1+I_3}\right)^2+2\left(0.154-\frac{I_{23}}{I_2+I_3}\right)^2$$

s. t.

$$I_1+I_2+I_3=1,\ A(I_1,\ I_{12},\ I_{13})^T\geqslant0,\ A(I_2,\ I_{12},\ I_{23})^T\geqslant0,$$
$$A(I_3,\ I_{13},\ I_{23})^T\geqslant0$$

其中,

$$A=\begin{bmatrix}1&\dfrac{1}{2}&\dfrac{1}{2}\\1&-\dfrac{1}{2}&\dfrac{1}{2}\\1&\dfrac{1}{2}&-\dfrac{1}{2}\\1&-\dfrac{1}{2}&-\dfrac{1}{2}\end{bmatrix}$$

可求的其最优解:

$$I_1=0.234,\ I_2=0.444,\ I_3=0.323$$
$$I_{12}=0.124,\ I_{13}=0.036,\ I_{23}=0.313$$

第三步,可得到相应的默比乌斯表示为

$$m_\mu(\{1\})=0.154,\ m_\mu(\{2\})=0.226,\ m_\mu(\{3\})=0.149$$
$$m_\mu(\{1,\ 2\})=0.124,\ m_\mu(\{1,\ 3\})=0.036,\ m_\mu(\{2,\ 3\})=0.313$$

第四步,正式得到最终 2 序可加测度

$$\mu(\phi)=0,\ \mu(\{1\})=0.154,\ \mu(\{2\})=0.226,\ \mu(3)=0.149$$
$$\mu(\{1,\ 2\})=0.504,\ \mu(\{1,\ 3\})=0.339,$$
$$\mu(\{2,\ 3\})=0.687,\ \mu(\{1,\ 2,\ 3\})=1$$

得到测度后,进而可以用肖凯积分来集成共享单车企业竞争力 A 的评价值,见表 14.6。

表 14.6　　共享单车企业竞争力 A 的评价值

名称	R 企业	S 企业	T 企业
肖凯积分值	4.697	4.183	1.584

14.5 结 论

基于 MCCPI 的非可加测度评价方法，对 R 企业、S 企业、T 企业三家共享单车企业的产品设计、企业运营能力、消费者认可度进行评价，最后得出共享单车企业的竞争力水平。各个部分的评价值如表 14.7 所示。

表 14.7　　　　　　　　　共享单车企业竞争力 A 的肖凯积分值

指标	R 企业	S 企业	T 企业
共享单车企业竞争力 A	4.697	4.183	1.584
产品设计 B_1	4.433	3.960	3.860
企业运营能力 B_2	5.610	4.380	0.810
消费者运营能力 B_3	4.397	4.293	2.852

由表 14.7 可得，R 企业的总体竞争力由于其他共享单车企业，强大的融资能力是企业运营的基础，同时从消费者角度出发打造契合于消费者需求的单车和服务，通过各种营销策略和精细化运营扩大市场份额。在产品设计上，S 企业和 T 企业有着良好的稳定性和免维护性，而 R 企业单车的舒适度、安全性、外形设计更胜一筹；在企业营运能力上，R 企业的企业价值链的设计和运转领先其他共享单车企业；与在消费者认可度方面，R 企业和 S 企业的差距十分小，无论是品牌效应还是服务的效率与质量，可以说是势均力敌。共享时代的到来，带给很多新兴产业机遇和挑战，而在这个时代中加强企业的核心竞争力是保证企业持续发展的关键。对于共享单车企业来说更是如此，随着共享单车市场份额分割完成和经济持续进步，如何在保持企业原有的优势下随着时代发展而不被淘汰，是每个共享单车企业所需要面对的挑战。因此，为了提高企业的竞争力，共享单着企业仍需加强一下四方面建设。一是，重视产品自助研发能力，掌握产品核心技术和专利；二是，专注产品功能设计，提高骑行轻便程度；三是，做好线下服务，提高客户满意度，提升服务水平；四是，注重企业的运营能力，提高市场份额。

本章以 R 企业、S 企业、T 企业为例，构建了共享单车企业竞争力评价指标体系，具有一定的现实针对性。利用 MCCPI 非可加测度的方法对共享单车企业竞争力进行了综合评价，既避免了主观判断的影响，又兼顾了不同评价指标的重要程度，为我国共享单车企业的评价提供了新的思路。

第 15 章
基于 MCCPI 的港口企业竞争力评价研究

随着全球经济联系的不断加强以及我国经济的快速发展，作为国民经济新增长点的港口企业得到了蓬勃发展。本章采用了基于 MCCPI 的多准则综合评价方法，构建了包含 3 个一级指标和 9 个二级指标的综合评价指标体系，在考虑准则间重要性和交互作用的基础上，依据宁波舟山港股份有限公司 2014～2016 年的年度报告数据，评价分析了公司的企业竞争力。

15.1 引　　言

目前，环渤海地区有大连、青岛、天津、营口、秦皇岛、烟台等几个港口；珠江三角洲有深圳、广州、珠海、香港、澳门等几个主要港口；长江三角洲有上海、苏州、宁波、杭州等港口。现代港口是物流服务供应链的重要环节，其服务功能扩大为储存、集散、配送、增值服务等，伴随着物流、资金流、信息流的大量汇集，加之港口企业间竞争的日益激烈，为更好地在市场竞争中生存，实现自身的可持续发展，对其企业竞争力进行客观量化评价，为港口企业的管理和改革提供理论依据已成为港口企业发展面临的重要问题。

宁波舟山港股份有限公司的前身为宁波港务管理局，成立于 1979 年，1987 年更名为宁波港务局。2004 年 4 月 8 日，按照国家和省市有关港口体制改革的精神，宁波港务局实行政企分开，成立宁波港集团有限公司。2008 年 3 月 31 日，宁波港集团作为主发起人联合招商国际等 7 家单位发起创立了宁波港股份有限公司（其中宁波港集团占 90% 股份）；2010 年 9 月 28 日，经中国证监会批准，宁波港股份有限公司在上交所正式上市。2016 年 9 月 28 日，公司名称由宁波港股份有限公司更名为宁波舟山港股份有限公司。

作为宁波舟山港公共码头的经营主体，宁波舟山港股份有限公司的经营范围主要包括集装箱、铁矿、原油、煤炭、液化品、件杂货等货物装卸业务，并提供拖轮助泊、码头租赁、船舶代理及物流等与港口生产有关的全方位、综合性服务。

近年来，宁波舟山港的发展得到了上级政府和社会各界的充分肯定。公司先后获得中国企业 500 强、中国服务业企业 500 强、中国上市公司最具投资价值 100 强、中国最具创新力企业、中国优秀诚信企业、中国港口行业十大影响力品牌、中国十大最让人满意港口、全国"五一劳动奖状"、全国文明单位等荣誉称号，并成功入围世界集装箱"五佳港口"。

15.2　文献综述

企业竞争力是指在竞争性市场条件下，企业通过培育自身资源和能力，获取外部可寻资源，并综合加以利用，在为顾客创造价值的基础上，实现自身价值的综合性能力。一般来说，企业竞争力分为三个层面：第一层面是产品层，即表层的竞争力；第二层面是制度层，即支持平台的竞争力；第三层面是核心层，即最核心的竞争力。范晓屏（1999）指出企业竞争力的实质是获取企业生存发展所需要的资源的能力，企业所需的资源包括获取市场份额、保持竞争优势。宁建新（2001）认为，企业竞争力有四个显著特征：优势比较性、资源整合性、动态变化性、目标盈利性。获得企业竞争力是企业经营发展的内在动力，以期以自身优势在市场上取得良好表现、获得丰厚收益。鲍卫东（2010）将企业竞争力分为两个方面四个要素，一是外在竞争力：公共政治力和社会力；二是内在竞争力：文化力和技术力。外在竞争力是基础，内在竞争力是核心，企业经营管理围绕核心展开。

　　针对港口企业竞争力评价方法的研究很多，郭莉和王海霞（2005）建立了一个多指标评价体系，按照评价目的和重要程度来选取一定数量的评价指标。该评价体系中，以港口企业竞争力为评价目标；以生存支撑能力，环境适应能力，发展创新能力为评价要素；以资产负债率，销售利润率，流动比率，通过能力适应性，设备先进性，外贸货物比重，营销管理和工程技术人员比重等为评价指标。然后通过评价指标的无量纲化得出各类要素的系数值。通过计算出各评价对象的竞争力系数，即可得出港口企业竞争力。王森勋（2012）文中，研究煤码头竞争力影响因素，构建煤码头竞争力评价指标体系，贴近煤码头竞争实际情况，引入政策条件、可持续发展等指标因素，采用 AHP 和 TOPSIS 相结合的方法分析、评价煤码头竞争力。杨玉婷、王登清和颜建敏（2011）构建了对港口竞争力的比较科学和可行的评价体系，利用模糊评价分析法分析福建省内福州港、厦门港和循洲湾港的竞争力状况，力争对港口的竞争力做出客观评价，寻求提升福建省港口竞争力的方法。王春颖、肖朋民和肖丽娜（2006）通过对影响集装箱运输的各种因素进行深入分析建立了评价集装箱港市场竞争力的指标体系运用熵权值的方法确定各个指标的评价权重值建立多级模糊综合评判模型通过该模型对集装箱港口的市场竞争力进行评价，该模型在实际应用中取得了较好的效果。陶春柳和陆宗斌（2010）基于模糊层次分析法，根据港口企业内外部环境的特点，构建了 5个一级指标和 12 个二级指标对苏州港竞争力进行了研究，最后提出了提升苏州港竞争力的几点建议。陈伟和董茂莹（2016）针对上市港口企业竞争力评价的灰色性，提出多层次灰色评价模型，并构建了竞争力评价指标体系，以上市港口企业竞争力为目标层 A，包含 3 个一级指标和 11 个二级指标。朱容正（2014）首先从可持续发展能力、产量效益和社会贡献三个方面选取企业竞争力综合评价指标。然后采用 DEA 方法的 CCR 模型对评价指标间的协同性进行量化分析。最后，以河北港口集团为案例，实证研究结果表明增强可持续发展能力可以显著提升其行业竞争力。邱文和张秀云（2005）利用层次分析法将影响港口企业核心竞争力因素按重要性由大到小依次分为港口位置、港口设施、港口吞吐量和港口服务水平，并针对这些因素提出我国港口企业核心竞争力构建和提升的对策。蒋德荣、颜然然和胡剑锋等（2008）用属性论方法研究港口企业的核心竞争力，提供了一种评估港口企业规模与效益的方法。李世泰（2006）归纳出影响港口企业核心竞争力的主要因素，并进一步细分为三级指标，用直接评分法计算出指标的权重，提出了计算港口企业核心竞争力的步骤，最后，围绕制约港口企业竞争力的主要问题提出了相应的对策。匡海波和陈树文（2007）对于港口企业竞争力的评价重点关注了港口企业的运营能力，并通过熵权 TOPSIS 模型，辅助于多个指标，分析了影响港口企业竞争力的具体内容。匡海波在选取固定资产净值、员工人数等为投入指标，每股收益等产出指标构建港口上市公司成本效率评价指标体系的基础上，建立了基于超效率 CCR – DEA 的港口上市公司成本效率评价模型。

上述常见的港口企业竞争力综合评价方法存在的不足之处在于：大部分成果都以权重向量来表示指标的重要性，用算术加权平均来得到各单位的综合评价值，并且所有指标间是相互独立的、不关联的。但事实上，指标体系所构建的各个指标间或多或少都有一定的相互关系和影响，为了克服这个不足之处，本章拟采用基于 MCCPI 的非可加测度综合评价方法。基于 MCCPI 的非可加测度综合评价方法可以均衡考虑多种相互关联，甚至是相互制约、矛盾的指标，从而对评价目标做出有效可靠的综合评价。

15.3 指标体系构建

影响港口企业竞争力的因素有很多，并且对港口企业竞争力的影响程度也有很大的差异。港口企业与一般企业有一个共同的目标就是追求利润的最大化，但是港口企业也有其不同于其他一般企业的独特性。具体表现为：港口企业的竞争力更注重规模；港口企业的竞争力强弱更加依赖于环境；港口企业的竞争力依赖于服务；港口企业的竞争力受辅助条件的影响很大；港口企业持久的竞争力需要有大量的资金等几个方面。因此，在构建港口企业竞争力评价指标体系的时候，需反映出这些特征。

本章根据港口企业的特征，并结合前人关于企业竞争力评价指标体系研究的基础上，本着构建指标体系的客观性原则、方便性原则、可操作性原则和系统全面性原则，将影响港口企业竞争力的因素进行分类整理，构建了一套港口企业竞争力的评价指标体系，包括以下几个方面：

（1）运营能力。运营能力是港口企业经营状况的直接反应，涉及的一些指标也是较多使用的。主要衡量指标包括货物吞吐量、集装箱吞吐量和建设投资费用。

（2）经济效益。港口企业在经营活动中投入耗费和产出结果的比较。这里选取营业收入、净利润、每股收益这三个指标来反映。

（3）人力资源。人力资源是指组织中的人所拥有的能够被企业所用，且对价值创造起贡献作用的教育、能力、技能、经验、体力等的总称。这里从学历本科及以上比例、营销和技术人员比例、母公司在职人员比例三个方面来评价港口企业的人力资源水平。

评价指标体系结构如表 15.1 所示。

表 15.1　　　　　　　　　　港口企业竞争力评价指标体系

总指标（A）	一级指标（B）	二级指标（C）	单位
港口企业 竞争力 A	运营能力 B_1	货物吞吐量 C_1	亿吨
		集装箱吞吐量 C_2	万标箱
		建设投资费用 C_3	亿元
	经济效益 B_2	营业收入 C_4	亿元
		净利润 C_5	亿元
		每股收益 C_6	元/股
	人力资源 B_3	学历本科及以上比例 C_7	%
		营销和技术人员比例 C_8	%
		母公司在职人员比例 C_9	%

本章基于已构建的港口企业竞争力评价指标体系对宁波舟山港股份有限公司的企业竞争力进行综合评价。指标数据主要来源是宁波舟山港股份有限公司 2014～2016 年的年度报告。具体数据见表 15.2。

表 15. 2　　　　　宁波舟山港股份有限公司的企业竞争力评价值

总指标（A）	一级指标（B）	二级指标（C）	单位	2014 年	2015 年	2016 年
港口企业竞争力 A	运营能力 B_1	货物吞吐量 C_1	亿吨	5. 39	5. 35	6. 65
		集装箱吞吐量 C_2	万标箱	2091. 2	2219. 2	2282. 6
		建设投资费用 C_3	亿元	48. 0	46. 5	39. 5
	经济效益 B_2	营业收入 C_4	亿元	134. 15	166. 64	163. 25
		净利润 C_5	亿元	26. 27	23. 38	21. 38
		每股收益 C_6	元/股	0. 22	0. 20	0. 17
	人力资源 B_3	学历本科及以上比例 C_7	%	27. 0	27. 4	28. 8
		营销和技术人员比例 C_8	%	9. 7	10. 4	12. 6
		母公司在职人员比例 C_9	%	41. 8	39. 4	34. 0

由于数据大小差异较大，为方便计算分析，将表 4.1 数据标准化至 0.6~1 之间，标准化结果见表 15.3。

表 15. 3　　标准化后的宁波舟山港股份有限公司的企业竞争力评价值

总指标（A）	一级指标（B）	二级指标（C）	2014 年	2015 年	2016 年
港口企业竞争力 A	运营能力 B_1	货物吞吐量 C_1	0. 77	0. 78	0. 91
		集装箱吞吐量 C_2	0. 71	0. 80	0. 82
		建设投资费用 C_3	0. 90	0. 88	0. 67
	经济效益 B_2	营业收入 C_4	0. 66	0. 88	0. 84
		净利润 C_5	0. 92	0. 83	0. 63
		每股收益 C_6	0. 81	0. 79	0. 71
	人力资源 B_3	学历本科及以上比例 C_7	0. 82	0. 85	0. 89
		营销和技术人员比例 C_8	0. 77	0. 86	0. 90
		母公司在职人员比例 C_9	0. 93	0. 85	0. 69

15.4 评 价 过 程

15.4.1 MCCPI 偏好信息的获得

15.4.1.1 运营能力 B_1 的偏好信息

货物吞吐量 C_1 同样重要于集装箱吞吐量 C_2，两者存在较强的正交互作用；货物吞吐量 C_1 比较重要于建设投资费用 C_3，两者存在稍微强的正交互作用；集装箱吞吐量 C_2 比较重要于建设投资费用 C_3，两者存在稍微强的正交互作用。详见图 15.1。

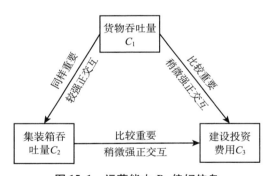

图 15.1　运营能力 B_1 偏好信息

15.4.1.2 经济效益 B_2 的偏好信息

营业收入 C_4 稍微重要于净利润 C_5，两者存在稍微强的正交互作用；营业收入 C_4 比较重要于每股收益 C_6，两者存在较强的正交互作用；净利润 C_5 稍微重要于每股收益 C_6，两者存在较强的正交互作用。详见图 15.2。

15.4.1.3 人力资源 B_3 的偏好信息

学历本科及以上比例 C_7 稍微不重要于营销和技术人员比例 C_8，两者存在稍微强的正交互作用；学历本科及以上比例 C_7 稍微不重要于母公司在职人

员比例 C_9，两者存在较强的正交互作用；营销和技术人员比例 C_8 稍微重要于母公司在职人员比例 C_9，两者存在稍微强的正交互作用。详见图 15.3。

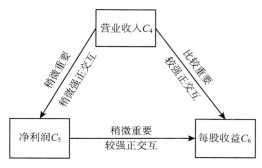

图 15.2　经济效益 B_2 偏好信息

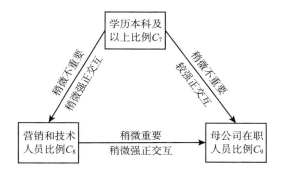

图 15.3　人力资源 B_3 偏好信息

15.4.1.4　港口企业竞争力 A 的偏好信息

运营能力 B_1 比较重要于经济效益 B_2，两者存在较强的正交互作用；运营能力 B_1 稍微重要于人力资源 B_3，两者存在较强的正交互作用；经济效益 B_2 稍微重要于人力资源 B_3，两者存在较强的正交互作用。详见图 15.4。

15.4.2　基于 MCCPI 的 2 序可加测度及评价值计算

根据上文对基于 MCCPI 的非可加测度方法的说明和获得各个评价值，首先对一级指标"运营能力"下的 3 个二级指标进行综合评价，得出一级指标"运营能力"的评价值：

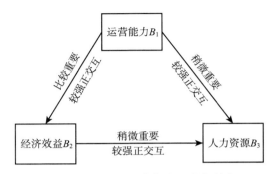

图 15.4　港口企业竞争力 A 偏好信息

第一步，经过 3 次二维成对比较，根据细化菱形成对比较法，得到相对重要性矩阵和部分关联信息矩阵：

$$R = \begin{bmatrix} 0.500 & 0.518 & 0.685 \\ 0.500 & 0.500 & 0.702 \\ 0.315 & 0.288 & 0.500 \end{bmatrix}$$

$$P = \begin{bmatrix} - & 0.132 & 0.143 \\ 0.132 & - & 0.089 \\ 0.143 & 0.089 & - \end{bmatrix}$$

第二步，构建如下模型 $LS - \mathrm{II}'$：

$$(LS - \mathrm{II}'):\ \min Z_2 = 2\left(0.518 - \frac{I_1}{I_1 + I_2}\right)^2 + 2\left(0.507 - \frac{I_1}{I_1 + I_3}\right)^2$$

$$+ 2\left(0.689 - \frac{I_2}{I_2 + I_3}\right)^2 + 2\left(0.482 - \frac{I_{12}}{I_1 + I_2}\right)^2$$

$$+ 2\left(0.143 - \frac{I_{13}}{I_1 + I_3}\right)^2 + 2\left(0.089 - \frac{I_{23}}{I_2 + I_3}\right)^2$$

s. t.

$$I_1 + I_2 + I_3 = 1,\ A\left(I_1, I_{12}, I_{13}\right)^T \geqslant 0,$$

$$A\left(I_2, I_{12}, I_{23}\right)^T \geqslant 0,\ A\left(I_3, I_{13}, I_{23}\right)^T \geqslant 0$$

其中，

$$A = \begin{bmatrix} 1 & \dfrac{1}{2} & \dfrac{1}{2} \\ 1 & -\dfrac{1}{2} & \dfrac{1}{2} \\ 1 & \dfrac{1}{2} & -\dfrac{1}{2} \\ 1 & -\dfrac{1}{2} & -\dfrac{1}{2} \end{bmatrix}$$

可求的其最优解：

$$I_1 = 0.338，I_2 = 0.410，I_3 = 0.252$$
$$I_{12} = 0.099，I_{13} = 0.084，I_{23} = 0.059$$

第三步，可得到相应的默比乌斯表示为

$$m_\mu(\{1\}) = 0.247，m_\mu(\{2\}) = 0.331，m_\mu(\{3\}) = 0.181$$
$$m_\mu(\{1,2\}) = 0.099，m_\mu(\{1,3\}) = 0.084，m_\mu(\{2,3\}) = 0.059$$

第四步，正式得到最终 2 序可加测度

$$\mu(\phi) = 0，\mu(\{1\}) = 0.247，\mu(\{2\}) = 0.331，\mu(3) = 0.181$$
$$\mu(\{1,2\}) = 0.677，\mu(\{1,3\}) = 0.511，$$
$$\mu(\{2,3\}) = 0.571，\mu(\{1,2,3\}) = 1$$

得到测度后，进而可以用肖凯积分来集成运营能力 B_1 在各年的评价值，见表 15.4。

表 15.4　　　　　　　　　　　运营能力 B_1 各年评价值

年份	2014	2015	2016
运营能力 B_1 的肖凯积分值	0.754	0.799	0.807

同理可得，经济效益 B_2 指标和人力资源 B_3 指标的肖凯积分值（评价值），见表 15.5。

表 15.5 经济效益 B_2 和人力资源 B_3 各年评价值

年份	2014	2015	2016
经济效益 B_2 的 肖凯积分值	0.743	0.835	0.726
人力资源 B_3 的 肖凯积分值	0.815	0.853	0.783

计算出各一级指标评价值之后也可以用同样的方法得到该港口企业竞争力评价值：

第一步，经过 3 次二维成对比较，根据细化菱形成对比较法，得到如下相对重要性矩阵和部分关联信息矩阵：

$$R = \begin{bmatrix} 0.500 & 0.728 & 0.618 \\ 0.272 & 0.500 & 0.558 \\ 0.382 & 0.442 & 0.500 \end{bmatrix}$$

$$P = \begin{bmatrix} - & 0.160 & 0.295 \\ 0.160 & - & 0.367 \\ 0.295 & 0.367 & - \end{bmatrix}$$

第二步，构建如下模型 $LS - \mathrm{II}'$：

$$(LS - \mathrm{II}'): \ \min Z_2 = 2\left(0.728 - \frac{I_1}{I_1 + I_2}\right)^2 + 2\left(0.618 - \frac{I_1}{I_1 + I_3}\right)^2$$

$$+ 2\left(0.558 - \frac{I_2}{I_2 + I_3}\right)^2 + 2\left(0.160 - \frac{I_{12}}{I_1 + I_2}\right)^2$$

$$+ 2\left(0.295 - \frac{I_{13}}{I_1 + I_3}\right)^2 + 2\left(0.367 - \frac{I_{23}}{I_2 + I_3}\right)^2$$

s. t.

$$I_1 + I_2 + I_3 = 1, \ A(I_1, \ I_{12}, \ I_{13})^T \geqslant 0,$$

$$A(I_2, \ I_{12}, \ I_{23})^T \geqslant 0, \ A(I_3, \ I_{13}, \ I_{23})^T \geqslant 0$$

其中，

$$A = \begin{bmatrix} 1 & \dfrac{1}{2} & \dfrac{1}{2} \\[2mm] 1 & -\dfrac{1}{2} & \dfrac{1}{2} \\[2mm] 1 & \dfrac{1}{2} & -\dfrac{1}{2} \\[2mm] 1 & -\dfrac{1}{2} & -\dfrac{1}{2} \end{bmatrix}$$

可求的其最优解：

$$I_1 = 0.507, \quad I_2 = 0.250, \quad I_3 = 0.243$$
$$I_{12} = 0.121, \quad I_{13} = 0.221, \quad I_{23} = 0.181$$

第三步，可得到相应的默比乌斯表示为

$$m_\mu(\{1\}) = 0.336, \quad m_\mu(\{2\}) = 0.099, \quad m_\mu(\{3\}) = 0.042$$
$$m_\mu(\{1, 2\}) = 0.121, \quad m_\mu(\{1, 3\}) = 0.221, \quad m_\mu(\{2, 3\}) = 0.181$$

第四步，正式得到最终 2 序可加测度

$$\mu(\phi) = 0, \quad \mu(\{1\}) = 0.336, \quad \mu(\{2\}) = 0.099, \quad \mu(3) = 0.042$$
$$\mu(\{1, 2\}) = 0.556, \quad \mu(\{1, 3\}) = 0.599,$$
$$\mu(\{2, 3\}) = 0.322, \quad \mu(\{1, 2, 3\}) = 1$$

得到测度后，进而可以用肖凯积分来集成该港口企业竞争力 A 在各年的评价值，见表 15.6。

表 15.6 　　　　　　　　　　该港口企业竞争力 A 各年评价值

年份	2014	2015	2016
该港口企业竞争力 A 的肖凯积分值	0.752	0.811	0.768

15.5　结　　论

本章从运营能力、经济效益和人力资源三个方面构建了港口企业竞争力评价指标体系，确定指标间的重要性关系与交互作用关系，以宁波舟山港股份有限公司为例，根据宁波舟山港股份有限公司 2014～2016 年度报告的相关数据，基于 MCCPI 的非可加测度评价方法进行评价。各年和各模块的评价值如表 15.7 所示。

表 15.7　　基于 2 可加测度的港口企业竞争力指标各年综合评价值

年份	2014	2015	2016
运营能力 B_1	0.754	0.799	0.807
经济效益 B_2	0.743	0.835	0.726
人力资源 B_3	0.815	0.853	0.783
企业竞争力 A	0.752	0.811	0.768

由表 15.7 可知，2014～2016 年运营能力方面的综合评价值呈现明显的逐年递增的趋势，说明企业在运营能力方面有了较大的提高。然而经济效益和人力资源这两个一级指标以及总指标企业竞争力从 2014～2016 年呈现一种先增后减的趋势。宁波舟山港的合二为一使得资源更加合理应用，避开了同质竞争，使得运营能力得到了很大的提升。受全球宏观经济影响，全国沿海港口总吞吐量增速持续放缓，港口企业间的竞争越来越激烈，宁波港面临周边港口的压价竞争，铁矿石、煤炭等大宗散货分流压力加大，主要依靠装卸运营的模式面临明显的增长瓶颈，使得该港口企业竞争力得不到提升。因此，针对以上分析，建议如下：

第一，加强合作，拓展港口企业运营空间。由表 15.4 分析可知，企业在运营能力方面有了较大的提高。但是在激烈的市场竞争中，犹如逆水行舟，不进则退，企业应当选择在行业中发展前景好、质地优良、运行规范的企业进行合作，进一步增强宁波舟山港在上下游产业链的话语权和综合竞争力。依托港口优势，以合资、吸收、收购、租赁等方式，加强与腹地政府、港口、企业的合作，形成多种形式的利益共同体，渗透周边港口，进入其他领域，涉足临港工业、临港物流业和港口旅游业等。

第二，加强创新，引领企业转型升级。由表 15.7 可知，相比于企业运营能力的逐年增长趋势，而经济效益和人力资源两部分却呈现出先增后减的趋势，这种趋势与外部环境的变化是密不可分的，依靠装卸运营的模式已经无法在激烈的港口竞争中生存。因此，利用信息化手段，创新管理方式，规范管理行为，推进管理标准化、精益化、信息化，全面提升管理水平；推进生产业务信息系统建设，细化和延伸港口生产全要素管理；继续推进国际物流箱管中心系统建设，实现船公司、堆场、码头业务协同和信息互联；启动经营管控一体化平台一阶段，满足经营管控、绩效管理、对标管理等要求。

第三，加强文化建设，提高企业服务水平。企业文化的本质就是坚持以人为本，把人置于企业生产和经营管理的最高地位，其核心和精髓是人的价值观念。而由表 15.5 可知，在评价企业人力资源方面呈现先增后减的趋势。因此，要建立起良好的文化氛围，充分吸收各类人才，调动员工的积极性，使员工与企业紧密的联合在一起。良好的服务水平不仅是获得效益的重要途径，也是提高港口企业地位，获得竞争优势的主要手段。因此，提高各货种的作业效率、船时效率和计划兑现率，减少船舶在港时间。以各货种体系经营为重点，加强与各港口公司的协同联动，加快建立港口一体化运营机制。

参考文献

中文部分

[1] 安徽省审计厅课题组. 对自然资源资产离任审计的几点认识 [J]. 审计研究，2014：3 – 9.

[2] 鲍安. 涠洲岛可持续发展综合评价研究 [D]. 广西师范学院，2014.

[3] 鲍卫东. 企业竞争力随谈 [J]. 全国商情（理论研究），2010：41 – 42 + 44.

[4] 蔡春，毕铭悦. 关于自然资源资产离任审计的理论思考 [J]. 审计研究，2014：3 – 9.

[5] 曹茂春，齐雄，金毅. 智慧城市的探讨与实践 [J]. 智能建筑与城市信息，2013：94 – 100.

[6] 曹梦. 我国汽车产业整车上市公司绩效水平评价 [J]. 中北大学学报（社会科学版），2015：37 – 42.

[7] 曾岳洋. 共享单车企业核心竞争力评价体系研究 [J]. 管理观察，2017：45 – 49.

[8] 陈波. 论产权保护导向的自然资源资产离任审计 [J]. 审计与经济研究，2015：15 – 23.

[9] 陈铭，王乾晨，张晓海，张晓伟. "智慧城市"评价指标体系研究——以"智慧南京"建设为例 [J]. 城市发展研究，2011：84 – 89.

[10] 陈伟，董茂莹. 多层次灰色模型下的上市港口企业竞争力研究

［J］. 山东工业技术，2016：195.

［11］陈献东. 开展领导干部自然资源资产离任审计的若干思考［J］. 审计研究，2014：15－19.

［12］崔国发，邢韶华，姬文元，郭宁. 森林资源可持续状况评价方法［J］. 生态学报，2011，31：5524－5530.

［13］邓贤峰.“智慧城市”评价指标体系研究［J］. 发展研究，2010：111－116.

［14］刁雷雨，王喜成，卢小珍. B2C 网站可用性与网络消费者购买意愿的关系研究［J］. 桂林电子科技大学学报，2010：90－93.

［15］丁骞莽. 基于模糊综合评价模型的共享单车核心竞争力分析［J］. 科学技术创新，2017：3－4.

［16］范晓屏. 关于企业竞争力内涵与构成的探讨［J］. 浙江大学学报（人文社会科学版），1999：62－68.

［17］冯永琦，严萍. 农村金融效率评价指标体系的构建——基于金融生态环境的分析［J］. 经济视角，2015：1－4.

［18］龚健雅，王国良. 从数字城市到智慧城市：地理信息技术面临的新挑战［J］. 测绘地理信息，2013，38：1－6.

［19］谷慎. 我国农村金融效率实证分析［J］. 西安交通大学学报（社会科学版），2006，26：31－35.

［20］谷慎，李成. 金融制度缺陷：我国农村金融效率低下的根源［J］. 财经科学，2006：98－102.

［21］郭莉，王海霞. 港口企业竞争力评价研究［J］. 水运工程，2005：15－17.

［22］韩吉武，吴伟，李健. 海岸带可持续发展评价研究——以中国沿海七城市为例［J］. 环境保护科学，2007，33：58－60.

［23］韩心灵. 安徽农村金融发展研究［J］. 金融纵横，2011：53－56.

［24］郝德军.“智慧城市”发展现状与思考［J］. 城市建设理论研究（电子版），2015.

［25］黄爱白，赵冬梅. B－C 电子商务网站评价指标体系研究［J］. 商业研究，2006：192－194.

［26］黄溶冰．基于 PSR 模型的自然资源资产离任审计研究［J］．会计研究，2016：89 - 95.

［27］黄学华．安徽农村金融发展现状、问题及对策［J］．江淮论坛，2006.

［28］黄云，陈茹丽，高任飞．关于共享单车品牌竞争力的模糊综合评价模型［J］．中国高新区，2018：47.

［29］蒋德荣，颜然然，胡剑锋，冯嘉礼．港口企业核心竞争力的评估［J］．中国酿造，2008：67.

［30］柯丽娜，王权明．海岛可持续发展评价模型及其应用——以长海县为例［J］．海洋环境科学，2012，31：529 - 533.

［31］柯丽娜，王权明，官国伟．海岛可持续发展理论及其评价研究［J］．资源科学，2011，33：1304 - 1309.

［32］柯丽娜，王权明，李永化，曹永强．基于可变模糊集理论的海岛可持续发展评价模型——以辽宁省长海县为例［J］．自然资源学报，2013，28：832 - 843.

［33］孔黎明．上海自然资源和生态环境统计监测评价指标体系研究［J］．统计科学与实践，2011：25 - 27.

［34］匡海波，陈树文．基于熵权 TOPSIS 的港口综合竞争力评价模型研究与实证［J］．科学学与科学技术管理，2007：157 - 162.

［35］黎翠梅，曹建珍．中国农村金融效率区域差异的动态分析与综合评价［J］．农业技术经济，2012：4 - 12.

［36］李博英，尹海涛．领导干部自然资源资产离任审计方法研究——基于模糊综合评价理论的分析［J］．会计研究，2016：7.

［37］李季刚，向琳．基于 DEA 方法分析农村金融资源配置效率［J］．财会月刊，2010：40 - 43.

［38］李金克，王广成．海岛可持续发展评价指标体系的建立与探讨［J］．海洋环境科学，2004，23：54 - 57.

［39］李君君，陈海敏．基于因子分析和对应分析的电子商务网站评价［J］．情报科学，2008：1252 - 1256.

［40］李敏莲．共享单车市场调研与分析［J］．财经界（学术版），

2017.

[41] 李森, 夏静, 刘玮琳, 丁一. 基于用户体验的 B2C 电子商务网站评价研究 [J]. 工业工程与管理, 2012, 17: 97 – 100.

[42] 李世泰. 港口核心竞争力影响因素及分析评价研究 [J]. 特区经济, 2006: 327 – 328.

[43] 李印, 王晓燕, 毛云骞, 张安安. 城市智慧交通发展水平评价指标及方法研究 [J]. 商界论坛, 2016: 249 – 250.

[44] 林忠华. 领导干部自然资源资产离任审计探讨 [J]. 审计研究, 2014: 5.

[45] 刘宝财. 基于自然资源资产责任审计评价指标体系研究 [J]. 财政监督, 2016: 98 – 100.

[46] 刘明辉, 孙冀萍. 领导干部自然资源资产离任审计要素研究 [J]. 审计与经济研究, 2016, 31: 12 – 20.

[47] 刘笑音, 郑淑蓉. 基于主成分方法的我国智慧城市发展潜力评价——根据东部 11 个城市的数据 [J]. 科技管理研究, 2013: 75 – 79.

[48] 刘增, 陈炳发. 以用户为中心的网站可用性设计和评估 [J]. 中国制造业信息化, 2009: 63 – 66.

[49] 卢教诚. 基于平衡计分卡的企业研发管理绩效评价指标体系研究 [D]. 广西大学, 2008.

[50] 鲁小波, 陈晓颖. 基于 AHP 方法的森林自然保护区生态旅游资源评价 [J]. 林业科技开发, 2010, 24: 136 – 138.

[51] 罗谷松. 基于用户体验的 B2C 电子商务网站服务质量综合评价 [J]. 商场现代化, 2011: 100 – 102.

[52] 孟庆丽. 大数据背景下智慧城市建设研究——以兰州市为例 [D]. 西北师范大学, 2015.

[53] 宁建新. 我国企业核心竞争力的组合与构建 [J]. 经济管理, 2001: 12 – 18.

[54] 潘和平. 企业绩效评价指标体系研究 [J]. 安徽农业大学学报 (社会科学版), 2006, 15: 24 – 27.

[55] 潘勇, 赵军民. 基于顾客满意度的 B2C 电子商务网站评价 [J].

现代情报，2008，28：220－223.

[56] 齐兵，王跃伟．舟山群岛的资源环境与可持续发展 [J]．国土与自然资源研究，2006：29－30.

[57] 秦洪花，李汉清，赵霞．"智慧城市"的国内外发展现状 [J]．信息化建设，2010：50－52.

[58] 邱文，张秀云．港口企业核心竞争力的构建与提升 [J]．水运管理，2005：17－20.

[59] 屈天威．长海县海岛可持续发展评价 [D]．中国农业科学院，2011.

[60] 全春光，邹安全，程晓娟．基于 TQCSE 的企业竞争力模型及提升对策研究 [J]．中国软科学，2007：156－160.

[61] 沈军．金融系统复杂性与中国金融效率研究 [J]．湖北经济学院学报，2006，4：65－68.

[62] 宋静雅．因子分析法在我国汽车产业整车上市公司绩效评价中的应用 [J]．工业技术经济，2008：147－151.

[63] 宋明蕊．基于决策树的共享单车满意度影响因素分析——以北京地区 ofo 为例 [J]．中国市场，2017：118－120.

[64] 孙兆明，李树超．海岛县可持续发展综合评价研究——以长岛为例 [J]．海洋环境科学，2012，31：872－876.

[65] 孙兆明，马波，张学忠．我国海岛可持续发展研究 [J]．山东社会科学，2010：110－114.

[66] 孙志梅．B2C 电子商务网站用户体验评价研究 [J]．商贸纵横，2015：78.

[67] 檀菲菲，陆兆华．基于 NLPCA－GSO 可持续发展评价——以环渤海区域为例 [J]．生态学报，2016，36：2403－2412.

[68] 陶春柳，陆宗斌．基于模糊层次分析法的苏州港竞争力研究 [J]．宁夏大学学报（自然科学版），2010：284－288.

[69] 万碧玉，姜栋，周微茹．国家智慧城市试点与标准化建设探索 [J]．中兴通讯技术，2014：2－6.

[70] 汪勇，魏巍．电子商务网站的层次分析法评价模型构建 [J]．湖北

大学学报（自然科学版），2010，32：50－53.

［71］王春颖，肖朋民，肖丽娜．熵权值模糊综合评判法在港口竞争力评价中的应用［J］.水道港口，2006：131－134.

［72］王广谦．经济发展中金融的贡献与效率［M］.北京：中国人民大学出版社，1999.

［73］王红娟．上市公司绩效评价方法和指标的改善［C］//国际化与价值创造：管理会计及其在中国的应用——中国会计学会管理会计与应用专业委员会2012年度学术研讨会论文集．广州：暨南大学，2012.

［74］王佳．基于平衡计分卡和绩效棱柱的企业综合绩效评价体系［D］.天津大学，2006.

［75］王佳，马阿佳．共享单车竞争发展对策研究的现状及建议［J］.经营与管理，2017：136－140.

［76］王建华，王方华．企业竞争力评价系统及应用研究［J］.管理科学学报，2003：47－53.

［77］王谨乐．我国电子商务网站综合评价研究与应用［D］.合肥工业大学，2008.

［78］王进，柯常松．安徽新型农村金融机构建设探讨［J］.金融纵横，2007.

［79］王奇，夏溶矫．我国海岛地区可持续发展与产业选择研究［J］.中国渔业经济，2012：107－111.

［80］王森勋．基于AHP与TOPSIS算法的港口竞争力评价与对策研究［J］.经济师，2012：18－20.

［81］王熙照．模糊测度和模糊积分及在分类技术中的应用［M］.北京：科学出版社，2008.

［82］王小建．基于改进TOPSIS法的电子商务网站综合评价研究［J］.图书情报工作，2009，53：129－132.

［83］王雄，吴庆田．基于模糊综合评价法的我国农村金融效率评价［J］.中国集体经济，2012：110－113.

［84］温红梅，姚凤阁，常晶．基于四阶段DEA的农村金融效率评价——来自中国县域数据的实证分析［J］.苏州大学学报（哲学社会科学

版），2014：107 – 112.

[85] 吴庆田，陈伟．农村金融生态环境与金融效率指标体系构建及互动分析 [J]．财务与金融，2010：1 – 6.

[86] 吴自豪，朱家明，李均红，刘媛，袁宏俊．基于灰色预测对共享单车核心竞争力的综合评价 [J]．高师理科学刊，2018：1 – 4.

[87] 武建章，张强．基于 2 – 可加模糊测度的多准则决策方法 [J]．系统工程理论与实践，2010a，30：1229 – 1237.

[88] 武建章，张强．基于最大熵原则的 2 – 可加模糊测度确定方法 [J]．系统工程与电子技术，2010b，32：2346 – 2351.

[89] 武建章，张强．非可加测度论与多准则决策 [M]．北京：科学出版社，2014.

[90] 向琳，郭斯华．中国农村金融效率差异分析 [J]．金融与经济，2013：35 – 38.

[91] 项勇，任宏．基于 ANP – TOPSIS 方法的智慧城市评价研究 [J]．工业技术经济，2014：131 – 136.

[92] 辛念军．我国经济增长中的金融动员效率 [J]．经济理论与经济管理，2006，V：32 – 37.

[93] 徐泓，曲婧．自然资源绩效审计的目标、内容和评价指标体系初探 [J]．审计研究，2012：14 – 19.

[94] 徐丽雯，柯丽娜．海岛可持续发展评价指标体系的建立与探讨 [J]．河南科技，2013：54 – 57.

[95] 薛纪萍，阎伍玖．海岛旅游可持续发展评价指标体系研究 [J]．资源开发与市场，2008：878 – 880.

[96] 颜政．我国 B2C 电子商务网站竞争力评价研究 [D]．华中师范大学，2012.

[97] 杨德勇．金融效率论 [M]．北京：中国金融出版社，1999.

[98] 杨玉婷，王登清，颜建敏．基于模糊层次分析法的福建省港口竞争力评价研究 [J]．福建教育学院学报，2011：53 – 56.

[99] 叶颖婕，李传锋，陈鹏程．基于用户的 B2C 电子商务网站可用性评估 [J]．科技与企业，2014：287 – 288.

［100］岳金燕，金水英．基于平衡计分卡的企业绩效评价体系的构建［J］．对外经贸，2011：112－115．

［101］张冬．面向循环经济的企业绩效评价指标体系研究［J］．中国人口·资源与环境，2004，14：32－33．

［102］张海涛，高玲，高得胜．基于信息化的制造企业竞争力模型及其培育［J］．情报科学，2007：1205－1207．

［103］张亨明．安徽农村金融综合改革研究［J］．江淮论坛，2015，273：36－41．

［104］张珩，罗剑朝，李琪．基于多元统计方法的农村合作金融机构运营效率研究——以延安地区为例［J］．华中农业大学学报（社会科学版），2012：47－51．

［105］张宏亮，刘长翠，曹丽娟．地方领导人自然资源资产离任审计探讨——框架构建及案例运用［J］．审计研究，2015：14－20．

［106］张洁，赵英，余红．B2C电子商务网站用户体验评价研究［J］．情报科学，2013：84－89．

［107］张进财，左小德．企业竞争力评价指标体系的构建［J］．管理世界，2013：172－173．

［108］张军红．31项国家智慧城市标准已立项［J］．经济理论与经济管理，2016：104－107．

［109］赵洁，陈敏，张瑞．C2C电子商务网站竞争力综合评价研究——以淘宝网为例［J］．情报杂志，2010，29：57－61．

［110］赵汝怀．（N）模糊积分［J］．数学研究与评论，1981：55－72．

［111］郑杰中．共享单车企业竞争力及发展分析——以摩拜为例［J］．全国流通经济，2017：60－61．

［112］周国富，胡慧敏．金融效率评价指标体系研究［J］．金融理论与实践，2007：15－18．

［113］周娟，金鹏．宁波智慧城市背景下的智慧旅游建设策略［J］．经营与管理，2013：132－134．

［114］周洺竹，杨娇．基于《智慧城市评价指标2.0》体系下智慧城市发展现状研究——以济南市为例［J］．中国市场，2016：83．

［115］周涛，鲁耀斌．层次分析法在 B2C 电子商务网站评价中的应用 ［J］．图书情报工作，2005，49：111 – 114.

［116］周晓磊．基于信息构建的电子商务网站评价分析 ［J］．兰州学刊，2008：33 – 35.

［117］朱萍，朱亚成，董雨薇，谢红林，李荔，钱琪 . 2017 ~ 2018 中国共享单车发展报告 ［J］．中国商论，2017：143 – 147.

［118］朱容正．港口物流企业竞争力综合评价指标及其协同性分析 ［J］．中国水运（下半月），2014：63 – 64.

［119］祝贺．上市公司绩效评价研究 ［D］．天津财经大学，2007.

外文部分

［1］ANGILELLA S，GRECO S，LAMANTIA F，MATARAZZO B. Assessing non-additive utility for multicriteria decision aid ［J］. European Journal of Operational Research，2004，158：734 – 744.

［2］BAN A，FECHETE I. Componentwise decomposition of some lattice-valued fuzzy integrals ［J］. Information Sciences，2007，177：1430 – 1440.

［3］BELIAKOV G. Construction of aggregation functions from data using linear programming ［J］. Fuzzy Sets and Systems，2009，160：65 – 75.

［4］CHEN T Y，WANG J C. Identification of λ ja：math-fuzzy measures using sampling design and genetic algorithms ［J］. Fuzzy Sets & Systems，2001，123：321 – 341.

［5］CHO S J，LEE B S，LEE G M，KIM D S. Fuzzy integrals for set-valued mappings ［J］. Fuzzy Sets & Systems，2001，117：333 – 337.

［6］CHOQUET G. Theory of capacities ［J］. Annales de l' institut Fourier，1953，5：131 – 292.

［7］COMBARRO E F，MIRANDA P. Identification of fuzzy measures from sample data with genetic algorithms ［J］. Computers & Operations Research，2006，33：3046 – 3066.

［8］FUJIMOTO K，KOJADINOVIC I，MARICHAL J – L. Axiomatic characterizations of probabilistic and cardinal-probabilistic interaction indices ［J］. Games and Economic Behavior, 2006, 55: 72 – 99.

[9] GRABISCH M. Fuzzy integral in multicriteria decision making [J]. Fuzzy Sets and Systems, 1995a, 69: 279 – 298.

[10] GRABISCH M. A new algorithm for identifying fuzzy measures and its application to pattern recognition [C] // International Joint Conference of the Fourth IEEE International Conference on Fuzzy Systems and The Second International Fuzzy Engineering Symposium. , Proceedings of 1995 IEEE Int. IEEE, 1995b, 1: 145 – 150

[11] GRABISCH M. The application of fuzzy integrals in multicriteria decision making [J]. European Journal of Operational Research, 1996, 89: 445 – 456.

[12] GRABISCH M. K – order additive discrete fuzzy measures and their representation [J]. Fuzzy Sets and Systems, 1997, 92: 167 – 189.

[13] GRABISCH M. A graphical interpretation of the Choquet integral [J]. IEEE Transactions on Fuzzy Systems, 2000, 8: 627 – 631.

[14] GRABISCH M. Modelling data by the Choquet integral [M]. Springer Berlin Heidelberg, 2003a.

[15] GRABISCH M. The symmetric Sugeno integral [J]. Fuzzy Sets and Systems, 2003b, 139: 473 – 490.

[16] GRABISCH M, KOJADINOVIC I, MEYER P. A review of methods for capacity identification in Choquet integral based multi-attribute utility theory [J]. European Journal of Operational Research, 2008, 186: 766 – 785.

[17] GRABISCH M, LABREUCHE C. A decade of application of the Choquet and Sugeno integrals in multi-criteria decision aid [J]. A Quarterly Journal of Operations Research, 2008, 6: 1 – 44.

[18] GRABISCH M, MARICHAL J – L, ROUBENS M. Equivalent representations of set functions [J]. Mathematics of Operations Research, 2000, 25: 157 – 178.

[19] GRABISCH M, NGUYEN H T, WALKER E A. Fundamentals of Uncertainty Calculi with Applications to Fuzzy Inference [M]. Springer Netherlands, 1995.

[20] GRABISCH M, RAUFASTE E. An Empirical Study of Statistical Prop-

erties of the Choquet and Sugeno Integrals [J]. IEEE Transactions on Fuzzy Systems, 2008, 16: 839 – 850.

[21] GRABISCH M, ROUBENS M. An axiomatic approach to the concept of interaction among players in cooperative games [J]. International Journal of Game Theory, 1999a, 28: 547 – 565.

[22] GRABISCH M, ROUBENS M. Probabilistic interactions among players of a cooperative game [M]. Beliefs, Interactions and Preferences in Decision Making. Kluwer Academic; Dordrecht, 1999b: 205 – 216.

[23] GRABISCH M, SUGENO M, MUROFUSHI T. Fuzzy measures and integrals: theory and applications [M]. New York: Springer – Verlag, 2000.

[24] GUO C M, ZHANG D L. Fuzzy number Fuzzy Measures and Fuzzy Integrals [J]. Fuzzy Sets & Systems, 1998, 98: 355 – 360.

[25] HOLLANDS R G. Will the Real Smart City Please Stand Up? [J]. City, 2008, 12: 303 – 320.

[26] ISHII K, SUGENO M. A model of human evaluation process using fuzzy measure [J]. International Journal of Man – Machine Studies, 1985, 22: 19 – 38.

[27] JANG L C, KIL B M, KIM Y K, KWON J S. Some properties of Choquet integrals of set-valued functions [J]. Fuzzy Sets & Systems, 1997, 91: 95 – 98.

[28] KLEMENT E P, MESIAR R, PAP E. A universal integral as common frame for Choquet and Sugeno integral [J]. Fuzzy Systems, IEEE Transactions on, 2010, 18: 178 – 187.

[29] KNOUE K, ANZAI T, TSUCHIYA M. A basic study on the industrial design evaluation by non-additive measures (No. 1): The mathematic study on the industrial design evaluation [J]. Bulletin of Japanese Society for Science of Design, 1992.

[30] KOJADINOVIC I. An axiomatic approach to the measurement of the amount of interaction among criteria or players [J]. Fuzzy Sets and Systems, 2005, 152: 417 – 435.

［31］ KOJADINOVIC I. Minimum variance capacity identification ［J］. European Journal of Operational Research, 2007a, 177: 498 –514.

［32］ KOJADINOVIC I. Quadratic distances for capacity and bi-capacity approximation and identification ［J］. 4OR, 2007b, 5: 117 –142.

［33］ KOJADINOVIC I, MARICHAL J – L, ROUBENS M. An axiomatic approach to the definition of the entropy of a discrete Choquet capacity ［J］. Information Sciences, 2005, 172: 131 –153.

［34］ MARICHAL J – L. An axiomatic approach of the discrete Choquet integral as a tool to aggregate interacting criteria ［J］. Fuzzy Systems, IEEE Transactions on, 2000a, 8: 800 –807.

［35］ MARICHAL J – L. On Sugeno integral as an aggregation function ［J］. Fuzzy Sets and Systems, 2000b, 114: 347 –365.

［36］ MARICHAL J – L. An axiomatic approach of the discrete Sugeno integral as a tool to aggregate interacting criteria in a qualitative framework ［J］. IEEE Transactions on Fuzzy Systems, 2001, 9: 164 –172.

［37］ MARICHAL J – L. Entropy of discrete Choquet capacities ［J］. European Journal of Operational Research, 2002, 137: 612 –624.

［38］ MARICHAL J – L. Tolerant or intolerant character of interacting criteria in aggregation by the Choquet integral ［J］. European Journal of Operational Research, 2004, 155: 771 –791.

［39］ MARICHAL J – L. k-intolerant capacities and Choquet integrals ［J］. European Journal of Operational Research, 2007, 177: 1453 –1468.

［40］ MARICHAL J – L, ROUBENS M. The chaining interaction index among players in cooperative games ［M］. Advances in Decision Analysis. Kluwer Academic; Dordrecht, 1999: 69 –85.

［41］ MARICHAL J L, MEYER P, ROUBENS M. Sorting multi-attribute alternatives: The TOMASO method ［J］. Computers & Operations Research, 2005, 32: 861 –877.

［42］ MARICHAL J L, ROUBENS M. Determination of weights of interacting criteria from a reference set ［J］. European Journal of Operational Research, 2000,

124: 641 – 650.

［43］ MESIAR R. Choquet-like integrals ［J］. Journal of Mathematical Analysis and Applications, 1995, 194: 477 – 488.

［44］ MEYER P, ROUBENS M. Choice, ranking and sorting in fuzzy multiple criteria decision aid ［M］. Multiple criteria decision analysis: State of the art surveys. Springer, 2005: 471 – 503.

［45］ MEYER P, ROUBENS M. On the use of the Choquet integral with fuzzy numbers in multiple criteria decision support ［M］. Elsevier North – Holland, Inc. , 2006.

［46］ MIRANDA, GRABISCH. Optimization Issues for Fuzzy Measures ［J］. International Journal of Uncertainty, Fuzziness and Knowledge – Based Systems, 1999, 7: 545 – 560.

［47］ MIRANDA P, GRABISCH M, GIL P. p – Symmetric fuzzy measures ［J］. International Journal of Uncertainty, Fuzziness and Knowledge – Based Systems, 2002, 10: 105 – 123.

［48］ MUROFUSHI T, SUGENO M. An interpretation of fuzzy measures and the Choquet integral as an integral with respect to a fuzzy measure ［J］. Fuzzy Sets & Systems, 1989, 29: 201 – 227.

［49］ ONISAWA T, SUGENO M, NISHIWAKI Y, KAWAI H, HARIMA Y. Fuzzy measure analysis of public attitude towards the use of nuclear energy ［J］. Fuzzy Sets & Systems, 1986, 20: 259 – 289.

［50］ ROBINSON R I, WRIGHTSMAN D. Financial Markets: The Accumulation and Allocation of Wealth ［J］. Journal of Finance, 1975, 30: 241.

［51］ RONG Y, WANGB Z, HENGA P A, LEUNGA K S. Fuzzy numbers and fuzzification of the Choquet integral ［J］. Fuzzy Sets & Systems, 2005, 153: 95 – 113.

［52］ ROUBENS M. Ordinal multiattribute sorting and ordering in the presence of interacting points of view ［M］, Aiding Decisions with Multiple Criteria: Essays in Honor of Bernard Roy Kluwer; Dordrecht, 2002: 229 – 246.

［53］ SCHMEIDLER D. Integral Representation Without Additivity ［J］. Proceedings of the American Mathematical Society, 1986, 97: 255 –261.

［54］ SCHMEIDLER D. Subjective Probability and Expected Utility without Additivity ［J］. Econometrica, 1989, 57: 571 –587.

［55］ SHANNON C E. A mathematical theory of communication ［J］. Bell System Technical Journal, 1948, 27: 379 –423.

［56］ SUGENO M. Theory of fuzzy integrals and its applications ［D］. Tokyo Institute of Technology, 1974.

［57］ TAKAHAGI E. A fuzzy measure identification method by diamond pairwise comparisons and phis transformation ［J］. Fuzzy Optimization and Decision Making, 2008, 7: 219 –232.

［58］ TANAKA, KAZUHIKO, MICHIO. A study on subjective evaluations of printed color images ［J］. International Journal of Approximate Reasoning, 1991, 5: 213 –222.

［59］ WAEGENAERE A D, WAKKER P P. Nonmonotonic Choquet Integrals ［J］. Journal of Mathematical Economics, 2001, 36: 45 –60.

［60］ WANG Z, KLIR G J. Fuzzy Measure Theory ［J］. Springer Berlin, 1992, 35: 3 –10.

［61］ WANG Z, LEUNG K – S, WONG M – L, FANG J. A new type of nonlinear integrals and the computational algorithm ［J］. Fuzzy Sets and Systems, 2000, 112: 223 –231.

［62］ WANG Z, LEUNG K S, WANG J. A genetic algorithm for determining nonadditive set functions in information fusion ［M］. Elsevier North – Holland, Inc, 1999.

［63］ WANG Z, LI W, LEE K – H, LEUNG K – S. Lower integrals and upper integrals with respect to nonadditive set functions ［J］. Fuzzy Sets and Systems, 2008, 159: 646 –660.

［64］ WANG Z, WANG W, KLIR G J. Pan-integrals with respect to imprecise probabilities ［J］. International Journal Of General System, 1996, 25: 229 –243.

［65］ WANG Z, YANG R, HENG P A, LEUNG K S. Real-valued Choquet integrals with fuzzy-valued integrand [J]. Fuzzy Sets & Systems, 2006, 157: 256 – 269.

[66] WEBER R J. Probabilistic values for games [M]. The Shapley Value. Essays in Honor of Lloyd S. Shapley, 1988: 101 – 119.

[67] WEBER S. Perpendicular-decomposable measures and integrals for Archimedean t-conorms perpendicular [J]. Journal of Mathematical Analysis and Applications, 1984, 101: 114 – 138.

[68] WU J – Z, YANG S – L, ZHANG Q, DING S. 2 – additive Capacity Identification Methods from Multicriteria Correlation Preference Information [J]. IEEE Transactions on Fuzzy Systems, 2015. , 23: 2094 – 2106.

[69] WU J – Z, ZHANG Q. 2 – order additive fuzzy measure identification method based on diamond pairwise comparison and maximum entropy principle [J]. Fuzzy Optimization and Decision Making, 2010, 9: 435 – 453.

[70] YAGER R R. On the dispersion measure of OWA operators [J]. Information Sciences, 2009, 179: 3908 – 3919.

[71] YANG R, WANG Z, HENG P A, LEUNG K S. Classification of Heterogeneous Fuzzy Data by Choquet Integral With Fuzzy – Valued Integrand [J]. IEEE Transactions on Fuzzy Systems, 2007, 15: 931 – 942.

[72] ZADEH L A. Fuzzy sets as a basis for a theory of possibility [J]. Fuzzy Sets and Systems, 1978, 1: 3 – 28.

[73] ZHANG D, GUO C, LIU D. Set-valued Choquet integrals revisited [J]. Fuzzy Sets & Systems, 2004, 147: 475 – 485.

[74] ZHANG D, WANG Z. Fuzzy integrals of fuzzy-valued functions [J]. Fuzzy Sets & Systems, 1993, 54: 63 – 67.

[75] ZHANG Q, MESIAR R, LI J, STRUK P. Generalized Lebesgue integral [J]. International Journal of Approximate Reasoning, 2011, 52: 427 – 443.

[76] ZHANGA D, GUO C. Generalized fuzzy integrals of set-valued functions [J]. Fuzzy Sets & Systems, 1995, 76: 365 – 373.

[77] ZHANGA D, GUOB C. Fuzzy integrals of set-valued mappings and fuzzy mappings [J]. Fuzzy Sets & Systems, 1995, 75: 103 – 109.